# Chaque seconde compte

Lance Armstrong
avec Sally Jenkins

# Chaque seconde compte

*Traduit de l'américain par Pierre Girard*

Albin Michel

*Titre original :*
EVERY SECOND COUNTS

Publié en accord avec The Doubleday Publishing Group,
filiale de Random House, Inc.
*Traduction française :*

22, rue Huyghens, 75014 Paris
www.albin-michel.fr
ISBN 2-226-14207-X

*A Luke, Grace et Isabelle*
*qui me rappellent sans cesse que chaque seconde compte*

# 1

# Réexpédié

Apparemment, donc, je vais peut-être continuer à vivre, une cinquantaine d'années. Mais quand j'ai besoin de me rassurer, comme ça m'arrive de temps en temps, je file vers un endroit appelé le Trou du Mort, je me penche au-dessus de l'eau verte, puis, sans une hésitation, j'ôte ma chemise et je m'élance pour, disons, le grand saut.

C'est ma façon à moi de m'assurer que je suis toujours en vie. Le Trou du Mort est un grand bassin circulaire creusé dans le calcaire, dans un coin si reculé des montagnes du Texas qu'on aurait du mal à en donner l'adresse. A en croire les légendes qui se contredisent, c'est là que les Confédérés jetèrent pour les noyer des partisans de l'Union, ou que les Apaches y piégèrent des cow-boys sans méfiance qui ne virent pas le précipice. En tout cas, cet endroit m'attire, au point que j'ai fini par acheter une centaine d'hectares de broussailles et de prairies tout autour, et tracé une piste dans la terre sèche pour y accéder. Il n'est pas étonnant qu'un endroit appelé Le Trou du Mort appartienne à un type qui a failli mourir – et qui n'a pas, d'ailleurs, l'intention de se contenter de vivre.

A quinze mètres au-dessus de l'eau, je contemple le vide, et moi-même par la même occasion. C'est une belle chute, assez longue pour me donner la bouche sèche rien qu'à y songer. Assez longue pour vous laisser le temps de penser entre le départ et l'arrivée, et de penser plusieurs choses. D'abord, *un peu de peur ne te fait pas de mal, mon vieux.* Puis, *c'est toujours bon de nager,* et enfin, à la seconde où je touche l'eau, *ah, merde, elle est froide !* Pendant la descente, quelques signes m'indiquent incontestablement que je suis vivant : mon pouls qui s'accélère, le bruit insistant de ma respiration et le fracas de mon cœur qui s'agite comme un prisonnier révolté et demande à sortir en cognant contre les barreaux de ma cage thoracique.

Je refais surface en crachotant parmi l'écume et nage vers les rochers. Puis je sors de l'eau, m'essuie et reprends ma voiture pour rentrer chez moi et retrouver mes trois gamins. J'entre comme une bombe, crie pour appeler mon fils Luke, et mes jumelles Grace et Isabelle, les embrasse dans le cou, attrape une boîte de bière Shiner Mock d'une main, toute la nichée d'enfants de l'autre.

La première fois que j'ai fait ça, Kik, ma femme, a levé les yeux au ciel. Elle savait d'où je venais.

« Ça t'a éclairci les idées ? » a-t-elle demandé.

A quel moment renonce-t-on à ne pas mourir ? Je n'y suis peut-être pas tout à fait parvenu, et peut-être que je ne le veux pas.

Je les imagine, là-bas, dans leurs chaises longues, avec ces maudites perfusions sur leurs potences, en train de regarder la chimio descendre dans leurs veines, et de se dire : *ce type a eu la même chose que moi. S'il s'en est tiré, je peux m'en tirer aussi.* Je pense sans cesse à eux.

Mon ami Lee Walker dit que j'ai été « réexpédié ». J'étais presque mort, un peu mort peut-être, et on m'a réexpédié dans le monde des vivants. C'est une façon assez juste de voir la chose. J'avais vingt-cinq ans quand le cancer a failli me tuer : choriocarcinome métastasé dans l'abdomen, les poumons et le cerveau. Il a fallu deux opérations chirurgicales et quatre cycles de chimiothérapie pour m'en débarrasser. J'ai écrit tout un livre sur la mort, *Il n'y a pas que le vélo dans la vie.* J'y disais comment y faire face, et y échapper de justesse.

– *En êtes-vous certain ? demandai-je au médecin.*

– *Certain.*

– *Absolument ?*

– *Absolument.*

– *Comment pouvez-vous en être aussi certain ?*

– *Je le suis tellement que j'ai fixé votre intervention chirurgicale à demain, sept heures du matin.*

*Sur la table lumineuse, la radiographie de ma poitrine. Le noir signifie tissus sains ; le blanc, cancer. Ma poitrine est comme un paysage enneigé.*

Ce que je ne voyais pas et ne pouvais pas voir à ce moment-là, c'était ce que serait ma vie. Une fois qu'on s'est dit qu'on va vivre, il faut décider comment, et ce n'est pas si simple. On s'interroge : *Je sais maintenant que je ne vais pas mourir, mais que vais-je faire de moi ?* Ce ne sont pas des perspectives linéaires, la pensée emprunte des chemins mystérieux. En ce qui me concerne, le meilleur usage de moi-même a consisté à courir le Tour de France, la plus éreintante des compétitions sportives.

Chaque fois que je remporte le Tour de France, je prouve que je suis vivant et que d'autres peuvent survivre. J'ai survécu au cancer, encore et encore et encore. J'ai remporté cinq fois le Tour, et je ne serais pas contre un sixième en 2004. Ce serait une bonne façon de vivre.

Mais le fait est que je n'aurais pas remporté un seul Tour de France sans ce que la maladie m'a appris : que la douleur n'a qu'un temps mais que lorsqu'on renonce, c'est pour toujours.

Pour moi, finir le Tour de France est en soi une démonstration de survie. La dureté de la course, la folie furieuse de ce métier, ce tour d'un pays tout entier sur une bicyclette, village après village, le long des côtes, par-de-là les rivières et les ponts, à l'assaut des montagnes et de ce qu'on appelle en France des cols, tout cela exige une résistance sans faille. Le Tour est si éprouvant que le grimpeur allemand Hennie Kuiper s'est écrié un jour, après une étape de montagne : « Il m'a semblé que la neige était noire ! » Ce n'est pas sans rapport avec l'endurance de ceux qui sont malades pendant des jours et des jours. Le Tour est un festival quotidien de souffrance humaine, de petites tragédies et de petites comédies, toujours à ciel ouvert parmi les éléments, par beau temps comme par mauvais temps, en terrain plat, vent debout, avec des chutes fréquentes. Et il dure trois semaines. Rappelez-vous ce que vous faisiez il y a trois semaines. Ça semble aussi loin que l'année dernière.

La course ressemble beaucoup à la vie, sauf que ses conséquences sont moins graves et qu'il y a un trophée à la fin. La vie n'est pas aussi simple.

Il n'y a pas eu pour moi de dénouement heureux

comme dans les contes. J'ai survécu au cancer et j'ai effectué un retour triomphant, comme cycliste, en remportant le Tour de 1999, mais c'était plus un commencement qu'une fin. La vie a continué, parfois de la façon la plus désordonnée, la plus inconfortable et la moins glorieuse qui soit. Au cours des cinq années qui ont suivi, j'ai eu trois enfants, j'ai subi des centaines (littéralement) de contrôles antidopage, je me suis rompu le cou (littéralement aussi), j'ai gagné d'autres courses, j'en ai perdu quelques-unes, et j'ai vécu la fin de mon mariage. Entre autres aventures.

Quand on arrive chez les Armstrong, on voit des enfants dans tous les coins. Luke est né à l'automne 1999 de Kristin (Kik) Richard et moi, peu après ce premier Tour de France, et les jumelles sont arrivées à l'automne 2001. Grace et Isabelle ont de grands yeux bleus, et crapahutent à travers les pièces à des vitesses incroyables. Elles aiment bien se hisser sur le premier meuble venu et s'y tenir debout, sur leurs petites jambes mal assurées, en faisant les folles. L'un des grands plaisirs d'Isabelle consiste à presser le robinet du distributeur d'eau fraîche pour inonder la cuisine en riant aux éclats. Quand je lui dis « Non, non, non ! » elle secoue la tête et rit de plus belle. Si vous saviez combien il me tarde qu'elles aient dix ans !

Luke n'est jamais en reste. Il fonce à vélo dans le living, fait du gymkhana avec une voiture en plastique, ou tire ses sœurs dans un chariot. Il est costaud, ne s'en laisse pas conter, et avec ça têtu comme un âne. Il porte son casque de cycliste dans la maison et refuse de l'enlever, même quand on sort pour dîner. Ça nous vaut des regards intrigués, mais tout est préférable à la bagarre qui éclate si on tente de lui prendre ce casque. Il tient à le garder pour le cas où il viendrait faire du vélo avec moi. Pour lui, la route est le gagne-pain de son père. J'y suis si souvent que si le téléphone sonne, il décroche en disant « Bonjour Papa ! ». Un après-midi où j'étais allé chercher ma femme et mes enfants à l'aéroport, Luke me regarde longuement et dit :

– Papa, tu me ressembles.

– Tu trouves que je te ressemble ?

– Oui.

– Tu es certain que ce n'est pas le contraire, plutôt ?

– Oui, certain. C'est vraiment toi qui me ressembles.

La population de la maison compte également un chat prénommé Chemo* et un petit chien blanc du nom de Boone. Je zigzague parmi ce petit monde en regardant où je mets les pieds, dans la crainte permanente de marcher sur un enfant ou sur un animal. Ces quelques années ont été chaotiques, et marquées par un certain nombre d'accidents. Il y avait tant d'enfants et d'animaux à nourrir qu'il m'arrivait de me tromper et de donner au chien le repas du bébé. Un jour, Kik me tend ce qui semble être un verre d'eau.

– Ça a le goût du Sprite, dis-je.

– Bois donc, répond-elle.

Je passais mon temps à chercher des clés. Je tirais le trousseau de ma poche pour l'examiner, avec l'impression d'en avoir des centaines, et je disais à Kik, surprise : « J'ai les clés du monde entier. » « Très bien », répondait-elle.

---

* En français, Chimio. (*Toutes les notes sont du traducteur.*)

Si j'ai tant de clés, c'est que j'ai besoin d'un nombre impressionnant de domiciles et de véhicules dans différents pays. Je passe la plus grande partie du printemps dans ma maison de Gérone, en Espagne, où je me prépare pour le Tour. Quand la saison des courses s'achève, je reviens à Austin, où je possède trois maisons. Mes enfants et ma femme vivent en ville, et j'ai un ranch dans la montagne. Mais mon habitation favorite est un refuge proche d'Austin, une cabane d'une seule pièce nichée sur les hauteurs qui dominent le Colorado. Il y a là une corde fixée à un vieux chêne qui se penche au-dessus du fleuve et, par les jours de grande chaleur, je m'y balance et me laisse ballotter dans le courant.

J'adore ce charivari permanent de famille nombreuse, et on me reproche parfois de provoquer l'agitation, étant donné que je ne supporte pas le calme et le silence. Je souffre d'une incapacité congénitale à rester tranquille ; il me faut de l'action et, au besoin, j'en invente.

Mes amis m'ont surnommé *Mellow Johnny*, parce que c'est paraît-il ce qu'on entend quand on parle avec l'accent texan du *Maillot Jaune* des vainqueurs du Tour de France. C'est aussi un jeu de mots sur le fait que je ne possède pas à proprement parler le tempérament doux et serein que suggère le mot anglais de *mellow*. Je suis donc Mellow Johnny, Johnny Mellow, ou, si on veut la jouer guindé, Jonathan Mellow.

A d'autres moments, je suis simplement Bike Boy. J'enfourche chaque jour mon vélo, même en dehors de la saison, quel que soit le temps. Les jours où il grêle, mes amis et mes compagnons de course redoutent le coup de téléphone qui ne manque pas d'arriver ; ils décrochent, et entendent Bike Boy qui les interpelle. « Alors, tu cours, ou tu te *planques* ? »

Un jour de novembre, entre deux saisons, j'ai pédalé quatre heures et demie sous le plus formidable orage qu'on ait jamais enregistré. Dix-huit centimètres de précipitations, des cours d'eau en crue et des routes barrées. J'adorais ça. Les gens me croyaient cinglé, bien entendu. Mais quand je suis sur un vélo, j'ai l'impression d'avoir treize ans. Je brûle un peu moins de feux à présent, mais pour le reste il n'y a pas de différence.

Certains jours, pourtant, je me sens bien plus vieux qu'un trentenaire ; j'ai l'impression d'avoir vécu beaucoup plus longtemps. A cause du cancer, je crois. J'ai passé beaucoup de temps à me demander ce qu'il m'avait fait, s'il m'avait vieilli, s'il m'avait diminué, et j'en ai conclu qu'il n'avait pas seulement changé mon corps, mais aussi mon esprit.

J'ai dit maintes fois que le cancer est ce qui m'est arrivé de mieux. Mais tout le monde veut savoir ce que j'entends par là. Comment une maladie mortelle peut-elle être bénéfique ? Je dirais qu'elle vous clarifie. Ma maladie a aussi été mon antidote : elle m'a guéri de la paresse.

Avant le diagnostic, j'étais un flemmard. Je gagnais beaucoup d'argent pour un boulot que je ne faisais pas à cent pour cent, et ce n'était pas seulement mal – c'était une erreur. Une fois malade, je me suis dit : si j'ai une deuxième chance, je ferai ça bien, et je ne travaillerai pas que pour moi-même.

J'ai une amie, une rescapée du cancer comme moi, Sally Reed, qui a su, mieux que quiconque, résumer cette expérience : « Ma maison a brûlé, mais je vois le ciel. »

Au printemps 1999, on lui diagnostiquait un cancer des poumons. La maladie était au stade 3 et s'était répandue dans son système lymphatique. Elle devait subir une radiothérapie et une chimiothérapie. Toutes ses petites peurs, soudain, étaient remplacées par une grande. Elle avait tellement horreur de voler qu'elle n'était pas montée à bord d'un avion depuis quinze ans. Mais après avoir pris connaissance du diagnostic elle a appelé une agence et demandé un billet sur un vol pour les chutes du Niagara. Elle y est allée seule et s'est plantée devant les chutes qui rugissaient.

– Je voulais voir quelque chose de plus grand que moi, dit-elle.

La maladie mortelle, comme la plupart des catastrophes personnelles, survient sans prévenir. On n'aperçoit pas les présages, on n'a pas de prémonitions, on se réveille un beau matin et quelque chose ne va pas dans vos poumons, ou votre foie, ou vos os. Mais la mort toute proche a fait le ménage, vous laissant une vision lucide, étincelante : le temps m'est compté, alors mieux vaut me réveiller en forme chaque matin en sachant que je n'ai qu'une chance de vivre cette journée, puis de faire de cette succession de jours une vie active et qui ait un sens.

Si vous me demandiez pourquoi je reste à vélo, six heures d'affilée sous la pluie, pour me hisser au sommet d'une montagne, voilà ce que je vous répondrais.

C'est assez bizarre, mais alors que l'approche de la mort m'avait rendu lucide, le succès m'a jeté dans la confusion.

Il m'a compliqué la vie d'une façon considérable, et

permanente. L'impact de ma victoire dans le Tour de France 1999 s'est révélé plus fort que je ne l'imaginais, depuis le premier instant de stupeur à ma sortie de l'avion le jour de mon retour à Austin, quand j'ai retrouvé l'air du Texas et aperçu la foule qui attendait. Il y avait dans les rues des inscriptions à la peinture jaune qui disaient « Vive la Lance ! », des drapeaux claquaient au vent et mes amis avaient décoré la maison de fleurs jaunes, de serpentins et de ballons. Abasourdi, j'ai été invité au Capitole pour y rencontrer George W. Bush, notre gouverneur à l'époque, et il y a eu ensuite une parade à travers la ville avec plus de six mille cyclistes (tous en jaune). De chaque côté de la chaussée, sur six rangs de profondeur, la foule gesticulait et agitait des drapeaux.

Je ne comprenais pas : je n'étais qu'un citoyen ordinaire de la ville d'Austin, fana de bicyclette comme beaucoup d'autres, aimant boire des margaritas et manger des Tex Mex, et on disait que les Américains ne s'intéressaient pas au cyclisme. « Tu n'y comprends rien », a dit mon agent et ami Bill Stapleton.

Je vivais dans un état d'excitation permanente, je ne touchais plus terre et, pour mettre un comble à cette excitation, Kik et moi attendions la naissance de notre fils, Luke. Je pensais que les choses allaient se calmer, mais il n'en était rien, bien au contraire. Bill croulait sous les offres, les sollicitations et les propositions de contrats publicitaires. Plusieurs ont été conclus par ses soins avec des marques aussi prestigieuses que Bristol-Myers Squibb, Nike et Coca-Cola. Et avec sont venues de nouvelles responsabilités : j'ai tourné une demi-douzaine de films publicitaires, posé pour des annonces et pour une boîte de céréales. J'y ai gagné auprès des miens le surnom de « Lance Incorporated » – je n'étais plus un simple mortel, mais une affaire commerciale.

On a estimé à cinquante millions de dollars la valeur de la couverture médiatique générée par la victoire de 1999 au bénéfice de l'équipe United States Postal Service. Notre budget a augmenté, nous étions désormais une entreprise pesant six millions de chiffre d'affaires annuel, avec des dizaines de collaborateurs, mécaniciens, cuisiniers, comptables...

Avec le succès s'est posé le problème de la célébrité, et de ce qu'il fallait faire pour ne pas se laisser pervertir. Certaines invitations nous laissaient stupéfaits, Kik et moi. Robin Williams et son jet. Kevin Costner nous proposant sa maison à Santa Barbara. Elton John nous conviant à la soirée qu'il donnait à l'occasion du Super Bowl. On se sentait comme Forrest Gump, tapis à l'arrière-plan des photos de presse parmi des gens célèbres. On était tellement impressionnés qu'on gardait parfois des messages sur notre répondeur pour les réécouter, bouche bée.

Mais la célébrité, comme je l'ai appris, est faite d'une matière dangereuse. Quand on devient célèbre, on émet une sorte de rayonnement radioactif malsain, dont l'action peut se révéler catastrophique. L'attention qu'on vous porte agit un peu comme une drogue. Il est certain que j'aurais pu prendre la grosse tête et me transformer en un crétin prétentieux, et non moins certain que c'est ce que d'aucuns pensent de moi, en dépit de mes efforts pour calmer le jeu.

Un après-midi, j'annonce :

– Bono m'a appelé.

– Ah, bon ? répond Kik. Moi, c'est Brad Pitt qui m'a appelée. Il voulait savoir à quelle heure on déjeunait.

O.K., j'ai pigé.

Je me suis beaucoup demandé ce qu'il fallait penser de tout ça, jusqu'au jour où j'ai lu cette réflexion de J. Craig Ventner, l'un des découvreurs de la carte du génome humain : « La célébrité est intrinsèquement négative. Les gens se comportent en fonction de l'idée préconçue qu'ils ont de vous, ce qui vous met en permanence dans une position de faiblesse. » J'ai trouvé ça juste. Je n'étais rien d'autre que le fils d'une mère célibataire de Plano, Texas, secrétaire de son état, qui m'avait légué sa simple morale. Je ne trouvais pas bien d'être idolâtré par des gens qui ne m'étaient rien, ou de les idolâtrer moi-même. Je préférais ma mère, ou mes compagnons de course. Des êtres avec lesquels j'avais vécu des jours difficiles et que j'avais choisi d'aimer.

Qu'on ne s'y trompe pas. J'ai été heureux de ce que cette victoire dans le Tour m'a apporté, en tant que personne, et en tant que sportif, et j'en ai été heureux aussi pour les miens. Elle m'a procuré une vie confortable, et je m'en suis réjoui. Mais j'ai appris, chemin faisant, que ceux qui prenaient l'avion pour Paris afin d'être présents sur la ligne d'arrivée n'étaient pas toujours des amis. Et qu'être riche, c'était avoir beaucoup d'argent, et rien d'autre. A considérer autrement la richesse et la célébrité, on risque de se perdre – en s'imaginant qu'on les doit à je ne sais quelle particularité qui vous rendrait plus fort que les autres, ou plus malin.

La célébrité m'a procuré tout de même un grand avantage : c'était un tremplin d'où je pouvais exercer une véritable influence au profit de la lutte contre le cancer. J'étais devenu un symbole, le type qu'on voyait sur les affiches parce qu'il avait surmonté l'épreuve de la maladie, le champion dont la tête ornait les boîtes de céréales, qui passait à la télé et était reçu à la Maison-Blanche.

Au début, je comprenais mal la curiosité des gens. En quoi mes déboires personnels les concernaient-ils ? Mais un jour Kik m'a dit : « Tu as failli y passer, tu es resté un moment entre la vie et la mort et tu as regardé de l'autre côté. Du haut de cette falaise, tu as vu l'autre face du paysage et tu es redescendu. Tu peux partager cette expérience. » L'expérience de la réexpédition... J'ai compris en quoi c'était si important : même le fait de prendre le départ du Tour de France prouvait que j'avais survécu, et donc que *d'autres le pouvaient aussi.* Qui plus est, ils pouvaient vivre le reste de leur vie normalement, voire mieux qu'avant.

Il y avait là un sacré message pour toute la communauté du cancer, pas seulement les patients et leurs proches, mais aussi les médecins et les infirmières confrontés à la maladie. Les médecins savaient que je revenais de loin, ils connaissaient la violence des quatre cycles de chimiothérapie que j'avais dû subir, savaient que j'y avais survécu et que le traitement ne m'avait pas détruit physiquement. Ça leur donnait de l'espoir, et je savais désormais que les médecins avaient besoin d'espoir autant que les patients.

Ils voulaient se servir de moi comme exemple, et je souhaitais qu'on se serve de moi. Mais je voulais qu'on le fasse bien. Le mot de « héros » me mettait profondément mal à l'aise – il n'y avait rien d'héroïque à être rescapé du cancer. Personne n'était à l'abri ; huit millions d'Américains en étaient atteints sous une forme ou sous une autre, avec environ un million de nouveaux malades chaque année. Comme eux, j'avais tiré une mauvaise carte, et je n'avais fait que ce qui s'imposait naturellement à moi : tout pour guérir.

Je rencontrais toutes sortes de gens qui luttaient contre la maladie, jaunes et squelettiques à cause des chimiothérapies. Allez à l'Hôpital Sloan Kettering de New York, au Centre Médical Anderson de Houston ou dans un autre établissement où l'on soigne le cancer, et vous les verrez ; cinquante ou soixante personnes, de tous âges et de toutes conditions, dans une salle d'attente qui ne dispose que d'une trentaine de chaises et une poignée d'infirmières harassées sous leurs mines impassibles.

Les autres patients voulaient savoir tout ce que je savais, connaître les traitements que j'avais suivis, tous les médicaments que j'avais absorbés.

– Quels produits y avait-il dans votre chimio ?

– Que mangiez-vous ?

– Quelles vitamines vous donnait-on ?

– Vous avez continué à faire du vélo ?

C'était une belle histoire pour le moment. Mais si j'allais retomber malade ? Je retrouvais par instants l'angoisse du patient. Chaque fois que je me rendais dans un hôpital j'éprouvais le même malaise. C'était d'abord l'odeur qui me frappait. Si je faisais un test d'odorat, les yeux fermés, je reconnaîtrais entre mille ce qu'on sent dans un hôpital : le désinfectant, les produits pharmaceutiques, la mauvaise cuisine de cafétéria et l'air vicié, artificiel, recyclé par la climatisation. Et l'éclairage, aussi : cette lumière à la fois crue et diffuse sous laquelle tout le monde semble anémié. Les bruits eux-mêmes sont artificiels et irritants pour l'oreille : le couinement des semelles en caoutchouc des infirmières sur le revêtement de sol, le crissement des matelas... Le matelas d'hôpital est recouvert de plastique, et j'entends encore le bruit sec, le bruit de feuilles mortes qu'il faisait sous moi, obstinément, au moindre de mes mouvements.

Ces odeurs, ces images, ces sensations, chaque malade du cancer les garde en lui, même quand la maladie n'est plus qu'un lointain souvenir, et leur marque est si profonde qu'il y réagit encore à des années de distance.

Chez certaines personnes, ces réactions peuvent être particulièrement violentes. Comme chez cette femme dont le cas a été relaté dans *The New England Journal of Medicine* : atteinte d'un cancer du sein et traitée par une chimiothérapie très agressive, elle avait eu de terribles nausées. Cinq ans plus tard, rencontrant par hasard dans un centre commercial le médecin qui l'avait soignée, elle fut prise de vomissements. Ainsi, le cancer ne vous lâche jamais. Il ne m'a pas lâché.

Malade, j'ai lutté avec l'espoir de revenir à ma vie antérieure, mais sans jamais réfléchir, réellement, à ce que serait ma vie future. L'expression « la vie après le cancer » a des implications très concrètes : on doit faire face à l'amputation d'une jambe ou d'un sein, ou à une perte de fertilité ou, comme dans mon propre cas, à la stérilité, à une carrière potentiellement ruinée, et à de profondes angoisses. Les séquelles sont physiques, émotionnelles et financières. Autrement dit, on peut vous sauver la vie, mais comment sauver la *qualité* de cette vie ?

Toutes ces questions sont à inscrire à la rubrique « survivance ». C'est un curieux état post-traumatique dont j'ai fait l'expérience, et que tous les rescapés du cancer connaissent sous une forme ou sous une autre. J'ai décidé que la survivance serait au cœur de la fondation que je voulais créer : gérer la maladie et ses séquelles est aussi important que la combattre. C'est ainsi que le projet de la Fondation Lance Armstrong a pris forme. Ce serait un lieu où trouver l'information la plus concrète et la plus personnalisée. Il existait d'autres fondations, plus riches, et sur Internet d'autres sites plus exhaustifs, mais on pourrait nous écrire ou nous envoyer un e-mail et recevoir un mot signé de ma main à l'adresse d'un patient, ou nous poser des questions du genre : quel exercice pratiquer quand on a ou qu'on a eu un cancer du poumon ?

La plupart des gens, comme je l'ai découvert, veulent simplement qu'on les écoute, parfois qu'on les touche. J'ai connu un petit garçon, nommé Cameron Stewart, que le cancer avait frappé à l'âge de six ans.

– Est-ce que tu as un port-A4 ?* m'a-t-il demandé.

– Si j'ai un port-A4 ? Regarde.

J'ai déboutonné ma chemise pour lui montrer la cicatrice sur ma poitrine. Il en a fait autant. Il avait un petit port-A4 implanté dans sa minuscule poitrine d'oiseau.

On est restés en contact, Cameron et moi ; il est venu à Austin en famille pour la course cycliste

* Cathéter implanté chirurgicalement pour les besoins de la chimiothérapie, qu'on retire après le traitement.

annuelle de la fondation. Il est en rémission, et c'est un gamin plein de vie et de santé. Il dit : « J'ai les jambes de Lance Armstrong. »

J'ai rencontré d'autres athlètes atteints du cancer, et on a échangé des souvenirs et des anecdotes. Je me souviens d'avoir ri avec Eric Davis, le grand champion de base-ball, à l'évocation de nos tentatives pour nous alimenter pendant les chimios. « La salade Caesar au poulet ! » disait-il. « J'en mangeais deux fois par jour, juste avant la chimio. Parce que, avec la chimio, on vomit. Et si on n'a rien dans le ventre, on ne peut pas vomir. Et c'est encore pire. Alors j'avalais ma salade Caesar, pour qu'elle ressorte ! »

Les médecins, eux aussi, peuvent avoir un cancer. Un éminent praticien de New York s'est entendu diagnostiquer un cancer de la prostate. On a fait connaissance en échangeant des e-mails. « J'espère vivre encore une dizaine d'années », m'a-t-il écrit. « J'espère que c'est une plaisanterie, ai-je répondu. Je vous donne rendez-vous dans trente ans. »

C'est pour moi un sujet inépuisable. Je ne me lasse pas d'en parler, d'écouter ceux qui m'en parlent, ou de me remémorer ce que j'ai vécu. J'ai fêté en 1999 le troisième anniversaire de mon diagnostic. Ce 2 octobre reste le jour le plus important de l'année, plus important que n'importe quelle fête et n'importe quel anniversaire. C'est un jour voué à l'introspection, à la réflexion sur ce que signifie le fait d'avoir une deuxième chance.

Il arrivait qu'un ami ou un parent découvre à quel point le cancer occupait mes pensées. Un après-midi, Chris Carmichael, mon entraîneur, m'a dit qu'il commençait à travailler avec d'autres sportifs qui avaient eu le cancer. Il voulait que je le conseille. « Je peux m'appuyer sur ton exemple, m'a-t-il dit. Tu es passé par là, tu sais parfaitement ce qui arrive à ces sportifs. » Je le savais : les journées interminables avec une aiguille intraveineuse dans le bras, la nausée, les haut-le-cœur, les cicatrices et les brûlures chimiques qui allaient tatouer leur corps. Mais je ne me sentais pas expert dans la façon de vaincre le cancer, je me trouvais chanceux, c'est tout.

– Tu ne te rends pas compte, ça peut revenir d'un jour à l'autre, ça peut me reprendre, ai-je dit à Chris. Si mon cancer n'est plus là, c'est seulement parce que j'ai eu de la chance. Il était curable. Mais il n'est pas vraiment parti, c'est quelque chose qui ne vous lâche jamais. Je continue à y penser, et à m'inquiéter.

– Lance, ça ne reviendra pas.

– Qui peut le dire ? Qui peut dire que ça ne peut pas arriver ?

Il m'était absolument impossible d'annoncer : « C'est fini. » Malgré ma victoire dans le Tour, et le bébé à naître, je continuais à penser que tout pouvait basculer du jour au lendemain, que je pouvais me trouver à jamais incapable de courir, et même retomber malade.

Mon fils est né à la mi-octobre, aux premières heures de la matinée, et sa venue au monde a été difficile et mouvementée : il respirait mal et les infirmières l'ont emporté pour lui dégager les poumons. Puis il a poussé un cri magnifique.

La peur que j'ai ressentie en voyant qu'il ne respirait pas a dépassé de très loin toutes celles que j'avais pu connaître jusque-là. Nous nous sommes regardés, Kik et moi, et avons compris instantanément ce que signifiait vraiment le fait d'être parents : il n'y a rien d'aussi vulnérable au monde. Plus tard, Kik m'a dit : « Nous voilà susceptibles, désormais, d'être détruits par nos émotions. » Avoir un enfant, c'est être nu et sans défense. Il en sera ainsi aussi longtemps que nous vivrons.

Quand Luke a été lavé et emmailloté dans une couverture, on s'est installés dans une chambre pour prendre un peu de repos. Mais la joie et la peur qui avaient alterné au cours de la journée étaient toujours là et m'empêchaient de fermer l'œil. Je m'agitais sur le matelas recouvert de plastique. Je pensais à la différence entre l'inquiétude que j'avais eue pour moi pendant mon cancer et celle que j'éprouvais désormais en tant que père pour un autre être humain.

J'ai pensé à ma mère, et aux risques qu'elle m'avait vu prendre sans jamais s'en mêler, aux pentes escarpées qu'elle m'avait vu escalader, aux plongeons et aux chutes, à toutes les fois où j'avais cassé mon vélo, et, bien sûr, au temps de la maladie. Il n'y avait rien d'aussi angoissant, passionnant et gratifiant que le métier de parent.

Avoir un enfant est un excellent moyen de se sentir vivant, me suis-je dit. Pas si différent d'un plongeon du haut d'une falaise.

Le cancer avait fait de moi un homme qui ne pouvait plus se contenter de vivre : je voulais vivre, oui, mais d'une certaine façon. L'approche de la mort avait fait tomber quelque chose, un dernier reste d'hésitation. J'avais depuis toujours un tempérament agressif, mais j'étais désormais débarrassé des inquiétudes mineures. Là où d'autres se demandent avec quelque anxiété *suis-je prêt à accueillir un enfant, qu'arrivera-t-il si les gens ne m'aiment pas, dois-je faire ceci, n'est-ce pas un peu dangereux*, moi, je fonçais. Certaines vies, à mes yeux, ne valaient pas d'être vécues. Après être passé par la maladie, je faisais clairement la différence entre la véritable angoisse et l'inquiétude au quotidien, et je savais tout aussi clairement ce qui valait la peine d'être possédé et accompli.

Il ne fallait pas pour autant, bien sûr, courir à la catastrophe. J'étais un risque-tout confirmé, mais j'étais aussi un époux, un père et un homme d'affaires chargé de responsabilités à l'égard d'un certain nombre de personnes. Cela signifiait-il que je devais faire des concessions ? C'était une question essentielle. Je voulais vivre dans l'action, mais je voulais aussi rester vigilant.

Il y avait là un équilibre délicat à trouver, plus facile en théorie qu'en pratique. Je voulais être père et aussi champion cycliste. Mes amis me faisaient la leçon pour que je me calme ; depuis des années, mon copain John Korioth me criait de rouler moins vite. Korioth avait été témoin à notre mariage et on l'appelait « College », diminutif de College Boy. Il avait pratiqué le basket pendant ses études et un soir, après avoir sifflé quelques bières, s'était livré à une joute avec Bart Knaggs, un autre de mes amis, qui le défiait en lui disant : « Allons-y, College, buvons, qu'on voie de quoi tu es capable ! » Depuis, nous ne l'appelions plus que College.

Quand j'avais une Porsche, avant la naissance de mes enfants, College me suppliait sans cesse de lever le pied de l'accélérateur. Je fonçais à tombeau ouvert sur les autoroutes, tandis qu'il se recroquevillait sur le siège du passager et jurait en serrant les poings. « Espèce de salaud ! hurlait-il, ralentis ! » Je me contentais de rire.

Je trouvais, aussi, follement drôle de le voir blêmir quand on faisait des randonnées à vélo. On allait à un endroit appelé Red Bud Trail, d'où l'on redescend par une route qui prend un grand virage à gauche sans visibilité. Je dévalais la pente à toute vitesse, me lançais vers la droite et coupais brusquement le virage vers la gauche. Je lui expliquais que par comparaison avec une descente de col à grande vitesse c'était une trajectoire basique, qui paraissait beaucoup plus risquée qu'elle ne l'était en réalité. Mais College Boy refusait de me croire jusqu'au jour où je lui ai montré, en France, ce qu'était réellement une descente quand on était en course. Alors qu'on roulait tranquillement, côte à côte, j'ai accéléré et foncé dans le brouillard jusqu'au bas de la pente. Il ne m'a plus jamais embêté au sujet de Red Bud Trail.

Mais après la venue au monde des enfants, j'ai revu mes priorités. Je me suis séparé de la Porsche pour une voiture de type familial. Il y a quelque temps, un quidam m'a invité à visiter une usine où l'on produit des Ferrari.

– Vous ne comprenez pas, lui ai-je dit. J'ai besoin d'un véhicule avec trois sièges pour bébés.

College dit que je ne prends jamais autant de risques, aujourd'hui, que lorsque je me dispute avec des chauffeurs de camions, et il a peut-être raison. Depuis des années, j'ai trop souvent été poussé sur les bas-côtés par des camionnettes et des camions. Les chauffeurs routiers, au Texas, détestent les cyclistes ; c'est une véritable guerre qui se livre entre eux et nous sur les routes de cet Etat. J'ai été jeté dans des fossés, frappé par des pierres, menacé avec des démonte-pneus. J'ai tendance à voir dans chacun de ces chauffeurs un ennemi personnel.

Il y a quelques années, College et moi avons été poussés hors de la route par un monstre à dix-huit roues. College est passé par-dessus son guidon et la chaîne de son vélo a sauté. J'étais livide. J'ai craché quelques gravillons et me suis lancé à la poursuite du camion, en pédalant de toutes mes forces. J'entendais derrière moi College qui criait : « Arrête ! Attends-moi, au moins ! »

Le camion a stoppé à un feu rouge. Je me suis arrêté à sa hauteur et j'ai sauté à bas de mon vélo. Au moment où le chauffeur sortait de sa cabine un autre type s'est avancé, puis un troisième. Le dernier a tiré un couteau de sa poche – un simple canif, comme je l'ai remarqué, mais qui ne demandait qu'à s'ouvrir. De toute façon, j'étais trop hors de moi pour avoir peur.

– Tu voulais me tuer ? ai-je demandé.

– Tu n'as rien à faire sur cette route, a dit l'un d'eux.

– Comment ça, je n'ai rien à y faire ?

– On paie des impôts pour cette route, a dit un autre.

J'ai éclaté de rire.

– Les impôts, je connais ça, moi aussi !

C'est alors, heureusement, que College m'a rejoint et s'est placé entre nous en me demandant de me calmer. On s'est encore chicanés un moment au sujet des impôts, puis on a décidé de reprendre nos véhicules respectifs et on est repartis.

Des incidents comme celui-ci, il y en a sans cesse. C'est parfois dangereux, parfois comique, parfois les deux. Il y a, dans une zone que nous appelons entre nous Redneckville*, un tronçon de route désolé. Les camions y traversent les carrefours sans ralentir et on ne trouve sur des kilomètres et des kilomètres que deux boutiques de dépannage. Un matin où j'étais sorti avec un autre cycliste d'Austin pour rouler sur le bitume, un vieux camion est venu droit sur nous. J'ai vu le chauffeur qui donnait un coup de volant et nous fonçait dessus sans dévier de sa trajectoire. C'était à qui se dégonflerait le premier. On est sortis de la route pour atterrir dans le fossé, en vol plané par-dessus nos guidons respectifs.

Alors qu'on était par terre, à s'épousseter, on a entendu une voix désincarnée au-dessus de nous.

Accroché au sommet d'un poteau, un technicien de la compagnie du téléphone nous regardait. Sa voix semblait descendre des fils sur lesquels il travaillait.

– Si vous n'appelez pas les flics, c'est moi qui le ferai, parce que c'est pas juste !

A la suite de ces aventures je suis devenu plus prudent quand je circule à vélo autour d'Austin. Je me fais suivre par une voiture ou un motard qui me protègent des jets de pierres et des énergumènes dans leurs camions. Pas question de risquer l'accident avec des gens qui m'arriveraient dessus par-derrière.

J'aime toujours, malgré ça, parcourir des routes peu fréquentées avec des amis. On roule, on pense tout

* Ploucville.

haut, on bavarde. Un jour où je pédalais en compagnie de College, on a parlé du risque, de l'imprudence, et de la différence entre les deux. Où s'arrête le goût de l'aventure et où commence la simple imprudence ? Pour moi, ce que je fais sur mon vélo ou avec mon corps ne présente pas de grands risques, dans la mesure où c'est professionnel. Je sais me servir de ma propre carcasse, et ce qui pourrait sembler dangereux à certains est pour moi anodin. Faire la chasse aux camionneurs est, par contre, carrément imprudent.

– Faisons une hypothèse, m'a dit College. Tu meurs. Luke n'a plus de père.

Il essayait visiblement de me faire peur. Je suis resté muet.

– Et tes jumelles ne se souviendront pas de toi.

J'ai réfléchi.

– Ecoute, College. D'abord, personne ne va me tuer.

College a éclaté de rire, la tête renversée en arrière.

– Ça, c'est du Lance Armstrong tout craché, mesdames et messieurs !

Il avait raison, bien sûr, mais je ne lui ferais pas le plaisir de le reconnaître. A vrai dire, il se pourrait que je ne change jamais, que je ne parvienne jamais à l'équilibre entre risque et prudence. J'essaie de me préserver, et ma prudence croit proportionnellement au nombre de personnes que j'aime, dans ma famille et mon cercle d'amis. Dans les descentes, je suis moins agressif que jadis. Je descendais si vite, avant, qu'il m'arrivait de rattraper des voitures. Je peux m'en passer désormais. Je descends, c'est tout, parce que j'ai toujours, quelque part, présente à l'esprit l'idée que je suis père de famille. On ne peut pas gagner une course dans une descente, mais on peut la perdre, et perdre la vie aussi. Je ne veux pas perdre la vie, et tout ce que j'ai, au flanc d'une montagne.

Si je conduis aujourd'hui une voiture familiale, ce n'est pas seulement pour les enfants. C'est aussi, tout simplement, pour aller moins vite.

Mais il y a chez moi des choses qui ne veulent pas changer ; j'aime commander, j'aime gagner, j'aime pousser jusqu'aux limites. Une vie sur la défensive, à s'inquiéter, est pour moi une vie gâchée. Vous voulez savoir quand il faudra que je meure ? Quand j'en aurai assez de vivre. Quand je ne pourrai plus marcher, ni manger, ni voir clair, quand je ne serai plus qu'un vieux crabe grincheux qui en veut au monde entier. Alors, je pourrai mourir.

C'est peut-être parce que je n'ai pas assez tapé dans un ballon quand j'étais jeune, parce que je passais trop de temps à travailler, ou à gagner ma vie et à chercher un moyen de quitter Plano. C'est peut-être, aussi, parce que je n'ai pas la même appréciation des limites. Qui sait ? Il se peut que l'expérience de la réexpédition nous fasse voir les barrières différemment, plus hautes que pour la moyenne des gens. La vie, pour moi, n'est qu'une suite de fausses barrières, et mon combat en tant qu'athlète consiste à les franchir et à explorer les limites sur une bicyclette. J'ai dû, en tant qu'être humain, mener un combat analogue sur un lit d'hôpital. On se passerait bien du cancer et de ses défis, mais il a été mon combat.

Voilà tout ce que je sais – quelque chose me pousse à sauter du haut de la falaise.

Ce livre parle donc de la vie. La vie après le cancer.

La vie après l'arrivée des enfants. La vie après les victoires. La vie après un certain nombre de deuils personnels. Il parle de risque, d'emploi du temps et d'équilibre. De l'art de lever son tee bien haut et de frapper la balle très fort tout en s'efforçant de ne pas perdre l'équilibre ; et de comment, si on rate son coup, aller chercher la balle et essayer à nouveau, car la façon dont on vit sa vie et le choix d'une perspective se jouent chaque matin au réveil. C'est à nous d'en décider.

Mon ranch – acheté avec Dave Richard, mon beau-père – se trouve sur une butte près de la ville de Dripping Springs. Je l'ai baptisé Mirasol, qui signifie « Regarde le soleil » en espagnol. La maison sera construite au point culminant du terrain de cent deux hectares, et orientée de manière à recevoir le soleil quand il tarde à se coucher pendant l'été, ou quand il se hâte de plonger pendant les mois d'hiver.

La première fois que je suis allé au Trou du Mort j'en ai d'abord fait le tour sans me presser avec Dave. J'ai examiné la chute et je l'ai photographiée. Ensuite, je n'ai cessé d'y repenser. Je revenais toujours à cette photographie. Je l'ai montrée à Kik et j'ai dit : « Je vais sauter de ce foutu rocher. » Elle a seulement répondu : « Très bien. »

Finalement, j'y suis retourné avec Dave et Ryan Street, mon architecte et ami, à qui j'ai demandé de dessiner la maison. On a travaillé un moment au projet, puis on a pris un 4X4 pour filer à travers les broussailles avant de s'arrêter dans un bois de chênes, et on a marché jusqu'au bassin. Nous sommes entrés dans l'eau, Ryan et moi, pour en mesurer la profondeur. Ryan a plongé et refait surface en crachotant.

– Je suis descendu jusqu'à ce que mes oreilles se mettent à sonner, a-t-il dit.

– Tu aurais peut-être dû descendre plus bas, ai-je répondu, hésitant.

– Je ne veux pas avoir le mal des profondeurs !

On est sortis de l'eau et on est montés prudemment entre les rochers, en cherchant un endroit d'où plonger. On a fini par le trouver. Je me suis approché du vide, les genoux tremblants et la bouche sèche.

– Ne me touche pas ! ai-je dit à Ryan.

– Tu vois bien que je suis loin ! a-t-il répondu.

Je me suis accroupi pour regarder en contrebas.

– Bon sang !

Je voyais Dave, tout en bas, assis près du bord sur une souche. J'ai crié par-dessus le grondement de la chute :

– Eh ! Pourquoi tu ne viens pas sauter ?

– J'ai un poste à l'aide sociale l'an prochain, a répondu Dave sur le même ton. Je ne vais pas gâcher mes chances !

J'ai ri. Puis je me suis redressé, et j'ai sauté. Je suis tombé, interminablement. Mes bras se sont mis à tournoyer, puis j'ai pensé à les serrer contre moi. Quand mes tennis ont touché l'eau il y a eu un bruit de ciment qui se brise.

Je suis remonté à l'air libre en riant. Dave applaudissait et m'acclamait depuis le bord. Je suis sorti de l'eau, on s'est essuyés et on est repartis. Pour rejoindre un petit cours d'eau sur lequel se trouvait un bassin particulièrement poissonneux, on a traversé un champ de seigle qui ondulait sous le vent – on y emmenait traditionnellement les chevaux pour que les tiges leur brossent le ventre. On s'est arrêtés au bord du bassin et on a scruté l'eau dans l'espoir d'y apercevoir des poissons.

Perché sur un rocher, j'ai vu une libellule rouge vif, l'insecte le plus rouge que j'aie jamais vu. Puis une libellule bleue est arrivée, tout près de la première. J'étais émerveillé par ces deux créatures bourdonnantes de vie et leur danse aérienne. « Où est la blanche ? » ai-je demandé tout haut. Et, pour rire, j'ai entonné à tue-tête l'hymne national, les berges du petit bassin répercutant ma voix.

J'étais bêtement heureux, comme si j'avais eu une nouvelle peau. Après la frousse de mon saut dans le Trou du Mort, je me sentais frais, d'une fraîcheur née de la peur. La peur qui décape, clarifie, éclaircit les idées. La peur qui ouvre les sens, et dégage les perspectives. Comme je le dis toujours, ça fait du bien d'avoir un peu peur – du moment qu'on sait nager.

Mais tout le monde n'approuvait pas mes méthodes radicales, à commencer par mon ami Bill Stapleton, qui se trouvait être également mon avocat et mon agent et éprouvait donc un certain intérêt pour mon avenir. En apprenant que j'avais sauté dans le Trou du Mort il a fait une grimace, et m'a gratifié d'un sermon : il fallait être idiot pour faire des choses pareilles et risquer une fracture, ou une déchirure, etc. Mais Bill savait qu'il parlait en pure perte. « Je le referai », ai-je dit. Bill a compris qu'il fallait me prendre au sérieux, car il connaissait un autre trait de mon caractère. Il savait que j'avais besoin d'action.

– C'est formidable, c'est vraiment formidable, a-t-il dit. Si tu en faisais un chapitre de ta légende ?

# 2

# Un type comme les autres

Je suis un type comme les autres. Un type qui bosse et qui transpire. Un type comme les autres, travailleur, motivé, compliqué, à qui il arrive d'en avoir par-dessus la tête.

Il y a des contradictions flagrantes dans cette affirmation, je le sais bien. Je ne peux pas vous promettre de les résoudre : même si j'étais capable de démonter ma psyché et d'expliquer toutes les interconnexions des neurones de mon cerveau, tous les messages qui en partent vers mes muscles et mes ventricules, je ne serais pas certain de dessiner un schéma acceptable. L'auto-évaluation n'a jamais été mon fort ; elle prend trop de temps et, en outre, il me semble que c'est le vieux secret enfoui en moi, les tricheries et les insultes essuyées au cours de mon enfance qui font tourner les rouages de la machine.

D'ailleurs, les gens comprennent que sous l'esprit de compétition se cache quelqu'un de plus sensible que j'en ai parfois l'air, et que si je réponds « Et alors ? » c'est souvent une façon de dire : « Ça me touche plus que je le laisse paraître. » Mais on peut trouver lassant, à la longue, ce travail d'interprétation.

Nous n'avons qu'une vague idée de ce qui nous a fait ce que nous sommes. Quelle est la part de l'inné et celle de l'acquis ? Ce n'est pas une question facile et on ne peut pas y répondre seul ; on se définit à travers ses relations aux autres : parents, copains, adversaires, patrons, enfants... Survivre au cancer, c'est apprendre jusqu'où va sa propre dépendance à autrui, non seulement pour se définir à son contact, mais aussi pour vivre tout simplement. Le cancer vous prive de votre indépendance ; il faut compter sur ses amis, sur sa famille et sur des gens qui vous sont totalement étrangers, sur des médecins stoïques et des infirmières harassées, et quand on se rétablit enfin, on ne peut plus considérer avec insouciance la question de sa propre place dans la chaîne humaine.

On se définit parfois à travers des gens qu'on ne connaît même pas. C'est ce qui s'est passé pour Sally Reed et moi ; sans le cancer, rien n'aurait pu rapprocher un cycliste comme moi et une femme de plus de cinquante ans qui, comme elle le disait en plaisantant, aurait sans cela passé le plus clair de son temps à regarder des feuilletons à la télé. Nous étions des étrangers en ce printemps de 1999, mais nos chemins se sont croisés grâce à ce que Sally appelle « un clin d'œil de l'univers » ; je me rétablissais après mon cancer quand on a diagnostiqué le sien. Je n'avais pas encore fait mon retour et il me restait un long chemin à parcourir pour gagner le Tour de France, mais Sally avait entendu parler de ce coureur cycliste qui luttait contre la maladie.

Je venais de créer la Fondation Lance Armstrong, et l'un des bénévoles qui m'assistaient m'a demandé de signer une affiche pour une dame qui habitait Austin et luttait contre un cancer du sein difficile à soigner.

« Soyez courageuse, et battez-vous comme une tigresse ! » ai-je écrit.

Sally a apposé l'affiche au mur de sa cuisine et l'a regardée chaque jour pendant les six mois où elle a subi des rayons et des cycles de chimiothérapie. Quand on a arrêté les rayons, en décembre 99, elle s'est mise à travailler bénévolement pour la fondation, alors que ses cheveux n'avaient pas encore repoussé. Elle venait le mardi et le jeudi, sans jamais manquer un jour, pour trier le courrier et répondre aux demandes que des malades du cancer nous adressaient de toutes les parties du monde. Elle est devenue la plus dévouée des bénévoles de ce bureau, toujours prête à dispenser de l'information, des conseils et de la sympathie.

Le plus curieux, c'est que nous avons mis très longtemps à nous rencontrer. J'avais beaucoup entendu parler d'elle et elle savait tout de moi, mais on se ratait sans cesse. Je me rendais à la fondation le mercredi et le vendredi, et elle n'y était pas. Au bout d'un moment, Sally a déclaré, en plaisantant, que je n'existais pas. Un jour, elle a laissé un exemplaire de mon livre *Il n'y a pas que le vélo dans la vie** pour que je le dédicace et l'a accompagné d'un mot : « Je laisse ce livre ici, mais je doute qu'il y ait un auteur. »

Sally a placé dans une salle de réunion un grand tableau intitulé « Observations de Lance ». Elle a tracé des colonnes pour la date, l'heure et le lieu de chaque observation. Il y avait aussi une colonne « Auteur de

---

* Editions Albin Michel, 2000.

l'observation » et une autre « Vérification de l'observation ». Et ainsi de suite. Tout le monde a bien ri à la fondation.

Le tableau s'est empli de relevés d'observations ; tous les bénévoles y inscrivaient les leurs en arrivant. Mais Sally et moi ne nous rencontrions toujours pas. Elle disait que même le coursier avait pu observer Lance, et elle toujours pas. Un après-midi, son mari m'a vu alors que je m'entraînais à vélo. Sally a ajouté une colonne à son tableau : « Observations par procuration. »

Finalement, après environ un an de ce petit jeu, je suis allé à la fondation et j'ai glissé un mot dans sa boîte aux lettres : « Je suis là. Où êtes-vous ? Dès que je cesserai de voyager, vous pourrez faire une observation. En novembre et décembre je ne bouge pas, et on se verra. »

Sally a ajouté une colonne au tableau : « Observations des lettres de Lance. »

Un mois plus tard, de retour à Austin, je me suis rendu au siège de la fondation, et j'ai fait une entrée fracassante en criant : « Où est Sally ? »

Elle était là. Elle avait passé mille heures à la fondation avant qu'on se rencontre enfin. On est tombés dans les bras l'un de l'autre et on a tout de suite sympathisé. Elle avait l'air aussi gentille et facile à vivre que je m'y attendais, mais on devinait aussi chez elle un solide bon sens. Elle avait un mari, des enfants et vivait dans une certaine aisance, mais ce n'était pas la première fois que le cancer faisait irruption dans sa vie ; ses deux sœurs en étaient également atteintes. On a passé un moment ensemble et on a un peu parlé de la fondation, des moyens de donner aux gens confiance en eux-mêmes. On a aussi parlé voitures, car elle et moi les aimions très rapides.

Mais on n'a jamais parlé du cancer proprement dit, et je ne saurais expliquer pourquoi. Peut-être y avait-il entre nous une sorte de télépathie sur ce sujet. Ou peut-être chacun de nous avait-il l'habitude d'être seul avec ses pensées là-dessus, étant donné que les gens capables de comprendre pleinement cette expérience sont assez peu nombreux. Peut-être, enfin, avons-nous délibérément évité de revenir sur cette horreur. L'essentiel, c'est de tisser des liens ; et, par l'intermédiaire de Sally, j'en tisse de nouveaux. Elle entretient la correspondance, transmet les demandes particulières que nous adressent toutes sortes de gens que la maladie rapproche et elle organise des rencontres entre nous. Nous comprenons tous deux à quel point le fait de connaître quelqu'un qui a survécu est une source d'énergie pour la personne chez qui on diagnostique un cancer. Partager une expérience vous rend plus fort. Sally dit que si nous pouvons donner à chacun de ces patients ne serait-ce que cinq minutes d'espoir, « alors le plus important est fait ».

C'est parfois une absence qui rend plus compliquée la construction de notre identité. Moi, je n'ai pas connu mon père. Eddie Grunderson aurait pu tout aussi bien être un donneur d'ADN anonyme ; il a quitté ma mère peu de temps après ma naissance et a renoncé à tous ses droits parentaux. Ma mère et moi n'en avons jamais parlé. J'ai lu dans un journal qu'il avait tenté d'entrer en contact avec moi après le Tour de 1999, mais je ne m'en suis pas réjoui, j'ai compris que je ne voyais pas l'intérêt de le connaître ni de me préoccuper de lui. Ce compte-là était soldé. Il était le gardien du secret, le détenteur du mystère, l'homme qui possédait l'impossible réponse. Quant à savoir ce qu'était une famille, j'aurais mes propres enfants pour le comprendre, en regardant devant moi, et non derrière.

Il arrive qu'un être vous apporte à lui seul tout ce dont vous avez besoin, et c'est ce qui s'est passé avec ma mère. Elle a fait en sorte d'être à la fois mes deux parents et ma meilleure amie, le tout rassemblé dans un mètre cinquante-neuf de hauteur, ce qui n'était pas gagné d'avance. « Tu étais déjà un rescapé avant le cancer », dit-elle. Si c'est vrai, c'est grâce à elle ; elle nous a fait vivre sur un salaire de secrétaire, en cherchant sans cesse les moyens d'améliorer notre quotidien. « S'il y a quelque chose à faire, tu dois le faire », me disait-elle. Plano était une banlieue prospère et les autres familles possédaient un tas de choses que nous n'avions pas. Tout ce dont nous avions envie, il nous fallait le gagner. Je ne vivais pas dans l'abondance mais, grâce à ma mère, je ne manquais de rien.

Depuis que je suis père, je comprends tout ce qu'elle a voulu me donner. Je devine aussi les innombrables soucis que je lui ai infligés – il y avait toujours quelque bobo à soigner, après mes chutes et mes vols planés à vélo. Elle rit quand elle me voit m'inquiéter pour mes enfants, et les gâter. « Je découvre chez mon fils quelque chose que je n'y avais jamais vu », dit-elle. Elle se demande également si, maintenant que je suis père, je serai plus enclin à me pencher sur le passé, et je me pose moi-même cette question.

Je n'ai jamais voulu regarder en arrière. Il arrive que

des amis me demandent pourquoi je m'intéresse si peu au passé. « Je n'aime pas la marche arrière, dis-je. C'est tout juste bon à vous donner mal à la tête. » C'est contraire à ma nature ; la quête de moi-même, je l'ai menée sur un vélo, de face, à toute vitesse. Ce que je sais le mieux faire, c'est foncer droit devant.

Quand j'étais jeune, je roulais pour arriver à quelque chose. Puis j'ai roulé pour prouver que je pouvais survivre, et faire enrager tous les sceptiques qui m'avaient laissé pour mort. Mais quelle serait, désormais, ma motivation ? Qu'est-ce qui me ferait tenir en selle à la cinquième et à la sixième heure, quand la neige virerait au noir ? Telle était la question à laquelle je devrais répondre pour le Tour de France 2000. J'avais la ferme intention de le remporter à nouveau. Il ne m'est jamais venu à l'idée que je pourrais me contenter d'une seule victoire. Un athlète ne tient pas vraiment à avoir un passé ; ça signifierait qu'il a fait son temps. Ce qu'il veut, c'est un présent et un avenir.

J'ai, en ce qui me concerne, une certitude : le plus sûr moyen de m'amener à faire quelque chose, c'est de me dire que je n'en suis pas capable pour une raison ou pour une autre. Expliquez-moi qu'il m'est impossible de gagner encore le Tour de France et je n'aurai d'autre choix que de tenter une nouvelle victoire. Pendant l'hiver et le printemps de cette année 1999, la plupart des gens se demandaient si j'en étais capable, pour diverses raisons. Les retombées de la victoire dans le Tour s'étaient révélées désastreuses pour plus d'un coureur, qui avaient cédé à un laisser-aller et à un contentement de soi mortels pour leur carrière. Désormais, je savais pourquoi.

En règle générale, il n'y a rien de plus difficile que de faire deux fois la même chose. Quand on a réussi une fois, on a moins de raisons de s'y lancer à nouveau, parce qu'il y a tant d'autres choses qu'on pourrait faire à la place. C'était plus vrai que je ne voulais l'admettre. Je luttais pour maintenir un équilibre entre mon foyer, mon métier, mes entraînements et mes engagements commerciaux. J'avais simplement des journées plus chargées, et je m'escrimais pour assumer mes nouvelles responsabilités vis-à-vis de ma famille, de mon action en faveur des malades du cancer, de la compétition sportive et de mes commanditaires. Quand je consacrais trop de temps à l'une de ces obligations, j'avais l'impression d'en négliger d'autres, en particulier à l'égard de Kik et de Luke. Sans parler des tâches routinières, du temps perdu à des corvées liées aux affaires, voire dans les embouteillages... les soucis du quotidien occupaient parfois une journée entière, et semblaient obscurcir cette éclatante lucidité que je croyais désormais posséder.

J'ai compris que je gaspillais mon énergie en courant trop de lièvres à la fois, un après-midi, sur un terrain de golf où j'essayais de me détendre en faisant un parcours de neuf trous. Tout en me positionnant pour frapper la balle, j'avais un téléphone à l'oreille pour négocier une affaire à propos de nouveaux pneus de vélo. « Ne raccrochez pas », ai-je dit. J'ai posé le téléphone dans l'herbe et me suis hâté de rater mon coup avant de reprendre la discussion.

Un autre jour, je me suis vu en train de courir à travers l'aéroport d'Orlando, trempé de sueur, portant mon vélo dans un carton, pour attraper un vol pour New York où je devais participer à une réunion d'affaires. J'espérais avoir une ou deux heures libres pour m'entraîner dans Central Park. Finalement, j'ai dû abandonner le vélo à l'aéroport parce que j'étais en retard. Je me suis laissé choir dans mon fauteuil en nage, à bout de souffle, après avoir parlementé avec les hôtesses. *Il faut que ça cesse,* ai-je pensé.

J'avais compris que la réussite pouvait, d'une certaine façon, vous diminuer. Je préférais des satisfactions plus immédiates : essayer d'être bien, être un bon père, faire du vélo. Je ne voulais plus me laisser distraire par des obligations et des opportunités à saisir.

Je suis allé voir mon ami Lee Walker et on a parlé des contrats, de la possibilité de jongler avec mes obligations sans tricher avec moi-même ni avec mes proches. Lee m'a aidé à comprendre l'intérêt d'un programme bien établi.

– Un programme, disait-il souvent, c'est ce qui rend nos intentions manifestes.

Je connaissais Lee Walker comme tout le monde à Austin. C'était l'une des figures marquantes de la ville, un ancien président de Dell Computers qui avait tout envoyé promener et qu'on rencontrait désormais, vêtu d'un vieux jean, chaussé de tennis et coiffé d'un chapeau à large bord, en train de distribuer de l'argent et des conseils. Après avoir vécu toute sa vie en costume-cravate, Lee s'était réveillé un matin avec une douleur fulgurante dans le dos provoquée par une méningite cérébro-spinale. Pendant sa maladie, il s'était rendu compte qu'il détestait la vie qu'il menait et espérait plus ou moins que cette méningite le tue pour l'en débarrasser.

Une fois rétabli, il avait commencé une seconde vie.

Il avait quitté Dell, vendu la grande maison qu'il possédait à Austin, pris un poste d'enseignant à l'Université du Texas. Il habitait non loin du campus dans une vieille bâtisse pleine de charme entourée d'un jardin fou, avec dans son bureau-atelier un grand tableau noir et des murs tapissés de livres du sol au plafond. Il apportait son soutien à toutes sortes de causes, et à de nombreux jeunes d'Austin, dont moi.

Lors de ma première rencontre avec Lee, avant le cancer, on avait surtout parlé d'argent. C'était pour moi la question prioritaire ; je voulais m'instruire auprès de ce champion des affaires. J'avais imprimé mon portefeuille d'actions pour qu'il l'étudie et me conseille. « Pourquoi gardez-vous ces saloperies d'actions ? » m'avait-il demandé. On avait parlé de ce que je vendais, des raisons pour lesquelles je vendais – vraiment, ça volait très bas. Le bonheur, pour moi, c'était gagner de l'argent et acheter.

Mais quelle que soit mon idée du bonheur, je ne tardais pas à me lasser de ce que j'achetais, à trouver normal de le posséder ou à le jeter. Un portefeuille d'actions, une Porsche étaient pour moi des choses importantes. Tout comme mes cheveux. Puis je les ai perdus, les cheveux comme le reste. J'ai vendu la voiture, dépensé beaucoup d'argent et me suis raccroché de justesse à ma vie. Le bonheur, désormais, c'était le fait de me réveiller vivant.

Après, tout a changé entre Lee et moi. On n'a plus parlé d'argent, ou alors de façon abstraite, tandis qu'on finissait tous deux par comprendre ceci : la richesse ne vaut pas la santé. On a parlé de nos expériences respectives de réexpédition, et du dilemme fondamental auquel tout rescapé doit faire face :

comment garder à l'esprit les leçons de la maladie mortelle et en même temps renouer les fils d'une existence ordinaire, avec toutes ses obligations terre à terre ? Lee aimait citer la poétesse Mary Oliver : « Que vas-tu faire de ce moi si fou et si précieux ? »

Quand on a le cancer, on veut vivre selon des idéaux, aussi court que soit le temps qui nous est laissé. Puis le cancer s'éloigne. Deux ou trois ans plus tard, après avoir lentement recouvré la santé, on se sent en forme comme avant et c'est une bonne chose. Ce n'est plus le cancer qui vous définit ; il joue seulement un rôle dans votre existence.

Désormais, en tant que vainqueur du Tour de France et militant contre le cancer, j'étais confronté à des choix qui jetaient la confusion dans mon esprit. Lee m'a convaincu que ce n'était pas l'argent qui comptait, mais le temps. Je me suis demandé ce que je voulais vraiment. Je voulais, certes, gagner de l'argent, mais je ne voulais pas y user mes forces, ou me tracasser pour des stratégies commerciales. Je ne voulais pas voir ma tête sur une silhouette découpée dans du carton devant l'épicerie du coin, et je ne voulais pas faire un film avec Tweedy Bird. « Je ne crois pas que tu tiennes à accroître ta fortune, je crois plutôt que tu veux faire grandir ton nom », m'a dit Lee.

J'ai décidé de me limiter à un petit nombre de sponsors importants, et me suis efforcé de ne pas oublier que les pressions que je subissais étaient un privilège et allaient de pair avec un exceptionnel soutien du public. J'espérais simplement, en échange, ne pas perdre de vue ce à quoi je tenais, ce en quoi je croyais et maintenir le cap aussi bien personnellement que professionnellement.

Pendant ce temps, dans le monde du cyclisme, chacun m'observait en se demandant ce que la fortune, les contrats avec les sponsors et tout ce maelström publicitaire allaient faire de moi. Miguel Indurain, le grand champion cycliste espagnol, disait : « Tout coureur qui gagne le Tour a le même problème. Sa vie en est changée à jamais. » *USA Today* sortait un article sur les sponsors et m'appelait Lance Inc. Le quotidien français *L'Équipe* le reprenait avec un commentaire en italique laissant entendre que j'avais passé trop de temps à gagner de l'argent et pas assez à m'entraîner.

La plupart de mes adversaires dans le cyclisme ont considéré ma victoire au Tour de 1999 comme un coup de chance, un formidable coup de chance, mais un coup de chance tout de même. Le monde du cyclisme avait d'abord refusé de croire en moi et suggérait maintenant qu'une deuxième victoire était peu probable. Mais ceux qui m'avaient éliminé d'avance m'ont finalement rendu service, car j'y ai puisé un regain de motivation. Il n'en fallait pas plus pour me donner envie de remporter un autre Tour.

Tandis que le scepticisme grandissait, le Tour 2000 devenait pour moi une course de la plus haute importance, plus importante même que celle de l'année précédente. Il fallait que je gagne un nouveau Tour et, quel que soit mon résultat, ce serait un échec si je n'arrivais pas en vainqueur. « Ecoutez bien, ai-je dit à mes amis, je vais encore gagner. Et savez-vous pourquoi ? Parce qu'ils m'en croient tous incapable. »

Je me suis mis à *chercher* toutes les raisons de m'enrager sur mon vélo ; j'ai dressé une liste de toutes les remarques sceptiques, de toutes les phrases qui traduisaient les doutes et les incertitudes de mes adversaires, et chaque fois que j'enfourchais mon vélo je me les répétais. Je tenais ma liste à jour. C'était une vieille habitude de compétition qui remontait à mon enfance à Plano, quand je n'avais pas autant d'argent que les autres gamins et que je ne pratiquais pas le bon sport – on ne vous forçait pas à jouer au football, dans notre Texas, mais c'était ce qu'on attendait de vous. Je n'avais pas non plus les parents qu'il fallait. Ma mère, Linda Mooneyham, avec son mètre soixante, était à la fois mère et père. On m'avait toujours sous-estimé, je partais toujours avec une mauvaise cote, et je savais en tirer parti.

– Je suis un type comme les autres, disais-je, cet hiver-là. Et je vais vous montrer de quoi un type comme les autres est capable.

En prélude à ce Tour de France, j'ai failli me tuer.

Le monde est peuplé de gens qui essaient d'acheter leur confiance en eux-mêmes ou de la fabriquer, ou bien se contentent de la feindre. Mais on ne peut pas feindre la confiance en soi, il faut la gagner, et si vous me demandez comment, je vous dirai que la seule façon d'y parvenir, c'est de travailler. Il faut travailler, et c'est ainsi que la campagne 2000 a commencé, par un travail d'enfer.

Début mai, l'équipe de l'U.S. Postal s'est transportée dans les Alpes et dans les Pyrénées pour une série de stages d'entraînement intensif, l'idée étant que si je répétais la douleur comme on répète un spectacle, si je punissais suffisamment mon corps et travaillais assez dur, la souffrance serait peut-être moindre sur le Tour proprement dit. On a suivi les routes sur lesquelles ont devait rouler pendant le Tour, pour étudier les étapes.

Cette quatre-vingt-septième édition allait nous emmener sur trois mille six cent cinquante-neuf kilomètres en vingt-trois jours, tout autour de la France dans le sens des aiguilles d'une montre. C'était de toute évidence une folle entreprise, mais le Tour constituait depuis l'origine un exploit des plus bizarres : au début de l'ère industrielle, un journal français avait offert une somme d'argent au fou qui battrait tous les autres fous dans une tentative pour faire le tour du pays à bicyclette. Et l'événement était marqué depuis l'origine par toutes sortes de tricheries, d'accidents et d'absurdités. Il n'en était pas moins devenu l'épreuve emblématique d'un sport à part entière, et, année après année, une cérémonie nationale chère au cœur des Français.

La course cycliste est un sport un peu particulier pour les Américains, avec ses valeurs morales incongrues et son code compliqué, sans compter les règles non écrites aussi nombreuses que celles qui le sont. C'est par ailleurs un tournoi d'échecs disputé à vélo et à toute vitesse, et il est très important de reconnaître la route. Les membres de l'U.S. Postal se partageaient les rôles. Certains, comme mon ami intime Kevin Livingston, étaient de puissants grimpeurs et il lui reviendrait de m'aider à escalader les montagnes, en roulant devant moi pour m'abriter du vent, et en m'entraînant dans les montées. D'autres, comme mon grand ami George Hincapie, m'aideraient à sprinter en terrain plat. La plupart de mes coéquipiers, comme Hincapie, Tyler Hamilton et le Russe Viacheslav Ekimov, étaient des coureurs accomplis tout à fait capables de gagner des courses pour eux-mêmes, et j'appréciais d'autant plus le dévouement dont ils faisaient preuve en roulant pour moi. Puis il y avait des coureurs plus jeunes et moins aguerris, appelés « domestiques », qui se chargeaient de diverses tâches comme de gêner mes adversaires, de m'apporter de l'eau, de la nourriture ou du matériel quand j'en avais besoin.

Nous avions pour tacticien, ou *directeur sportif**, le fringant Johan Bruyneel, un Belge, ancien coureur cycliste réputé pour son tableau de chasse : il avait battu Indurain sur le Tour lors d'une étape mémorable. C'était un homme d'un calme imperturbable, avec ses yeux gris et son menton creusé d'une ride profonde. Il avait, pour nous diriger, des trésors de patience, et un vrai talent pour établir des plans de course avec un souci méticuleux du détail. C'était lui, Johan, qui avait tenu à organiser ces stages d'entraînement destinés à nous familiariser avec les routes.

On a roulé des heures et des heures d'affilée dans les frimas du printemps européen. Début mai, il régnait sur les pentes escarpées des Pyrénées une alternance de froid glacial et de chaleur torride, et c'est en redescendant de l'un de ces sommets désolés que j'ai bien failli perdre le Tour avant qu'il commence.

On venait de faire l'ascension d'une montagne jusqu'au col du Solour, pour tester une descente rapide qui risquait d'être importante. Pendant la montée, le soleil nous avait desséchés. J'ai retiré le casque de mon crâne inondé de sueur et je l'ai accroché au guidon.

* En français dans le texte.

Parvenu au sommet, j'ai fait une pause, tandis que l'un de nos mécaniciens procédait à quelques réglages sur mon guidon. Puis je suis reparti, couché sur mon vélo, et j'ai plongé dans la descente, le casque toujours accroché au guidon. C'était une grossière erreur.

La route, étroite et sinueuse, plongeait dans une vallée que j'apercevais à ma droite. Du côté de la montagne, un mur de brique la protégeait des éboulis. Je m'appliquais à négocier les virages sans perdre de vitesse, et je prenais plaisir au rythme de la descente. Puis mon pneu avant a rencontré une pierre.

Il a crevé.

Le guidon a été violemment secoué, comme si on cherchait à me l'arracher des mains. Quand le pneu avant crève à près de soixante à l'heure, on ne peut plus changer de direction. De ce qui avait été quelques secondes auparavant un pneu en caoutchouc de haute performance, épais de deux centimètres et demi et conçu pour produire sa force centrifuge en toute sécurité, il ne restait qu'un lambeau informe sur un cercle de carbone. Le vélo a été pris de soubresauts incontrôlables tandis que ma roue avant s'orientait vers le mur de brique. J'ai pensé, *si je roule en ligne droite, je pourrai peut-être ralentir.*

Le mur est arrivé trop vite. Au pied, il y avait un fossé, et ma roue avant y a plongé. Je me suis envolé par-dessus le guidon, la tête la première contre le mur. Il m'a semblé que la lumière explosait et que le ciel s'ouvrait en deux.

Je suis resté dans le fossé, assommé et ensanglanté. Johan, qui me suivait en voiture, a débouché dans le virage et m'a vu dans une mare de sang. J'avais une plaie profonde à la joue, ma tête enflait déjà et j'étais à peine conscient. Mon crâne avait encaissé tout le choc. Par extraordinaire, je n'avais pas une égratignure sur le reste du corps. Je n'avais même pas déchiré ma tenue de course en jersey.

J'ai entendu des gens qui couraient autour de moi. Puis la voix de Johan, et d'autres que je n'ai pas reconnues. Deux médecins québécois se trouvaient près du mur au moment de ma chute, en train de piqueniquer tranquillement sur l'herbe. Ils m'avaient vu, effarés, m'y écraser et retomber inerte dans le fossé.

J'ai tenté de m'asseoir. « Non, non ! » a dit l'un des médecins, en me repoussant en arrière. L'autre s'est redressé d'un bond et a couru vers leur voiture pour y prendre de la glace qu'ils m'ont mise sur le crâne. J'étais conscient, mais je ne voyais rien au-delà du fossé. Je me souviens d'avoir entendu Johan parler avec les médecins.

– Vous savez, disait l'un d'eux, après l'avoir vu et avoir entendu le choc, nous nous attendions à le trouver mort.

Je crois que je me suis évanoui. Une ambulance est arrivée et m'a emmené à l'hôpital de Lourdes. C'était la première fois qu'il fallait m'hospitaliser depuis mon cancer, et quand les portes du fourgon se sont ouvertes, j'ai respiré l'odeur de produits pharmaceutiques et de désinfectant et j'ai senti dans ma poitrine le frémissement que je connaissais bien. Il a fallu me mettre quelques points sur le crâne et à la mâchoire, et on m'a gardé une nuit en observation. Je n'ai pas fermé l'œil. Je sentais l'alèse en plastique du matelas sous le drap que je trempais de sueur.

Le lendemain matin je prenais un avion pour Nice. Kik est venue m'attendre à l'aéroport. J'avais la tête trois fois plus grosse que la normale, les yeux au beurre noir dans leurs orbites tuméfiées, des plaies et des égratignures sur toute la figure. « On dirait Elephant Man », a-t-elle dit.

Je suis resté plusieurs semaines chez moi, avachi sur le canapé, incapable de courir ou même de m'entraîner, à attendre que ma tête retrouve sa forme normale. J'ai eu tout le temps de réfléchir et de parvenir à la conclusion que je n'avais pas intérêt à poursuivre mes excentricités ni à prendre des risques inutiles. J'aimais la descente, j'aimais les virages, mais je me disais maintenant que si je devais perdre trente secondes ce ne serait pas la fin du monde. Je les rattraperais.

J'ai enfin repris l'entraînement, avec prudence. L'accident m'avait empêché de reconnaître ce qui était peut-être la partie la plus importante du circuit, la côte du Hautacam. C'est une station de sports d'hiver réputée au sommet d'une montagne environnée de brume, non loin de Lourdes. Son ascension constituerait notre première étape de montagne, sans doute la plus difficile.

Je m'y suis donc remis. Sous une chaleur torride, j'ai fait toute la route qui nous attendait, mais sans spectateurs, et seul, Johan me suivant en voiture. Arrivé en fin de journée au pied du Hautacam, j'ai attaqué la pente en poussant sur les pédales. En montant, j'étudiais la route, j'essayais de déterminer à partir d'où je pourrais attaquer et où j'avais intérêt à m'économiser. Il tombait un mélange de neige et de pluie glacée et je soufflais une vapeur blanche.

Au bout d'une heure à peu près, j'ai atteint le sommet. Johan s'est arrêté et a passé la tête à la portière de sa voiture. « Bien ! Viens te mettre à l'abri et prendre du thé chaud », a-t-il dit. J'ai hésité. Je n'étais pas satisfait de la façon dont j'avais grimpé.

– Ça ne va pas, ai-je dit.

– Comment, ça ne va pas ?

– Je ne comprends pas cette montée.

Une montagne, c'est parfois compliqué. Il y a des parties de la route sur lesquelles on peut attaquer, d'autres où on peut se reposer. Il faut les connaître. Je n'avais pas l'impression de connaître l'Hautacam. J'étais monté jusqu'au sommet, mais je ne savais toujours pas avec certitude comment régler mon allure. Quand j'avais reconnu une montée, je voulais avoir l'impression de connaître suffisamment la montagne pour qu'elle m'aide.

– Je ne la connais pas. Je la sens hostile.

– Qu'est-ce que tu racontes ? Où est le problème ? s'est étonné Johan. Tu l'as faite, cette montée ! Rentrons.

– Il faut que je la refasse.

L'ascension jusqu'au sommet m'avait demandé une heure et je suis redescendu en trente minutes. Puis j'ai recommencé, j'ai grimpé à nouveau pendant une heure. Cette fois, à la fin de la journée, sous la pluie qui me fouettait, j'ai senti que j'avais maîtrisé cette ascension. Johan m'attendait avec un imperméable. « Je n'en crois pas mes yeux ! s'est-il exclamé. Allez, on rentre ! »

Ce soir-là, j'ai envoyé ma fiche de relevés physiologiques à Chris Carmichael, mon entraîneur. Après chaque entraînement, j'étudiais les données enregistrées par un petit ordinateur fixé sur mon vélo qui m'indiquait l'énergie produite en watts, la puissance, la cadence et le rythme cardiaque. Ces données me disaient où la montée était la plus dure pour moi et où elle était la plus facile. J'avais l'habitude de les communiquer par e-mail à Chris, qui les annotait et me les renvoyait avec ses commentaires.

Ce soir-là, Chris a ouvert son courrier et étudié mes résultats comme d'habitude. Le lendemain matin, il m'appelait.

– C'était apparemment une rude journée, sept heures à rouler par ce temps... Mais tu as toujours une puissance impressionnante, m'a-t-il dit. Il y a tout de même quelque chose d'anormal. C'est sans doute un problème de fichier, mais les chiffres sont bizarres.

– Pourquoi bizarres ?

– Il y en a deux séries.

– C'est exact.

– Tu es monté deux fois ?

– Oui.

Chris est resté un moment silencieux.

– Quel cinglé tu fais ! a-t-il dit enfin.

J'ai attaqué le Tour 2000 avec une cible sur le dos. Du moins, je la sentais. Il y avait des années que le Tour n'avait pas rassemblé un aussi grand nombre de coureurs de haut niveau, et ils me marquaient tous. On disait que j'avais eu de la chance de remporter le Tour l'année précédente, que sans l'absence de deux champions de tout premier plan je n'y serais jamais parvenu. Mais cette fois les deux anciens vainqueurs du Tour, l'Italien Marco Pantani et l'Allemand Jan Ullrich, qui ne s'étaient pas engagés dans le Tour 99 pour des raisons personnelles, seraient sur la ligne de départ. Le peloton allait regorger de champions.

Ullrich était probablement le cycliste le plus doué au monde, sur le plan physique – un grand costaud à la musculature impressionnante, qui pédalait furieusement sur de grands braquets. Il avait raté le Tour 99 pour soigner ses blessures et lutté pour retrouver la forme, mais il était désormais avide de victoire, ce qui faisait de lui un concurrent dangereux. Pantani, avec sa silhouette élancée, son visage aux traits anguleux et son crâne rasé qu'il aimait coiffer d'un foulard de pirate, avait soif de gagner lui aussi, pour des raisons différentes. Il avait raté le Tour 99, emporté dans les remous d'une affaire de dopage, et se battait pour reconquérir sa place dans la communauté sportive.

La course elle-même s'annonçait comme un autre adversaire : quatre arrivées en montagne, la chaleur accablante, la poussière, la boue, les rafales de pluie... Sans compter les nuits dans les minuscules chambres d'hôtel de villages perdus.

Le prologue, un sprint d'une quinzaine de kilomètres, s'est déroulé dans le parc du Futuroscope de Poitiers. C'était avant tout un moyen de répartir les deux cents coureurs en déterminant lesquels rouleraient en tête, et le résultat a surpris : je suis arrivé second derrière David Millar. Millar était un excellent ami et un jeune coureur britannique au tempérament aventureux qui aimait passer chaque jour de l'an dans un pays différent. Il m'a battu de deux secondes, avec un temps de 19 minutes et 3 secondes. En entendant annoncer les résultats par haut-parleur, David a éclaté en sanglots. J'étais déçu pour moi, mais enchanté pour lui. Ce soir-là, il a dormi avec le maillot jaune.

On a enchaîné plusieurs étapes de plat sans qu'il se passe grand-chose. Le train était rapide, le temps humide. De Tours à Limoges et de Limoges à Dax, on a roulé jour après jour sous une pluie pratiquement ininterrompue. Je n'avais qu'une chose à faire : rester dans la course et éviter les ennuis jusqu'aux étapes de montagne.

En montagne, la véritable compétition commencerait pour moi et s'achèverait pour nombre d'entre nous. Tout le reste, par comparaison, n'était qu'une bousculade pour de petits avantages et quelques points d'avance. La montagne, d'après les Français, c'est « l'essence du cyclisme et l'essence de la tragédie ». C'était là que le véritable partage allait se faire : quand il ne resterait plus qu'un col à franchir, le type le plus costaud, celui qui était le moins fatigué arriverait plus vite au sommet. J'adorais la montagne.

La première étape de montagne devait m'emmener au Hautacam.

Quand je me suis réveillé au matin de cette étape, il tombait une pluie glacée. J'ai sauté hors de mon lit pour tirer les rideaux et j'ai éclaté de rire. « Parfait ! » ai-je dit. C'était un sale temps, de ceux qui vous font souffrir et peuvent décourager un tas de types dès qu'ils ouvrent l'œil. En prenant place dans le car de l'équipe, j'ai dit à Johan : « Ça va être grandiose. » Il y aurait des bourrasques et des nappes de brouillard – exactement les conditions que j'avais rencontrées à deux reprises en faisant l'ascension de ce col pour préparer la course : une parfaite répétition en costume.

Sur la ligne de départ, on devinait les appréhensions des autres coureurs à l'idée de la journée qui les attendait. Ils avaient peur de souffrir et on sentait chez certains qu'ils étaient déjà vaincus par cette peur avant le premier coup de pédale. Ils murmuraient, baissaient la tête, fronçaient les sourcils dans le mauvais temps. Je me sentais prêt. J'ai dit à mes coéquipiers : « C'est une promenade de santé. Allons-y ! »

Ça n'a pas été facile pour autant. Des torrents de pluie ont continué à tomber, et Javier Otxoa, un redoutable grimpeur espagnol, a surpris le peloton avec une échappée de cinquante kilomètres. Il est resté en tête pendant toute la journée avec une très forte avance. Aucun d'entre nous ne l'a poursuivi, car nous réservions nos forces pour les cols.

Quand on est arrivés au Hautacam, on était déjà sur nos vélos depuis quatre heures, on avait parcouru cent quatre-vingt-onze kilomètres et franchi deux cols. Une dernière ascension, monstrueuse, longue de douze kilomètres, nous attendait. La pente était à 27 % – vingt-sept mètres d'altitude gagnés pour cent mètres parcourus.

Je roulais avec Ullrich, Pantani et le Suisse Alex Zulle, qui m'avait talonné en 1999 et m'aurait battu, au dire de certains, s'il n'avait été retardé en début de course par une chute malencontreuse. Il y avait aussi, juste devant nous, le Français Richard Virenque, très populaire auprès de ses compatriotes, et l'Espagnol Fernando Escartin. Nous étions tous à la poursuite d'Otxoa.

En arrivant sur les premières pentes du Hautacam, Pantani s'est dressé sur ses pédales pour attaquer. Il s'est placé du côté de la montagne et a accéléré. Zulle a aussitôt réagi et l'a suivi... moi aussi. J'ai lutté un moment pour ne pas me laisser distancer, et j'ai pensé, *ah non, je suis cuit.* Mais Zulle a lâché prise et je me suis placé devant lui. J'ai pris un rythme assez puissant pour mettre à mal quiconque essayerait de me poursuivre.

J'ai jeté un coup d'œil par-dessus mon épaule. Zulle avait disparu. Il s'était épuisé dans ce dernier effort. C'était maintenant entre Pantani et moi. La prudence s'imposait ; je devais absolument économiser mes forces, car les efforts, en montagne, ne peuvent pas durer longtemps, comme Zulle venait de le prouver.

On a attaqué une pente que je connaissais bien, Pantani grimpant juste devant moi. J'ai pensé, *très bien, mon petit, c'est là que tu vas avoir chaud aux fesses.* Je me suis dressé sur mes pédales et j'ai poussé. Mon vélo a bondi devant celui de Pantani. J'ai entendu Johan qui disait dans mes écouteurs : « Il souffre. Il lâche ta roue. » J'ai regardé derrière moi et je l'ai vu qui s'éloignait. Un instant plus tard, il avait perdu le contact.

J'ai foncé jusqu'au sommet. Je n'avais pas seulement préparé mes jambes à cette ascension, j'avais aussi travaillé mes expressions. Je tenais à ce que les autres coureurs voient ma force dans mon attitude à vélo, parce qu'il y a toujours quelque chose de décourageant à voir un concurrent qui vous dépasse sans forcer tandis que vous souffrez. Je voulais qu'ils me voient rouler sans souffrir – même si ce n'était pas le cas. Seules mes narines palpitantes trahissaient la violence de l'effort.

Quand j'ai franchi la ligne d'arrivée, j'étais premier au classement du Tour de France. J'avais commencé la journée à la seizième place, avec plus de six minutes de retard, et j'étais maintenant en tête.

Quand j'ai franchi la ligne d'arrivée, Ullrich, Pantani, Virenque, Zulle et Escartin étaient à sept minutes et plus derrière moi. Pantani, qui avait maintenant

10 minutes et 34 secondes de retard, a rejoint sa caravane sans dire un mot et s'y est engouffré en claquant la porte. Virenque a dit en secouant la tête : « Armstrong est arrivé sur nous comme un avion. »

Il y avait pourtant, ce jour-là, un coureur meilleur que moi : Otxoa. Il s'était accroché pour arriver avec 42 secondes d'avance, et avait remporté l'étape. J'étais parvenu à regagner plus de 10 minutes pour le rattraper, mais je n'avais pas pu réduire l'écart final. Je n'avais pas de regrets ; Otxoa avait fait une course magnifique, courageuse, de celles que j'applaudissais et j'avais obtenu ce que je voulais : la première place au classement général, avec le maillot jaune.

C'était une bonne journée, une grande journée, qui avait peut-être démoralisé les autres coureurs. Certains ont dit que j'avais fait exploser la course. Walter Goodefrot, le directeur de l'équipe d'Ullrich, a déclaré : « Si Armstrong conserve cette forme, il arrivera à Paris en vainqueur. Personne ne peut lutter contre lui. »

Mais la course n'était pas terminée. Chacune de ces grandes étapes de montagne pouvait vous faire craquer, et les autres ne renonceraient pas tant qu'on ne serait pas à Paris. J'avais appris à n'être jamais sûr de rien, et ce soir-là, au dîner, j'ai regimbé en entendant Johan proposer du champagne à l'équipe. « On boira le champagne si je gagne à Paris, ai-je dit. Et Paris, c'est encore loin. »

A vrai dire, je ne savais pas si j'avais encore en moi assez d'énergie pour courir une autre étape en solo comme celle-ci. Ces efforts vous brûlent de l'intérieur, on ne peut pas les répéter indéfiniment. Les autres coureurs le savaient bien, ils allaient tenter de m'isoler, de m'épuiser.

La douzième étape s'annonçait décisive : cent cinquante kilomètres jusqu'au mont Ventoux, dont le sommet désolé domine la Provence à une centaine de kilomètres au nord de Marseille. L'ascension du Ventoux était la plus difficile de ce Tour 2000, comme de tous ceux qui l'avaient précédé : à vingt-cinq kilomètres de l'arrivée on était tout juste à trois cents mètres d'altitude, et on finirait à près de deux mille mètres. Cet endroit ne ressemble à aucun autre. On s'y croirait sur la Lune plutôt que sur la Terre. En fait, le mont Ventoux était capable de vous tuer pour de bon.

Certains, parmi les plus grands grimpeurs du Tour, avaient été vaincus par le Ventoux, qui avait aussi connu une tragédie sur ses flancs. En 1967, alors qu'il roulait sous un soleil de plomb, l'Anglais Tommy Simpson s'était mis à zigzaguer et était tombé de son vélo. Comme des spectateurs le pressaient d'abandonner, il avait répondu : « Non, aidez-moi à me remettre en selle. » Il était reparti vers le sommet pour tomber à nouveau et mourir non loin de l'arrivée ; on avait ensuite trouvé des traces de produits dopants dans son sang. L'ascension du Ventoux était difficile, dangereuse et angoissante.

On a pris le départ de l'étape contre un fort mistral, et on a roulé plus de quatre heures pour atteindre le Ventoux, où la température est brusquement tombée à un degré.

L'ascension proprement dite se faisait sur une vingtaine de kilomètres – avec un mistral qui soufflait à plus de soixante kilomètres-heure en arrivant au sommet. Pendant les premiers kilomètres, Pantani a multiplié les tentatives pour voir si je pouvais prendre la tête. Il s'élançait, revenait en arrière, revenait, se laissait à nouveau dépasser.

A environ quatre kilomètres de l'arrivée, alors qu'on approchait du mémorial de Tim Simpson, je me suis mis debout sur mes pédales et j'ai doublé Pantani. Je me suis retourné au passage pour lui lancer un mot dans mon mauvais italien.

– *Vince !*

Je voulais dire, allons, viens avec moi !

C'était une invitation à me suivre, car je voulais l'aider à finir l'étape en vainqueur. Pourquoi ? J'estimais, à ce stade, que Pantani méritait la victoire d'étape. Il venait de passer une année difficile pour tenter de reprendre confiance après son affaire de dopage. Il était à mes yeux l'une des figures les plus intéressantes du sport cycliste, une sorte de fier-à-bras, dans sa tenue rose vif, avec son bandana et son anneau à l'oreille. Il avait roulé toute la journée dans ma roue, sans se décourager, revenant sans cesse à la charge. J'avais de l'estime pour ses efforts et je trouvais juste, tout simplement, que ce superbe grimpeur gagne au Ventoux, d'autant que j'avais dix minutes d'avance après deux semaines de course, et pouvais me permettre d'arriver second.

Ce genre de concession n'existe pas dans d'autres sports, mais elle est possible dans le Tour. Elle ressort, en fait, d'un étrange code d'honneur. Pour moi, qui dominais largement la course, remporter une victoire d'étape dont je n'avais pas besoin revenait à faire un affront aux autres coureurs, au préjudice de leur carrière et de leurs revenus ; tous avaient des contrats qui leur assuraient des primes quand ils gagnaient une étape et de telles victoires étaient toujours prestigieuses pour eux. Il revenait donc au premier du classement, dans certaines circonstances, de se montrer grand seigneur, autrement dit généreux. J'avais appris cela d'Indurain, cinq fois vainqueur du Tour de 1991 à 1995 : il n'était pas bon de gagner tous les jours. Il y avait deux cents coureurs engagés et ils étaient tous mis à rude épreuve. Chacun méritait de voir ses efforts reconnus, et il n'y avait pas de perdant au terme d'une journée pendant laquelle on avait gravi une côte de dix degrés jusqu'au sommet du mont Ventoux, là où un coureur était mort, un jour, en pleine ascension.

Mais Pantani n'a pas compris. Il a cru que je disais « *Vite !* » pour l'inviter à accélérer. C'était une question d'interprétation : « vite » semblait être une insulte, une façon de lui dire qu'il était trop lent, et qu'il devait me laisser passer. Il a cru que je le défiais.

On a pédalé côte à côte jusqu'à la ligne d'arrivée, dans un vent violent. J'avais le choix : ou bien je tentais de le battre au sprint sur la ligne, ou bien je décidais de ne pas lui disputer la victoire, sachant que je disposais d'une avance confortable et ne risquais pas ma première place au classement. A un coup de pédale de l'arrivée, j'ai ralenti.

Une seule chose comptait à mes yeux : j'avais ajouté trente et une secondes à mon avance sur Jan Ullrich, mon principal concurrent pour la place de leader.

Mais en offrant cette victoire d'étape à Pantani, j'avais fait quelque chose qui ne correspondait pas à ma nature. Indurain pouvait le faire, le public l'acceptait. Moi, j'avais eu tort de m'effacer au sommet du Ventoux.

Pantani était furieux. Il se sentait humilié.

– Quand Armstrong m'a dit d'aller plus vite, j'ai pensé qu'il voulait me provoquer, devait-il dire par la suite. S'il croit qu'il en a fini avec moi, il se trompe.

C'était à mon tour d'être offensé, et j'ai répliqué. « Malheureusement, il montre sa vraie nature », ai-je déclaré publiquement. Je me suis aussi laissé aller à l'appeler Elefantino, et il avait horreur de ça – on l'avait surnommé ainsi à cause de ses grandes oreilles toujours coincées sous le bandana.

Il s'est ensuivi une bagarre qui a duré plusieurs jours. Pantani a foncé devant le peloton et a remporté une étape de montagne après laquelle il a déclaré sans ambages qu'il n'appréciait pas mon sens de l'étiquette. « C'est beaucoup plus satisfaisant de finir seul », a-t-il pris soin de dire. « La victoire n'a pas le même goût quand on laisse tout le monde derrière soi. Elle a le goût du triomphe. »

Je regrettais maintenant le mont Ventoux, et ce regret me minait. Mon ami Eddy Merckx, le grand champion belge, cinq fois vainqueur du Tour, m'a passé un savon. « Tu as commis une grave erreur, m'a-t-il dit. C'est toujours le meilleur grimpeur qui doit gagner au Ventoux. On ne fait *jamais* de cadeaux au Ventoux. Qui sait si tu auras jamais une nouvelle chance de l'emporter ? » Je sentais bien que j'étais le meilleur grimpeur, mais j'avais laissé mes sentiments prendre le dessus. Je me suis dit que si je me trouvais à nouveau en position de faire un cadeau à Pantani, il pourrait toujours s'accrocher !

Les jours suivants, j'étais furieux et préoccupé. Mais la colère, ça ne vous aide pas, ça ne vous mène jamais très loin, et cette fois-là, ça m'a égaré. J'ai commencé par céder au sentiment, puis je me suis laissé distraire par une querelle, alors que ni l'un ni l'autre ne pouvaient m'aider.

On est arrivés à la dernière étape de montagne, la partie la plus redoutable du Tour. C'était une étape de cent quatre-vingt-quinze kilomètres, donc relativement courte, qui culminait sur un sommet du nom de Joux-Plane. C'était une ascension difficile, la dernière épreuve du Tour, mais on pouvait s'y laisser piéger, la sous-évaluer justement parce qu'elle était courte. Erreur. Les étapes les plus courtes sont aussi les plus rapides.

Pantani est parti très fort, avec l'intention de me battre – et m'a amené à commettre l'une des plus graves erreurs de ma carrière. « Je voulais dynamiter la course sans me soucier des conséquences », devait-il reconnaître par la suite.

L'attaque a mis l'U.S. Postal, notre équipe, sous pression. Quelle devait être notre stratégie ? Jusqu'où laisserait-on Pantani s'échapper ? Cette fois, je tenais beaucoup à le battre. J'en ai discuté par radio avec Johan. L'action était intense et j'étais poussé par un violent ressentiment. Pantani est resté devant pendant cinquante kilomètres tandis que je le poursuivais.

Mais on fonçait à pleine puissance et je me sentais bien sur mon vélo. Si bien que j'ai raté ma dernière occasion de m'alimenter en passant devant un point d'approvisionnement sans même m'en apercevoir. C'était une étourderie, inconcevable de la part d'un professionnel, et pourtant je l'ai commise. On était tellement concentrés sur la tactique et sur Pantani que j'en ai oublié le plus élémentaire. Je ne me serais jamais douté des conséquences.

J'ai fini par le rattraper aux approches de

Joux-Plane. Là, victime de douleurs à l'estomac, il s'est laissé distancer et a pris treize minutes de retard. Mais il avait fait ce qu'il fallait pour me gâcher la journée.

On est arrivés au pied de la côte de Joux-Plane et je l'ai attaqué en poussant très fort et en tirant après moi Kevin Livingstone. D'autres coureurs nous ont lâchés, incapables de tenir notre allure. Il n'y avait plus que nous deux. Puis Kevin a décroché à son tour.

Soudain, j'étais seul. Et soudain, je ne me suis pas senti bien. Ça a commencé par une fatigue des jambes révélatrice, suivie d'une sensation de vide au niveau de l'estomac. Je n'avais pas d'eau, rien à manger, pas la moindre tablette de protéines – et aucun moyen de me procurer quoi que ce fût.

Je sentais mes forces m'abandonner. Virenque et Ullrich m'ont rattrapé... et dépassé. J'ai d'abord tenté de rester avec eux, de tenir l'allure malgré la souffrance, mais j'allais de moins en moins vite. Bientôt, j'ai eu l'impression de retomber en arrière dans la montée.

Ullrich et Virenque se sont retournés, surpris. Je devinais ce qu'ils pensaient. « Que fait-il ? C'est une feinte ? » Je les avais distancés au départ avec une grande facilité, mais j'avais maintenant un vrai problème et ça se lisait sur mon visage.

Il restait dix kilomètres à courir, qui me semblaient soixante. Johan m'a appelé par radio. Il savait exactement pourquoi je ralentissais. Johan était un ancien coureur cycliste et il n'ignorait pas ce qui peut se passer quand un coureur craque. La perte du maillot jaune n'était pas ce qu'il redoutait le plus. Il craignait que je ne m'effondre, que j'abandonne, et perde non pas une étape, mais bel et bien le Tour.

Il m'a parlé d'un ton calme, malgré la tension. Non seulement je faisais des miennes, mais il avait embarqué dans sa voiture un invité de marque en la personne du Premier ministre belge. « Ne t'en fais pas, tu as bonne avance, m'a-t-il dit posément. Tu peux te permettre d'en céder un peu. » Il me conseillait de ralentir et d'achever l'ascension sans forcer, pour limiter les dégâts. C'était, disait-il, ce que j'avais de mieux à faire. Le pire aurait été de forcer encore plus, car je risquais de tomber à zéro, de me retrouver complètement vidé. Et, dans ce cas, on craque pour de bon et on chute.

Faute d'énergie à consommer, chaque coup de pédale me coûtait un effort supplémentaire et aggravait mon déficit. C'était une question de carburant, ou de calories que je ne pouvais pas brûler faute d'en avoir assez. Un tel manque peut produire des effets bizarres. Mon corps me lâchait, mon esprit aussi.

On se met à loucher, ou on voit la neige virer au noir. On a des hallucinations. On veut parler avec ses oreilles. Ou bien on descend de vélo. On va sur le bas-côté et on s'arrête, tout simplement parce qu'on ne peut plus pédaler. Si on descend de vélo, on est fichu, exclu de la compétition. Et je n'étais pas loin de m'arrêter pour de bon.

J'avais déjà vu des coureurs perdre dix, voire quinze minutes dans de telles circonstances, parce qu'ils avaient devant eux une longue côte et plus rien dans les mollets. J'en avais vu se désintégrer et perdre tout espoir de redevenir les coureurs qu'ils avaient été. Et voici que la même chose m'arrivait. Je me défaisais, irrésistiblement. C'était la journée la plus noire que j'aie jamais connue dans une course.

A partir d'un certain moment je n'ai plus su où j'étais ni ce que je faisais. L'une de mes dernières pensées rationnelles a été, *une avance de sept minutes et demie, c'est beaucoup, ne la perds pas.*

Johan continuait à me parler calmement à l'oreille, en répétant sans cesse la même chose. « Détends-toi, va à ton allure, ne force pas. Tu peux perdre une minute, deux minutes, trois minutes, quatre minutes, et tout ira bien. Mais ne t'arrête pas. »

Non loin de la ligne d'arrivée, Bill Stapleton et un groupe d'amis venus me voir courir attendaient dans une luxueuse caravane pour VIP. Ils cassaient la croûte et buvaient du vin tout en suivant la course sur un écran de télévision. Personne, dans un premier temps, n'a vu que je ralentissais. Puis je me suis laissé dépasser et distancer. Ullrich et les autres ont creusé l'écart. Le ton des conversations a brusquement changé dans la caravane. « Mon Dieu, que se passe-t-il ? » a lancé quelqu'un. Puis le silence s'est fait – un silence de mort.

Sur mon vélo, je n'avais plus que des pensées confuses. J'étais tellement déshydraté que ma température avait chuté. Je frissonnais. Mes membres ne répondaient plus. J'étais vidé. Vidé, vidé, vidé. Un cycliste du dimanche m'aurait dépassé.

Bart Knaggs se trouvait parmi la foule qui me regardait peiner dans la montée. Bart et moi avions déjà vécu mille choses ensemble, avec notre autre grand ami, College. Comme je l'ai déjà dit, c'est en partie à travers sa relation aux autres qu'on se définit soi-même, et Bart et College m'avaient plus d'une fois accompagné dans des moments décisifs pour moi. Ils étaient à mes côtés le jour où un médecin m'avait communiqué ce qui avait tout l'air d'une condamnation à mort en m'informant que si je vivais malgré tout ce serait pour quitter l'hôpital à quatre pattes. Ils étaient à mon chevet après mon opération au cerveau. Brian et son épouse Barbara avaient deux petites filles, des jumelles, et ils avaient été nos confidents attentifs, à Kik et à moi, lors de la fécondation in vitro qui avait permis de donner naissance à Luke.

Bart, College et moi avions parcouru ensemble des milliers de kilomètres à vélo dans les montagnes du Texas, en riant et en échangeant de grosses blagues, ou simplement en bavardant. J'aimais bien leur lancer des défis, rouler un moment avec eux, puis les lâcher. Mais quand on ne courait pas les routes, on s'aidait les uns les autres. Un jour, on avait fait une longue randonnée jusqu'à Wimberly et retour sur des kilomètres et des kilomètres d'autoroute. Bart, jugeant qu'il en avait assez, s'était arrêté et avait pris un raccourci pour rentrer, mais College avait voulu me suivre. Tout s'était bien passé jusqu'au moment où on avait attaqué la côte de Dripping Springs. Il s'était mis à transpirer et n'avait plus de force. Je lui avais fait boire un Coke, ce qui l'avait un peu requinqué, mais pas pour longtemps. Je lui criais de se mettre dans ma roue et je l'avais tiré un moment. Mais alors qu'il nous restait environ cinq kilomètres pour arriver chez nous il n'avait pratiquement plus la force de pédaler. Il criait, « Je ne peux pas ! » et je lui répondais : « Si, tu peux ! » Puis je m'étais mis à rire en disant : « Ah, si tu te voyais ! » Il était pâle, affalé sur son guidon. En attaquant la dernière côte avant Austin, j'avais mis la main dans son dos pour le pousser jusqu'à la fin.

Peu de temps après, j'avais un cancer. Mais j'ai

continué à rouler, avec Bart et College pour m'accompagner. C'étaient eux désormais qui pouvaient me laisser sur place, étant donné ma faiblesse. Un après-midi, alors que j'étais chauve, amaigri et le teint cireux après mon troisième cycle de chimio, j'ai voulu faire une sortie. J'aurais dû être dans mon lit, à me reposer. Mais j'ai insisté, et Bart et College sont venus avec moi. Après cinq ou six kilomètres, à peine, on est arrivés au pied d'une côte. J'ai décroché. « Je ne peux pas continuer, ai-je dit. Il faut que je rentre. »

College m'a mis sa main dans le dos et m'a poussé jusqu'au sommet de la côte. J'en pleurais presque de honte, mais j'étais content qu'il m'aide. C'était le genre de chose qu'on faisait les uns pour les autres. La roue tourne : on a tous besoin d'une petite poussée à l'occasion. Si c'est vous qui poussez aujourd'hui, on vous poussera peut-être demain. Et quand vous aidez quelqu'un, vous n'êtes peut-être pas loin du sommet vous-même.

C'était donc, à nouveau, l'un de ces instants décisifs. Dans cette montée de Joux-Plane, Bart, qui me connaissait mieux que quiconque, a regardé mes traits livides et mes yeux rougis et injectés de sang. Il a vu le vélo qui oscillait dangereusement sous moi et a tout de suite compris ce qui se passait.

Il n'était pas question de me pousser jusqu'au sommet de la côte. Alors, il a fait ce qu'il pouvait de mieux. Il s'est mis à courir à côté de moi en criant pour m'encourager : « Vas-y ! Vas-y, vas-y, vas-y, vas-y ! Tu peux y arriver ! Ne t'arrête pas ! » hurlait-il.

Je n'étais pas conscient de sa présence. Je regardais droit devant moi. Bart a continué à courir et à crier :

« Allez, va jusqu'en haut ! » Finalement, la pente a eu raison de lui, il a dû renoncer.

Je ne me suis pas vraiment rendu compte qu'il était là. Je ne me souviens même pas de l'avoir vu. Je me souviens tout au plus, vaguement, du son de sa voix. C'était comme une voix lointaine dans un tumulte de parasites, mais elle était là. Je croyais qu'elle m'arrivait par la radio.

Puis la voix de Johan a éclaté à mon oreille. J'étais resté, semble-t-il, plusieurs minutes sans lui répondre. Peut-être le contact radio s'était-il interrompu à cause du relief montagneux, peut-être avais-je simplement perdu connaissance sur mon vélo.

– Lance, réponds-moi ! disait Johan. Où es-tu ? Pourquoi ne réponds-tu pas ?

– Ça va.

– Continue à me parler !

– Ça va, ça va, ai-je bredouillé. Je parlais avec Bart.

– Quoi ?

Je délirais.

Je ne sais pas au juste ce qui m'a permis de rester en selle, de rouler dans cet état. Qu'est-ce qui fait courir un type qui n'a plus toute sa tête ? Je crois qu'il continue tout simplement parce qu'il le peut. Le cancer, quelque part, jouait encore son rôle : la maladie avait failli me tuer, et en revenant au cyclisme je savais que ce que j'avais enduré était plus difficile à supporter que n'importe quelle course. Je pouvais toujours m'appuyer là-dessus et j'y puisais de l'énergie. Je n'étais jamais *réellement* vidé. Je serais passé par tout ça pour abandonner bêtement ? Pas question !

Bart m'a aidé à tenir, lui aussi. Si l'idée d'un abandon m'avait effleuré, la voix de Bart m'avait poussé à continuer. Seul, je n'y serais pas parvenu. Ce n'était pas nouveau, d'ailleurs. Quelle que soit ma valeur en tant que coureur cycliste, elle résulte d'innombrables rencontres, associations, contrats et engagements de toutes sortes. N'importe quel cycliste assez naïf pour croire qu'il s'est fait seul est voué à la solitude et à l'échec. La vie, à vrai dire, réserve à chacun sa part de solitude, et c'est bien assez.

Si j'avais eu le moindre doute sur ce résultat, ce qui s'est passé ensuite l'aurait dissipé. J'étais à peu près à mi-côte quand j'ai reçu le soutien inattendu de deux coureurs qui arrivaient derrière moi, Roberto Conti et Guido Trentin. Deux excellents coureurs, athlètes respectés, avec lesquels j'entretenais des rapports assez amicaux. Ils ont vu tout de suite dans quel état je me trouvais. Ce qui s'est passé alors est un exemple classique de l'esprit sportif qui règne dans le cyclisme, et je ne l'oublierai jamais : ils sont restés avec moi, m'ont aidé jusqu'au sommet. Sans que je le leur aie demandé, ils se sont placés devant moi, pour m'abriter du vent et me permettre de rouler dans leur roue, m'épargnant ainsi des efforts indicibles. C'était un geste typique du Tour de France ; nous étions concurrents, mais nous partagions une compassion mutuelle pour la souffrance physique extrême. Sans Conti et Trentin, qui sait combien de temps j'aurais perdu avant d'arriver en haut de cette côte ?

Les derniers kilomètres à parcourir, heureusement, étaient en descente. Après que Bart et mes autres amis m'eurent tiré jusqu'au sommet de Joux-Plane, je me suis courbé sur mon guidon et j'ai glissé jusqu'à l'arrivée. Je n'avais finalement perdu que quatre-vingt-dix secondes de mon avance au classement général. Mais j'aurais pu tout perdre, je le savais.

– J'ai failli perdre le Tour, aujourd'hui, ai-je déclaré aux journalistes, en toute franchise.

En voyant Jeff Garvey, un ami d'Austin, j'ai dit :

– Alors, comment as-tu trouvé cette étape du Tour de France des amateurs ?

Je n'ai qu'une vague idée de ce que j'ai pu dire ou faire entre le moment où j'ai commencé à souffrir et celui où j'ai franchi la ligne d'arrivée. Ainsi, en voyant Chris Carmichael entrer dans ma chambre d'hôtel, j'ai demandé :

– Où étais-tu, bon sang ?

– Mais enfin, j'étais là, quand tu as passé la ligne !

– Ah, bon ?

Ce soir-là, au dîner, j'ai présenté mes excuses à l'équipe U.S. Postal. J'avais failli ruiner les efforts de tout le monde. « Je ne ferai jamais, jamais plus ça », ai-je promis. Avec le recul, j'y vois une grande leçon : la montagne est tellement impitoyable qu'en une heure, ou en une minute, elle peut vous détruire. Le Tour exige une attention constante au moindre détail, à chaque seconde qui passe.

La question qui se posait maintenant était : serais-je capable de récupérer ? Jusqu'à quel point cette épreuve m'avait-elle physiquement diminué ? C'est ce qui se passe avec une voiture qu'on fait rouler sans huile ; les dégâts subis par mon corps auraient pu endommager toute la transmission, compromettre de façon irrémédiable la forme à laquelle j'étais parvenu après des mois d'efforts. Les coureurs avaient parfois de terribles maux d'estomac – Pantani, par exemple, qui souffrait de crampes, s'est réveillé le lendemain matin incapable de reprendre la course, forcé à l'abandon. Si je n'étais pas en mesure de récupérer, je risquais une nouvelle catastrophe. Mais, à mon grand soulagement, je me sentais bien ce soir-là et ne désirais qu'une chose : une bonne nuit de sommeil.

Kik, chez nous, avait certainement assisté à tout devant la télévision et avait vécu elle aussi un véritable calvaire car elle se doutait de ce qui m'arrivait et de la souffrance qui était la mienne. Je l'ai appelée.

– Eh bien, c'était la pire journée que j'aie jamais passée à vélo, ai-je dit. J'ai failli perdre le Tour de France.

– Mais tu ne l'as pas perdu, a répondu Kik.

J'avais connu mes derniers moments de doute. Il ne restait plus jusqu'à Paris que des étapes sans histoires et, en approchant du but, je me suis permis d'espérer que j'étais vainqueur. Mais je n'étais pas vraiment satisfait. Je voulais rattraper la victoire d'étape que j'avais cédée. Je n'avais toujours pas digéré ça.

Le 22 juillet, j'ai fait ce que je n'avais pas fait la fois précédente, et j'ai fini par remporter une étape, un contre-la-montre de cinquante-huit kilomètres entre Fribourg et Mulhouse. Je me suis donné à fond, comme on le doit quand on porte le traditionnel maillot jaune du leader. J'étais à bout de forces en franchissant la ligne. Je voulais faire honneur au maillot, et me sentir vainqueur pour de bon. J'avais le regard vitreux et l'écume aux lèvres. Quelqu'un m'a posé une question, je n'ai même pas pu articuler un mot. Je me suis contenté d'aller dans la direction qu'on m'indiquait. J'étais à peine conscient de ce que je venais de faire : j'avais gagné en réalisant le deuxième meilleur temps des quatre-vingt-sept ans d'histoire du Tour de France, en 1 heure, 5 minutes et 2 secondes, avec une moyenne proche des cinquante-sept kilomètres-heure.

À Paris, un grand drapeau texan flottait sur l'Hôtel Crillon. Pendant la dernière étape, je me suis enfin autorisé un peu de champagne, que j'ai bu en pédalant. Je suis arrivé à Paris après avoir couvert les trois mille six cent cinquante-deux kilomètres en 92 heures, 33 minutes et 8 secondes. Sur le podium, Kik m'a tendu notre fils alors âgé de neuf mois, et je l'ai brandi au-dessus de ma tête, avec des larmes plein les yeux.

Ullrich, arrivé second, s'est montré beau perdant. « Armstrong a bien gagné, a-t-il déclaré. Il a repoussé toutes nos attaques. » C'était important, après les remarques d'autres coureurs disant que je n'étais pas capable de gagner une nouvelle fois. On aurait pu rassembler toute une équipe avec ceux qui se croyaient aptes à remporter le Tour en me battant. « Eh bien, ils sont tous là maintenant », ai-je pensé. Mais il n'était plus question de revanche ; ma soif de revanche, je l'avais laissée dans la montée de Joux-Plane. Il y a dans chaque course un moment où le coureur rencontre son véritable adversaire et comprend que c'est lui-même.

Ce soir-là, il y a eu un grand dîner pour fêter la victoire, dans une salle de bal privée du Musée d'Orsay au plafond orné de fresques. Trois cents personnes y assistaient, dont quatre-vingts étaient venues d'Austin. A la fin, je me suis levé pour m'adresser à mes coéquipiers. Si nous étions tous réunis pour cette fête, ai-je dit, c'était d'abord parce que nous avions durement lutté jour après jour et que nous n'étions plus des vainqueurs par défaut, des veinards ; nous étions des champions avérés. « J'ai l'impression que nous savons désormais nous y prendre. Nous avons appris à le faire et nous pourrons le refaire encore et encore. »

Je ne voyais plus ma carrière de coureur cycliste comme un retour sans lendemain. Je la voyais comme une confirmation et la continuation de ce que j'avais fait en survivant au cancer. Mais en remportant à nouveau la victoire, j'avais fait une agréable découverte : il n'y a pas deux expériences semblables. Chacune était comme une empreinte digitale, nette et différente.

En quoi étaient-elles différentes ? J'avais plus souffert pour remporter une deuxième fois le Tour, j'avais connu des moments physiquement plus éprouvants. Je le voyais à la maigreur de mon cou, à la façon dont mes côtes et ma clavicule saillaient sous la chemise. Mais d'un certain point de vue, ce surcroît de souffrance m'avait apporté un surcroît de gratification.

Souffrir, commençais-je à me dire, est essentiel pour bien vivre, et aussi indissociable d'une vie réussie que peut l'être le bonheur. La souffrance est un formidable exhausteur de goût. Elle peut durer une minute, ou un mois, mais elle finit par s'apaiser, et alors quelque chose la remplace qui pourrait bien être un gain d'espace. A chacune de mes rencontres avec la souffrance, j'ai eu l'impression d'avoir grandi, d'avoir accru mes capacités – pas seulement mes capacités physiques, mais aussi mon aptitude au bien-être, à l'amitié, ou à toute autre expérience humaine. C'est dans une meilleure connaissance de soi-même que la souffrance trouve sa récompense. Si j'avais abandonné, par contre, je ne m'en serais jamais remis tout à fait, car tout renoncement, si mineur soit-il, vous diminue, et celui-ci m'aurait poursuivi à jamais. Chaque fois qu'on est tenté de renoncer, il faut se demander si on préfère se l'interdire ou s'en accommoder.

Quand tout a été fini, quelqu'un a offert une photo à Bart. C'était une photo de moi, livide et délirant, dans la montée de Joux-Plane. On y voyait, à l'arrière-plan, Bart en train de courir en criant pour m'encourager. Et, derrière Bart, un type déguisé en diable, l'un de ces personnages costumés qui hantent les routes du Tour et contribuent à son ambiance.

Pour moi, c'était une bonne photo de Bart car elle montrait l'ami qu'il était – de ceux qu'on trouve à ses côtés dans les pires moments. Aux heures noires plutôt qu'aux heures de gloire. Ce jour-là, le pire de tous pour moi, l'un de mes meilleurs amis courait derrière mon vélo en hurlant pour m'aider à continuer. Le fait d'avoir toujours les mêmes personnes autour de moi, alors que je gisais dans un lit d'hôpital ou le jour où j'étais sur le point de perdre une course, était peut-être un signe de réussite.

Bart a dédicacé la photo et me l'a donnée. « Lance, on en a vu ensemble de toutes les couleurs... mais ça, on ne le refera pas, d'accord ? »

J'ai encadré la photo et je l'ai accrochée au mur.

# 3

# Hier est toujours plus facile

On ne peut pas toujours gagner, même si j'ai du mal à l'admettre. Je ne suis pas habitué à avoir souvent le dessous, que ce soit dans une course ou dans une discussion. Parmi les choses que j'ai bien failli perdre, je citerai mon mode de vie, ma peau et ma réputation, mais j'y ai gagné de comprendre ceci : non seulement une vie de réussite ininterrompue est impossible, mais il est probable qu'elle n'est même pas souhaitable.

Certaines pertes sont plus tolérables que d'autres, il en est dont on ne se remet pas, et, entre toutes ces pertes, l'échelle des valeurs change en cas de crise. On est surpris de voir les choses auxquelles on peut renoncer selon les circonstances. Si j'avais besoin de me le rappeler, il me suffirait de penser à Sally Reed et à ses cheveux.

Au cours de l'été 99, alors qu'elle suivait un traitement contre le cancer, Sally m'a regardé à la télévision courir le Tour de France. Elle était couchée, malade et à bout de forces après une semaine de chimiothérapie, mais elle allumait la télé pour suivre les étapes tandis que je franchissais les montagnes et menais la course en tête. Elle allait vomir dans la salle de bains, puis se recouchait pour me voir grimper à l'assaut d'un col. Puis elle se levait, retournait vomir dans la salle de bains. « Je vomis puis je me remets devant la télé pour reprendre espoir », disait-elle.

J'ai remporté le Tour pour son anniversaire. Le jour où j'ai franchi la ligne d'arrivée à Paris était celui de ses cinquante ans et elle perdait tous ses cheveux. Ils tombaient par poignées. Mais elle s'en moquait parce que j'avais gagné. Elle était si pleine de... *quelque chose...* qu'elle s'en moquait. Elle est allée sur la terrasse avec sa fille, et comme le vent soulevait ses dernières mèches elle a tiré dessus et les a arrachées doucement en disant : « Pour les oiseaux, ils en feront leur nid ! »

Chaque fois que je suis tenté de ressasser mes deuils, je réagis en me disant que je peux me permettre de perdre à peu près tout ce que j'ai, sauf ma vie et celle des êtres auxquels je tiens. La saison 2000-2001, qu'on ne saurait qualifier d'excellente, a été marquée par des pertes, pas seulement à vélo, mais elle aurait été infiniment plus dure sans ce contexte. Comme le dit Sally, ma maison a brûlé, mais je vois le ciel.

J'ai dû cette année-là entamer un long et difficile combat pour défendre ma réputation. Je suis à coup sûr l'un des habitants de la planète qui a subi le plus grand nombre de tests antidopage. J'y suis astreint trente ou quarante fois par an, pendant les compétitions et aussi le reste du temps, et je m'en félicite car c'est, franchement, le seul moyen dont je dispose pour proclamer mon innocence. Comment prouver qu'on n'a rien pris ? Je n'ai d'autre choix que de me soumettre au rite des seringues et des éprouvettes, en tout lieu et à toute heure, et quel qu'en soit le désagrément pour ma vie privée. C'est ainsi qu'il me faut sans relâche faire la preuve de mon innocence, et ce n'est pas toujours suffisant. « Dopage ! » me crient les Français. Très bien. Je suis de bonne composition.

Je n'ai jamais été contrôlé positif. Jamais. Et je n'ai pas l'intention de l'être. Savez-vous pourquoi ? Parce que les seules traces que je porte en moi sont celles de l'effort et du travail, et qu'il n'y a pas de test pour ça.

Mais en dépit de tous les tests auxquels j'étais soumis, il y avait toujours des gens pour me juger coupable et voir en moi un génie du dopage capable de mystifier toute la communauté scientifique. Et la suspicion a atteint des sommets pendant la saison 2000-2001. Certains ont même cru, à un moment, qu'on m'avait administré une drogue miracle à l'occasion de ma chimiothérapie. Des journalistes appelaient le Dr Craig Nichols, le cancérologue qui m'avait soigné, pour le cuisiner sur ce qu'il m'avait prescrit. Quels étaient précisément ces médicaments et leurs effets ?

Finalement, à un reporter qui semblait, une fois de plus, le prendre pour le Dr Frankenstein, Nichols a lâché une réponse définitive :

– J'ai profité de l'opération pour lui greffer un troisième poumon.

Il s'attendait à un éclat de rire. Il n'y en a pas eu.

Le Dr Nichols a fini par se dire que ce scepticisme était fondé, pour l'essentiel, sur une profonde incrédulité. On ne parvenait pas à admettre qu'un individu, non content d'avoir survécu, affiche une meilleure condition physique qu'avant la maladie. La plupart des gens pensaient que si on avait le cancer, on en mourait, et que si on en réchappait c'était pour rester handicapé jusqu'à la fin de ses jours. J'avais lutté et mis à mal cette croyance en reprenant une vie active... et productive. Je m'étais comporté, disait Nichols, « comme si la mort était un choix ».

– *Le traitement est très dur, avait dit Nichols. Il comporte des risques.*

– *Lesquels ?*

– *Eh bien, une simple infection peut mettre votre vie en danger.*

– *Vous ne pouvez pas me tuer.*

– *Croyez-moi, je le peux.*

D'une certaine façon, lutter contre le cancer et remporter des courses cyclistes était bien plus simple, constituait des affrontements plus directs que ceux qui m'attendaient dans les mois à venir. Comment se battre contre un adversaire invisible comme la suspicion ? C'est impossible, mais personne ne se fait facilement à cette idée, et le plus difficile est parfois... de ne rien faire. Comment apprend-on à se battre contre le doute, et, plus important encore, à ne pas douter de soi-même ? Et comment apprend-on à perdre ?

Le problème, c'est que vous avez plus à y perdre qu'à y gagner, qui que vous soyez. La plupart d'entre nous encaissent mal le fait de perdre et se réjouissent trop bruyamment quand ils gagnent, et je ne fais pas exception à cette règle. J'ai une relation d'amour-haine avec l'échec ; il me rend morose et susceptible. Mais il faut bien dire qu'on ne craque jamais sans en tirer de gré ou de force quelque enseignement, et que, si on y réfléchit, ce qu'on apprend peut être tout aussi valable dans la gamme des expériences humaines. Quand on gagne sa vie à vélo, on en voit de toutes les couleurs, on comprend vite que les courses ne sont pas de simples courses, mais l'expression du comportement humain ; et que ce comportement peut être courageux, frauduleux, bizarre, exaltant ou carrément parasitaire. Vous voyez des choses qui vous plaisent, d'autres qui ne vous plaisent guère, et tout est très intéressant, révélateur, mais ce n'est pas la guerre, ce n'est pas la mort et ce n'est pas non plus la naissance, et l'échec, quand il survient, ne fait que rétablir les perspectives et les priorités.

En août 2000, j'ai à nouveau craqué sur mon vélo. On dit, en Italie, qu'un chat a douze ou treize vies, et non pas neuf. Je dois être un chat italien, car c'était la deuxième fois en un an que je manquais de me tuer en faisant une chute. J'étais à l'entraînement dans la montagne au-dessus de Nice avec Frankie Andreu et Tyler Hamilton, mes coéquipiers de l'U.S. Postal – une simple randonnée pour se remettre en jambes avant le Tour et entamer notre préparation aux Jeux olympiques de Sydney.

La route, un simple ruban de bitume, serpentait sur les hauteurs qui dominent la ville. On l'a suivie jusqu'à ce qu'elle devienne assez étroite pour que deux véhicules ne puissent s'y croiser. On y était loin de tout, et on venait là pour cette raison : on pouvait rouler des heures sans voir une seule voiture. Il a fallu, vraiment, que je joue de malchance.

On a pris un virage à gauche, sans visibilité. Un couple de Français arrivait en voiture. On a freiné en même temps au milieu du virage. Tyler, derrière moi, a plongé dans le fossé. Frankie a réussi à éviter la collision.

Il y a eu un choc métal contre métal et mon vélo

s'est désintégré. Je suis parti en vol plané par-dessus le capot de la voiture.

Frankie a regardé mon vélo démantibulé qui retombait avec fracas sur le bitume en un amas de tubes métalliques tordus et brisés.

J'étais par terre, sonné. Je me suis lentement dressé sur mon séant. J'ai examiné les morceaux de vélo. Le cadre s'était brisé en trois parties, la fourche en deux et les roues étaient en miettes. La partie arrière avait été arrachée de la chaîne coupée en deux. Je me suis demandé s'il en était de même de mes bras et de mes jambes et j'ai fait mentalement l'inventaire des différentes parties de mon corps. J'avais mal, très mal, à l'épaule et à la nuque. J'ai regardé par terre et j'ai vu mon casque à côté de moi. Il était cassé en deux comme une coquille de noix.

J'ai esquissé un geste et j'ai senti une douleur fulgurante dans le dos. Comme si un os tentait de passer à travers la peau.

– Frankie, ai-je dit, regarde mon dos. Il n'y a rien qui sort ?

– Non, il n'y a rien qui sort.

– Il y a forcément quelque chose. Je le sens.

J'ai eu, soudain, envie de reprendre la position couchée. « Aïïïïïe ! » ai-je fait, en retombant sur le bitume.

L'un des Français était sorti de la voiture et il s'est mis à crier quand Frankie et Tyler lui ont demandé de nous aider, mais on a compris qu'il s'en tiendrait là. Frankie et Tyler ont voulu appeler du secours avec leurs portables, mais les communications passaient mal à cause de la montagne. Un coup d'œil au Français leur a suffi pour comprendre qu'il n'était pas disposé à prêter son propre téléphone.

Frankie et Tyler se sont accroupis près de moi et on s'est concertés. On a décidé que Tyler repartirait à vélo, jusqu'à ce qu'il trouve de l'aide ou parvienne à joindre Kik pour lui demander de venir nous chercher. Tyler nous a laissés et, toujours étendu sur la route, j'ai pensé à quelque chose.

– Frankie, ai-je dit, tire-moi vers le bas-côté, pour que je ne me fasse pas écraser.

Puis on a attendu. C'était vraiment un coin perdu, et on n'a pas vu passer une seule voiture pendant les deux heures qui ont suivi – jusqu'à l'arrivée de Kik. Autant dire qu'on était loin de tout et que la chance nous avait oubliés.

Pendant ce temps, Kik vivait son propre cauchemar. Tyler a fini par la joindre pour lui expliquer ce qui s'était passé, mais elle n'a pas compris le nom du village le plus proche. La communication s'est interrompue. Kik a entendu : « On est à (parasites), près de (parasites). » Puis plus rien. Elle a pris une carte et a étudié les noms des villages en caractères minuscules, en cherchant celui qui ressemblait à ce qu'elle avait cru entendre. Elle l'a repéré et l'a cerné d'un trait de crayon.

Elle a pris ses clés et a couru à la station de taxis où elle a trouvé un chauffeur que nous connaissions, auquel elle a demandé de lui indiquer la route. Il a sauté dans sa voiture et ils sont partis dans la montagne. Ils ont fini par nous trouver, au bout d'une heure et demie.

On était toujours au bord de la route. Kik a su garder un calme apparent en constatant les dégâts et m'a chargé dans la voiture avec les restes de mon vélo.

– Où as-tu mal ? m'a-t-elle demandé, tandis qu'on redescendait de la montagne.

– Très précisément à la jonction du dos et de la nuque.

Elle m'a conduit directement à l'hôpital pour y faire une radiographie, mais celle-ci n'a rien montré.

– C'est un simple froissement du muscle, a déclaré le médecin.

– Ce n'est pas possible, ai-je dit à Kik.

On est tout de même rentrés chez nous, j'ai pris de l'aspirine et j'ai attendu que la douleur disparaisse. Elle n'a fait qu'empirer. Je suis allé voir un kinésithérapeute, en pensant que j'avais peut-être une vertèbre déplacée, mais quand il m'a touché j'ai eu l'impression que ma colonne vertébrale se cassait en deux. Etendu sur la table, je me suis mis à pleurer. Je ne savais plus depuis combien de temps je n'avais pas pleuré à cause d'une douleur physique – quand j'étais un petit garçon, sans doute. C'en était trop : je suis retourné à l'hôpital, cette fois dans une clinique moderne de Monaco, pour un scanner. « Vous avez là un sérieux problème », a dit le médecin en montrant l'image à l'écran. On ne pouvait pas s'y tromper. Il m'a expliqué que je m'étais fait une fracture de la septième vertèbre, celle qui relie le dos à la nuque.

– Ce qui signifie... ?

– ... que vous vous êtes rompu le cou.

Je n'ai pas eu de mal à le croire, étant donné la douleur. Je lui ai demandé quelles seraient les conséquences pour mon entraînement, qui entrait dans sa phase la plus importante en vue des Jeux olympiques. Pour combien de temps devais-je m'interdire le vélo ? Serais-je en mesure de concourir à Sydney ?

Le médecin m'a lancé un regard sceptique. « Vous feriez bien d'y réfléchir, a-t-il dit. Moi, je vous le déconseille. Vous venez de remporter le Tour, qu'avez-vous à faire des Jeux olympiques ? Si vous tombez à nouveau sur cette blessure, vous risquez une catastrophe. »

Il m'a expliqué la situation : j'en avais peut-être pour des semaines avant de récupérer toute ma mobilité au niveau du cou et d'être capable de tourner la tête. Privé de la vision périphérique, je risquais toutes sortes d'accidents. On ne pourrait pas dire d'un jour sur l'autre à quel moment je serais suffisamment rétabli pour participer à la compétition, et il pensait que je ne devais pas prendre ce risque. J'ai promis d'y réfléchir et je suis rentré chez moi pour me reposer.

J'avais une décision à prendre. Pour moi, c'était simple : si je pouvais rouler, j'irais. Je ne pouvais pas, tout simplement, faire l'impasse sur ces Jeux olympiques. C'était l'une des rares compétitions cyclistes à laquelle s'intéressait le public américain. J'aurais beau remporter six Tours de France, si je manquais la médaille d'or olympique on dirait : « Qu'a-t-il donc, ce type ? Je croyais que c'était un bon coureur ! »

Cette compétition me tenait à cœur, aussi, pour des raisons personnelles. Pour moi, jusque-là, les Jeux olympiques étaient synonymes d'échec et de déception, et je voulais que ça change. Mes deux précédentes tentatives s'étaient mal passées. Je m'étais conduit comme un mauvais coureur et une tête brûlée à Barcelone en 1992 pour finir dans les derniers. Aux Jeux d'Atlanta en 1996, j'étais parti favori mais j'avais fait une course décevante, ratant les médailles, sixième contre la montre et douzième sur route. J'avais l'impression de tirer une plaque d'égout après moi. J'avais mis cet échec sur le compte de ma nervosité, mais le diagnostic était tombé peu après : j'avais couru avec une douzaine de tumeurs aux poumons. Le cancer m'avait privé d'une chance de vaincre aux Jeux olympiques sur mon sol natal.

Et j'avais une dernière raison de me rendre à Sydney. Les Jeux devaient s'y achever le 2 octobre, anniversaire important entre tous puisque c'était, justement, le quatrième depuis le diagnostic de mon cancer. Etre présent aux Jeux ce jour-là, ce serait une nouvelle façon de dire adieu à la maladie. Et l'entraîneur de l'équipe des Etats-Unis n'était autre que mon bon ami Jim Ochowicz, qui était resté à mon chevet pendant la chimiothérapie. C'était Jim qui, au tout début de ma carrière, m'avait préparé à être un champion. Et il était aussi le parrain de Luke. Je voulais courir pour lui une nouvelle fois, et fêter l'anniversaire du cancer avec une médaille olympique sur la pièce montée.

Les accidents sont inévitables dans le cyclisme, tout comme la malchance et, si on a peur de tomber de vélo, on est fichu. Deux semaines plus tard, j'avais toujours la nuque raide mais j'allais mieux et je pouvais remonter sur ma selle. J'ai donc repris l'entraînement. Dans l'intervalle, quelques vedettes du cyclisme avaient déclaré forfait pour les Jeux, et la presse laissait entendre qu'elles l'avaient fait pour éviter les contrôles antidopage. Des journalistes commençaient à m'appeler pour me demander si je serais à Sydney. Il n'y avait pas à en douter : ma défection signifierait que j'avais quelque chose à cacher. Tout le monde ignorait avec quelle frénésie je m'entraînais pour y aller.

Je suis arrivé à Sydney, tout excité d'être en Australie pour la première fois. Je me sentais en assez bonne forme et je gardais tous mes espoirs de victoire : je n'étais venu que pour ça. J'avais participé aux Jeux à deux reprises pour, chaque fois, rentrer chez moi sans la moindre médaille et je n'avais pas besoin de vacances, même si j'aimais beaucoup les paysages australiens.

Il y avait deux épreuves. La première, qui s'annonçait comme la plus difficile pour moi, était une course sur route de deux cent quarante kilomètres. Ce long circuit en terrain plat n'avantageait pas spécialement notre équipe des Etats-Unis, car il ne comportait aucune montée susceptible de départager les coureurs, et nous avions toutes les chances d'arriver groupés. Le vainqueur devrait se faufiler à travers une foule compacte de concurrents, et Jan Ullrich était engagé avec l'équipe d'Allemagne.

Tout s'est mal passé dès le départ. L'équipe a été handicapée par le mauvais fonctionnement de nos radios, qui nous ont lâchés à un moment crucial, compromettant définitivement la stratégie que nous avions élaborée. Je n'ai pas su pendant un long moment si Ullrich était dans la course. Le croyant derrière moi, j'ai différé mon attaque en roulant plus lentement. Puis j'ai rattrapé mon grand copain et coéquipier George Hamilton, persuadé qu'une bonne échappée allait nous permettre de gagner.

– George, George, ai-je demandé, il y a quelqu'un devant ?

– Non.

Je me suis préparé pour le sprint final. C'est alors qu'on est passés devant l'un des grands écrans dressés au bord de la route. On y voyait Ullrich fonçant vers la ligne d'arrivée. Il était donc devant moi, loin devant. Il m'avait lâché sans que je m'en aperçoive.

– George, qui est-ce ? ai-je demandé.

Ullrich a franchi la ligne, remportant du même coup la médaille d'or, tandis que je me laissais dépasser et finissais à la treizième place. Il ne me restait qu'à rire de la mésaventure. Je n'étais pas trop déçu, dans la mesure où nous ne partions pas favoris dans cette course. C'était dans l'épreuve suivante que j'avais, raisonnablement, les meilleures chances de décrocher l'or.

Le circuit de quarante-sept kilomètres serpentait dans les rues de Sydney pour s'achever sur un terrain de cricket historique. La course contre la montre, c'était mon fort, et au cours des deux années écoulées j'en avais remporté quatre en prélude à des étapes du Tour de France.

Mais cette fois encore, les choses se sont mal passées. Il n'y a pas eu d'effondrement brutal, juste une petite baisse de forme qui m'a ralenti. Au premier tour, j'étais en deuxième position dans le groupe de tête et la distance qui me séparait du premier a commencé à augmenter. A la fin du deuxième tour, j'avais six secondes de retard et il était clair que je ne pouvais plus espérer l'or. J'ai fini à plus d'une demi-seconde du vainqueur, Viacheslav Ekimov. J'avais une consolation : Ekimov était mon coéquipier de l'U.S. Postal, un garçon pour lequel j'avais beaucoup d'affection et une profonde estime. Ullrich a pris la médaille d'argent. J'ai eu le bronze.

J'étais aussi content pour Eki que déçu d'avoir perdu moi-même. J'avais fait des pieds et des mains pour l'intégrer dans l'U.S. Postal et il s'était dépensé sans compter pour m'assister dans le Tour, au prix d'efforts incessants et obscurs tandis que toute la gloire était pour moi. Nous avions l'un pour l'autre amitié et respect. « Aujourd'hui, j'ai l'or et lui le bronze, a déclaré Eki. Il comprend. L'an prochain on sera ensemble. »

J'étais battu, voilà tout. J'avais donné tout ce que je pouvais : mon rythme cardiaque était monté à cent quatre-vingt-dix pulsations-minute, ce qui indiquait un effort maximum. Quand on se prépare pour une compétition, qu'on fait de son mieux et qu'on ne finit pas en vainqueur, on ne peut que dire : je ne méritais pas de gagner. Un autre a été meilleur.

– Je me sentais bien, ai-je dit aux journalistes. Je ne peux pas dire que j'ai eu de gros problèmes. Pas d'ennuis mécaniques, pas de mauvaises sensations pendant la course, pas de problèmes avec ma nuque. Ma préparation était bonne. Je n'ai pas d'excuse. J'ai fait le maximum et je suis arrivé troisième. Les deux coureurs qui m'ont précédé étaient plus rapides et plus forts que moi.

Après la cérémonie de remise des médailles, je suis allé embrasser les miens. Kik m'a dit qu'elle n'avait jamais été aussi fière de moi. Ma mère a résumé ce qu'elle ressentait en réponse à un journaliste : « La vérité, c'est qu'il a de la chance d'être ici. Par rapport à ce simple fait, tout le reste n'est rien. »

Mais je ne pouvais pas encore voir les choses de cette façon, j'étais trop déçu par moi-même. On a passé la soirée à bord d'un bateau dans le port de

Sydney avec quelques-uns de nos amis les plus proches. Assis sur le pont devant un verre de vin, j'avais le sentiment d'avoir trahi la confiance de tous ceux qui croyaient en moi. J'avais réclamé un tas de choses à l'U.S.A. Cycling : des vélos supplémentaires, des pièces de rechange, des conditions d'hébergement particulières, et je n'avais pas gagné. Je me suis levé pour proposer un toast, et présenter mes excuses.

– Je veux simplement vous dire à tous combien je suis désolé, ai-je dit. Je suis conscient du mal que vous vous êtes donné pour m'amener ici et pour venir vous-mêmes. Je suis reconnaissant à chacun de vous de ce qu'il a fait, je tenais à ce que vous le sachiez. J'ai fait tout mon possible, je ne pouvais pas faire mieux, je ne pouvais pas aller plus vite. Je suis désolé de ne pas avoir gagné.

Le lendemain était le 2 octobre, et Kik avait organisé une excursion dans une région viticole, mais ma déception avait pris le dessus. Je me suis efforcé de profiter de cette journée, de goûter les vins du pays pendant que nous déjeunions sur une terrasse magnifique dominant la campagne. Mais je me faisais violence pour ne pas laisser retomber la conversation et, à la fin de la journée, je ne disais pratiquement plus rien.

Le jour suivant, je me suis embarqué dans un avion pour San Francisco où je devais prendre la parole pour satisfaire un engagement pris de longue date. En atterrissant là-bas je m'en voulais toujours autant, et Kik, que j'appelais pour lui dire que j'étais bien arrivé, l'a senti à ma voix. « Tu sais, je n'ai jamais été aussi fière de toi que lorsque tu as perdu, m'a-t-elle dit. Mais tu ne le comprends pas. Tu ne comprends absolument pas. Tu te contentes de faire la tête à tout le monde. Tu ne te rends pas compte de la chance que tu as. On avait tout pour passer une journée merveilleuse et tu l'as gâchée. »

Elle avait raison, je le savais. Je me suis excusé, j'ai réfléchi à cette notion d'échec et de réussite, à la façon de gérer l'un et l'autre. Quand on gagne, on ne revient pas beaucoup sur sa victoire sinon pour s'en féliciter. On peut facilement, à tort, se dire qu'on la doit à de rares qualités personnelles. Or la victoire n'est qu'un indicateur de l'intensité du travail fourni et d'une certaine prédisposition physique ; elle ne dit pas grand-chose de vous en dehors de ça. L'échec, en revanche, en dit beaucoup plus. Par exemple : est-on plutôt enclin à le reprocher aux autres ou à en endosser la responsabilité ? A en analyser les raisons ou à se plaindre de la malchance ? Si on se donne la peine de réfléchir à son propre échec, si on cherche des explications au-delà de la seule performance physique, au niveau du travail intérieur aussi, l'échec peut se révéler fécond. Notre comportement dans ces circonstances peut être plus révélateur que toutes les victoires. C'est en perdant, parfois, que nous en apprenons le plus sur nous-mêmes.

Le lendemain, quand j'ai pris un autre avion pour rejoindre Austin et entamer l'inter-saison, j'étais décidé à changer d'attitude. Luke a fait ses premiers pas, et on a fêté son anniversaire dans un restaurant mexicain. « C'est lui qui me l'a réclamé », ai-je dit. Luke a fait des gribouillis sur la carte, écrasé des *tortilla chips* par terre et mangé des *quesadillas*, pendant que Kik et moi sirotions les margaritas dont nous rêvions depuis longtemps.

Kik m'a surpris en accrochant la médaille de bronze à la place d'honneur. Elle a répété que ce jour avait été pour elle l'un des plus beaux. Je l'ai regardée comme si je la croyais folle.

– Mon objectif, c'était l'or, ai-je dit.

– Justement, a-t-elle rétorqué.

Ce qui distingue un gamin d'un adulte, c'est la façon de se comporter quand on n'a pas obtenu ce qu'on voulait. « Je n'avais jamais été aussi fière, a-t-elle poursuivi. Jamais, même une seconde ! Pas même sur les Champs-Elysées en 1999 et en 2000. C'est l'une des choses les plus formidables qui me soient arrivées dans mon existence. Parce que tu voulais cette médaille d'or, tu la voulais vraiment, et tu ne l'avais vraiment dit à personne. Mais tu la voulais. »

Elle avait raison.

– Oui, mais je ne l'ai pas eue. J'ai raté mon coup.

– Veux-tu que je te dise ? Un jour, Luke ratera son coup lui aussi. Il sera effondré et il se dira que son champion de père ne peut pas le comprendre. Mais il y aura cette cassette, enregistrée à Sydney, un jour bien trop lointain pour qu'il s'en souvienne, qui lui montrera comment on peut perdre.

Le jour de Thanksgiving 2000, peu après mon retour des Jeux olympiques, les autorités françaises annonçaient que je faisais l'objet d'une enquête judiciaire pour dopage.

J'en suis resté abasourdi. On ne se contentait plus de me traiter de tricheur, on m'accusait désormais d'un délit dans le cadre d'une enquête officielle.

J'ai appelé Bill Stapleton, qui se promenait en

famille dans un jardin public. « Que se passe-t-il, bon sang ? » Bill m'a promis de se renseigner avant de venir me retrouver chez moi. Un peu plus tard, il rappelait. « C'est ridicule, a-t-il dit. Mais il va falloir être patients. »

Voici ce qui s'était passé : pendant le Tour, quelqu'un avait discrètement filmé deux membres de notre équipe médicale qui jetaient des sacs-poubelle. L'enregistrement avait été envoyé de façon anonyme à un magistrat ainsi qu'à la chaîne de télévision France 3. La chaîne diffusait maintenant les images assorties de commentaires faisant état de notre « comportement suspect » quand nous nous étions débarrassés de ces « déchets médicaux ».

Les autorités françaises avaient réagi en déclenchant une enquête judiciaire.

J'ai appelé plusieurs personnes au téléphone, essayant de comprendre pourquoi nous nous trouvions dans une telle situation. Le médecin et le kinésithérapeute de notre équipe m'ont expliqué qu'après l'étape qui nous avait conduits à Morzine, ils avaient ensaché comme d'habitude les déchets produits par les soins de routine qu'ils nous prodiguaient. Mais ils n'avaient pas voulu les laisser à l'hôtel où nous passions la nuit, car les envoyés des journaux français les plus répugnants passaient leur temps à fouiller dans nos ordures, acharnés qu'ils étaient à prouver que je me dopais, et nous en avions assez. Ils avaient donc décidé, pour leur jouer un tour, de se débarrasser des sacs en chemin dans une poubelle. C'était là leur « comportement suspect ». Quant aux « déchets médicaux », ils se résumaient à des tampons de coton, du papier d'emballage et des boîtes vides. En France, comme aux Etats-Unis, on doit se plier à des règles strictes pour se débarrasser des produits ou objets médicaux tels que seringues ou aiguilles intraveineuses. Ceux-ci avaient été jetés conformément aux règles, dans des containers pour produits dangereux, de couleur jaune, qu'un service d'enlèvement spécialisé venait relever.

J'ai immédiatement publié un démenti rageur par l'intermédiaire de Dan Osipow, le porte-parole de l'U.S. Postal, disant que notre équipe pratiquait la « tolérance zéro » en matière de dopage, sous toutes ses formes. On pouvait n'y voir que la déclaration formelle en usage dans ce genre de circonstances, même si c'était sincère de notre part. Nous étions absolument innocents.

Mais il s'est vite avéré que l'innocence ne comptait pas. S'agissant de la législation, j'étais dans le brouillard. Le système judiciaire français semble être le contraire du système américain, sans présomption d'innocence, et je croyais comprendre que les magistrats français pouvaient décider en l'absence de preuves. Je craignais de me retrouver menottes aux poignets et emmené publiquement si je m'avisais de rejoindre ma maison en France.

Nous nous sommes d'abord occupés de chercher un avocat français, et nous l'avons trouvé en la personne de Georges Kiejman, qui avait déjà défendu Robert De Niro, et nous a expliqué le système. Un *juge d'instruction** se chargeait d'apprécier la validité des indices et agissait comme un grand jury en Amérique. Ce juge, en l'occurrence Sophie-Hélène Chateau,

* En français dans le texte.

avait le pouvoir de délivrer des assignations à comparaître. Elle s'est empressée d'en user pour saisir tous mes échantillons d'urine du Tour 2000 et ceux des autres équipiers de l'U.S. Postal. Elle a désigné un magistrat instructeur, François Franchi, pour mener l'enquête. Nous étions soupçonnés d'usage et d'incitation à l'usage de produits dopants et d'usage de substances toxiques.

Je me suis efforcé, d'abord, de ne pas le prendre comme une attaque personnelle et de comprendre les raisons de l'enquête. Quand un sportif se dope, ses concurrents, les spectateurs et les journalistes sont trompés. Le cyclisme international avait été atteint par un scandale quelque temps auparavant. Les Français entendaient préserver l'intégrité du Tour, qui n'était pas une simple course mais un symbole national, et ne voulaient pas le laisser polluer par des seringues et des flacons. Simplement, je n'appréciais pas d'être moi-même accusé en l'absence de toute preuve.

Le problème venait en partie, comme je m'en suis rendu compte, du fait que le public et les magistrats ne savaient pas du tout à quel point la course cycliste était éreintante. Les traitements médicaux constituaient une nécessité absolue. Le Tour de France, en tant qu'épreuve, n'a rien de naturel. On parcourt près de deux cents kilomètres par jour pendant trois semaines d'affilée, dans des conditions incroyables et qui changent tout le temps. On a besoin d'aide, sous la forme d'injections intraveineuses de vitamines, de sels minéraux et de phosphates. On ne mange et on ne boit jamais assez pour compenser de tels manques, remplacer tout ce qu'on dépense. Ces apports sont nécessaires à notre santé, et tous les coureurs, en outre, souffrent de coupures, d'écorchures et d'ecchymoses, sans compter les innombrables rougeurs et inflammations, les maux de tête, les entorses, les tendinites, et j'en passe. Ce qu'on exige de notre corps est inhumain, et tout simplement impossible sans assistance médicale.

Il y avait dans cette affaire deux poids et deux mesures : quand un joueur de football victime de crampes va au vestiaire pour demander une piqûre puis revient sur le terrain, tout le monde le traite en héros. Mais sous prétexte que nous étions des cyclistes, la présence d'une seringue et d'un flacon nous rendait immédiatement suspects.

La suspicion régnait en permanence dans le sport, à juste titre. Malheureusement, le cyclisme traînait après lui un long passé de dopage. La chose s'était produite plus d'une fois : des athlètes avaient triché, menti, volé. Lors du Tour 1998, que j'avais manqué pour cause de convalescence, une affaire de dopage avait fait scandale, entraînant plusieurs arrestations après qu'on eut découvert de grandes quantités d'EPO dans le véhicule de l'une des équipes. Depuis, les responsables du Tour avaient œuvré avec l'Union internationale du cyclisme pour mettre au point des tests de contrôle antidopage et restaurer la confiance du public.

Les inspecteurs se sont présentés à l'hôtel de chaque équipe entre sept heures et neuf heures du matin le premier jour du Tour pour nous faire une prise de sang à la saignée du coude. Ensuite, il y a eu des contrôles-surprise. Quand on frappait à la porte de votre chambre d'hôtel pour demander du sang, vous n'étiez jamais prévenu à l'avance. Il y avait aussi des contrôles quotidiens sur des échantillons d'urine collectés dans une caravane à la fin de chaque étape. (La file d'attente était parfois très longue, et je retenais ma vessie pendant les dernières heures de l'étape pour être certain d'avoir quelque chose à donner. Sitôt la ligne d'arrivée franchie, je sautais de mon vélo pour courir à la caravane.)

Même hors saison, j'étais, et je suis toujours, contrôlé par l'Agence anti-dopage des Etats-Unis. C'est aussi routinier qu'assommant : un beau matin, alors que je bois le café dans ma cuisine en parlant à voix basse pour ne pas réveiller les enfants, un coup de sonnette strident déchire le silence. Un agent de l'USADA, campé tel John Wayne sur le seuil de ma maison, me tend un papier qui ressemble à un mandat d'amener en m'informant que je dois me prêter à un contrôle antidopage, sous peine d'être exclu du sport que je pratique.

Les contrôleurs antidopage d'Austin étaient toujours les mêmes – un homme et son épouse. Je ne connaissais pas leur nom et je n'étais pas très aimable avec eux étant donné qu'ils ne l'étaient jamais avec moi. Ils sonnaient, j'ouvrais la porte, ils annonçaient : « contrôle antidopage » et me remettaient un papier m'informant de mes droits. Ou plutôt de mon absence de droits : si je refusais le contrôle il était automatiquement considéré comme positif, et c'était l'exclusion.

Mieux encore, j'étais tenu d'informer l'USADA des endroits où l'on pouvait me joindre, à toute heure et en tout lieu. Où que je me trouve. A chacune de mes absences, je devais envoyer par télécopie le détail de mes déplacements. J'avais le sentiment d'être tout le temps sous surveillance.

Mais les contrôles avaient beau être négatifs, le scepticisme devant mes performances subsistait, surtout en France. Les médias européens cultivaient le soupçon depuis ma première victoire dans le Tour 1999. Du début à la fin, certains, dans le milieu du cyclisme comme dans celui des journalistes sportifs, sous-entendaient que ma victoire relevait du miracle ; que je devais être dopé, que j'étais devenu un expert en la matière. J'utilisais une crème analgésique contenant des corticoïdes pour soulager une inflammation provoquée par le frottement de la selle. Les journaux ont écrit que j'avais été contrôlé positif aux stéroïdes. C'était faux. En réalité, tous mes contrôles étaient négatifs, et j'ai demandé à la direction du Tour de France d'en publier les résultats, ce qui a été fait. J'avais indiqué la composition du produit aux responsables du Tour et on m'avait autorisé à l'employer.

*L'Equipe* publiait une photo de moi avec ce titre ironique : « *Les deux vitesses** ». L'insinuation était transparente : je roulais à une vitesse anormale, pas naturelle.

Certains n'ont rien vu que de très classique dans mon ascension du Hautacam, mais d'autres y ont vu une nouvelle fois la preuve que je prenais une drogue mystérieuse pour améliorer mes performances. Daniel Blanc, président de la Fédération française de cyclisme (et qu'on donne comme futur directeur du Tour de France) déclarait à la presse cet après-midi-là, après m'avoir vu grimper : « Je voudrais bien savoir ce qui se passe aujourd'hui. Je ne sais pas s'il faut parler d'une nouvelle méthode ou d'un nouveau produit.

* En français dans le texte.

Mais... dois-je me réjouir de la façon dont l'étape a été remportée ? »

J'avais beau faire mon possible pour ne pas me sentir visé personnellement, je ne pouvais m'empêcher d'en souffrir. A Nice, les journalistes français avaient pris la désagréable habitude de traîner autour de ma maison, à longueur d'année, même quand je m'absentais et que Kik restait seule. Ils passaient leur temps à fumer, à épier mes fenêtres et à pratiquer leur sport favori : ils fouillaient dans mes poubelles, aux yeux de tous, sans la moindre gêne.

Je n'avais malheureusement pas le moindre doute sur le rôle joué par un certain sentiment anti-américain dans le déclenchement de l'enquête. Le Tour était aussi français que les tournesols et le vin, et je n'étais pas français. Pis, j'étais texan, et le deuxième Américain vainqueur de cette épreuve presque centenaire. J'avais remporté deux Tours consécutifs, alors que des coureurs français y faisaient piètre figure. J'avais du mal à ne pas me sentir accusé parce que je gagnais, parce que j'étais américain. Je courais pour une équipe financée par des Américains, sur un vélo fabriqué en Amérique, un Treck. Je portais la tenue de l'U.S. Postal, bleu, blanc et rouge comme le drapeau américain.

– Pourquoi ? ai-je demandé à mon coéquipier, Cédric Vasseur, qui était français. Pourquoi font-ils ça ?

– En France, on n'aime pas les vainqueurs, a-t-il répondu. On aime les seconds.

Allez savoir pourquoi les Français pensaient que moi, le vainqueur, j'étais drogué jusqu'aux yeux, alors que des types arrivés deuxième ou troisième ne prenaient rien. C'était idiot. Mais c'était ainsi.

A mon retour aux Etats-Unis, Greg LeMond, le seul Américain a avoir remporté le Tour avant moi, s'est empressé de faire des déclarations dans lesquelles il doutait de mon innocence. Il y laissait entendre que j'étais le plus grand « fraudeur » de l'histoire du cyclisme. L'enquête, disait-il, était pour les Français un moyen de préserver le Tour, qui n'était pas seulement une course, mais un rituel vénéré de tous et fondé sur « un amour profond du sport ».

– Leur amour du sport n'est pas plus grand que le mien, ai-je répliqué.

J'étais mystifié et démoralisé devant cette hostilité. J'adorais la France et je ne suis pas homme à le dire sans le penser. J'étais transporté par la beauté du pays et j'avais élu domicile sur la Côte d'Azur, où je passais une partie de l'année depuis 1997. Kik et moi y avions habité jeunes mariés et Luke y avait vécu une partie de sa première année. Je m'étais fait une vie en France, avec un tel bonheur... J'y passais cinq fois plus de temps qu'aux Etats-Unis. J'y participais à des courses pour préparer le Tour de France, j'honorais leurs anciens et actuels champions, et j'avais pris la peine d'apprendre le français et de le parler en public, même si le résultat était un peu bizarre à entendre.

Peu importait ; rien ne marchait. Michael Specter, du *New Yorker*, a écrit que les Français ne m'aimaient pas pour deux raisons : ils étaient vexés que mes contrôles antidopage se soient révélés négatifs alors que ceux de certains coureurs français étaient positifs, et j'avais trop l'air d'un robot sur mon vélo. Le public français adorait voir des visages grimaçants de douleur sur les routes de montagne, il y avait une véritable tradition de souffrance. On se racontait sans se lasser des histoires comme celle de ce coureur ressoudant lui-même son cadre pendant le Tour de 1910. Ce sont des choses qui ne s'oublient jamais. Moi, je n'offrais pas assez de moments de ce genre ; je n'étais pas suffisamment expressif, je ne voyais souvent aucune raison de me livrer à des commentaires, et je m'efforçais de paraître impassible à vélo.

Je n'étais pas payé pour flatter la sensibilité des Français, pour dramatiser, pour attaquer au premier kilomètre et risquer de perdre la course afin, simplement, de faire plaisir au public français. J'adorais la France, mais je n'adorais pas la presse française, ni les fanatiques, et bientôt je n'ai plus aimé non plus la bureaucratie française.

L'enquête a atteint des sommets en décembre, tout comme les articles de presse. Ils étaient tous consacrés à une mystérieuse substance du nom d'Actovegin, dont on avait trouvé une boîte dans nos ordures au bord de la route. Ce n'étaient pratiquement que des articles à sensation, truffés d'affirmations erronées : l'Actovegin y était décrit comme un médicament expérimental norvégien a base d'extrait de sang de veau et, à en croire un mauvais papier du *Time* de Londres, on ne l'avait jamais prescrit à des humains.

Je n'en avais jamais entendu parler.

Je n'en avais jamais utilisé, et je ne l'ai toujours pas fait. J'ai constaté, après vérification, qu'aucun de mes coéquipiers ne le connaissait non plus. La presse n'en continuait pas moins et en parlait maintenant comme d'un puissant stimulant de la production d'hémoglobine (ce qu'il n'était pas) interdit à la vente (c'était faux) et aux effets comparables (c'était encore faux) à ceux de l'érythropoiétine, drogue désormais bannie.

J'ai été, depuis, obligé de me documenter là-dessus. En fait, l'Actovegin était sur le marché et on l'employait depuis les années soixante. C'était un extrait de sang de veau, et on débattait beaucoup, au sein de la communauté médicale, pour savoir s'il était efficace et contre quoi. On s'en servait essentiellement dans les pays européens pour soigner le diabète, mais il était aussi utile en cas de vilaines coupures ou écorchures, irritations cutanées, acné, ulcères, brûlures, tendinites, plaies ouvertes, problèmes oculaires, problèmes de circulation et sénilité. Rien ne permettait de dire qu'il pouvait améliorer les performances physiques, et il ne figurait sur aucune liste de produits interdits. Je tiens à le répéter, c'était un médicament autorisé.

Le médecin de notre équipe avait inclus l'Actovegin dans sa trousse avant la course avec l'accord des responsables français. Il le gardait à portée de la main parce que l'un de nos assistants était diabétique et pour soigner des blessures superficielles – comme celles qu'on se fait en tombant sur le bitume à cinquante kilomètres-heure.

La ministre des Sports française, Marie-George Buffet, a annoncé que tous les échantillons d'urine de notre équipe pendant le Tour 2000 allaient être remis aux enquêteurs aux fins d'expertise, ainsi que les ordures que nous avions jetées pendant la durée de l'épreuve.

A vrai dire, c'était excellent. *Je tenais* à ces contrôles, sachant qu'ils donneraient tous des résultats irréprochables. C'était le seul moyen de prendre ma revanche. « C'est la meilleure nouvelle que nous ayons reçue depuis longtemps, ai-je dit. Puisque je sais que je n'ai rien à me reprocher. »

D'autres bonnes nouvelles nous sont parvenues quand l'Union cycliste internationale a annoncé qu'elle procéderait à ses propres contrôles. L'UCI avait discrètement décidé de conserver quatre-vingt-onze échantillons d'urine congelés datant du Tour 2000, sans que les coureurs en soient informés, dans l'espoir de les soumettre au tout nouveau test de détection de l'EPO.

Jusque-là, on ne disposait d'aucune technique fiable pour savoir si un athlète prenait ou non cette drogue. L'EPO était une hormone de synthèse mise au point pour traiter les patients sous dialyse, mais des sportifs décidés à gagner à n'importe quel prix avaient découvert qu'elle pouvait améliorer leurs performances, en particulier dans le cyclisme, la natation, l'aviron et la course à pied. L'EPO constituait la drogue la plus efficace pour un coureur cycliste car elle augmentait le taux d'hémoglobine, et donc l'apport d'oxygène dans les muscles. Elle était à l'origine du scandale qui avait éclaté pendant le Tour de 1998.

Le nouveau test permettait de savoir si on avait pris de l'EPO dans les soixante-douze heures précédant l'épreuve, en mesurant la viscosité du sang pour connaître le nombre de cellules d'hémoglobine. La norme étant de 43 à 45 par millilitre, le contrôle était jugé positif au-dessus de 50.

On estimait que l'augmentation de la viscosité du sang provoquée par l'EPO était extrêmement dangereuse à long terme, et pouvait même, d'après certains spécialistes, provoquer des accidents cardiaques. Le *New York Times* soupçonnait ce produit d'avoir causé la mort d'une dizaine de coureurs. Il fallait être fou pour croire qu'après avoir subi quatre cycles de chimiothérapie j'aurais risqué ma vie en prenant de l'EPO. C'était une chose de chercher à optimiser ses performances, ou d'explorer la pharmacopée des substances non toxiques. C'en était une autre de courir à la mort.

Pour oxygéner mon sang, je pratiquais une autre méthode, plus naturelle, consistant à vivre et à m'entraîner en altitude. J'insistais sur l'entraînement en altitude, qui occupait une grande partie de ma préparation. C'était sans danger, mais pas très agréable. On s'y arrachait les poumons, on avait la tête qui tournait, mais c'était licite, et ça marchait.

Voici pourquoi : quand il reçoit moins d'oxygène, l'organisme devient plus malin et plus efficace et produit plus de cellules d'hémoglobine. Je m'entraînais à Saint-Moritz un mois par an et, quand je ne séjournais pas à la montagne, j'y allais fréquemment passer des nuits sous une tente d'altitude.

Une tente d'altitude, on s'en doute, n'a rien à voir avec l'objet romantique qu'on offre aux nouveaux époux. C'est une tente ordinaire, mais pourvue d'un appareil qui sert essentiellement à extraire l'oxygène de l'air extérieur pour en augmenter le taux à l'intérieur. Je l'utilisais souvent en Europe, et j'en gardais une chez moi où il m'arrivait aussi de m'en servir, mais je devais alors dormir sans Kik, avec une machine qui bourdonnait à côté de moi. Luke s'en servait aussi, à l'occasion, et je la retrouvais pleine de jouets et de daphnies pour poissons rouges.

Avec Kik, un soir, on a essayé d'y dormir à deux. « C'est follement romantique, a dit Kik. On va camper ! »

On a tenu environ trois heures avant que l'alarme ne se déclenche pour signaler un grave manque d'oxygène. On s'est réveillés haletants, avec un violent mal de tête.

– Désolé, ai-je dit. J'ignorais qu'elle n'était pas faite pour deux.

– Alors, achètes-en une double, a répondu Kik.

Le côté flou, lointain de l'enquête qui se poursuivait en France me tracassait toujours, mais j'étais désormais rassuré de savoir qu'il y avait des contrôles spécifiques. Si j'étais un tricheur, on le saurait d'après les échantillons d'urine prélevés lors du Tour 2000, alors qu'il n'y avait pas encore de test pour l'EPO, et que j'ignorais qu'on avait conservé ces échantillons par congélation.

Trois médecins légistes devaient effectuer des tests pour la justice française. Chaque goutte de mon urine et chaque trace de mon sang, et de ceux de mes coéquipiers, seraient méticuleusement analysées. Jusque-là, nous n'étions pas en position de nous défendre. Mais d'après les autorités, l'ensemble des tests serait effectué d'ici le mois de janvier, ce qui signifiait que je serais bientôt lavé de tout soupçon. J'ai attendu avec impatience ce grand moment : la réhabilitation définitive.

Mais elle n'est jamais venue. Janvier est passé, sans résultats, et les responsables ont refusé de me disculper et de me dire pourquoi.

Après un hiver exceptionnellement sinistre, que j'ai appelé « l'hiver de l'insatisfaction », les contretemps se sont succédé. Je commençais à en avoir assez : on avait récupéré nos déchets, examiné mon sang et mes urines, et voici que l'administration française me réclamait des arriérés d'impôts.

Au printemps, Johan Bruyneel a été convoqué à Paris pour y être interrogé et a trouvé le commissariat assiégé par les médias. Tous les journalistes de la ville étaient là avec un micro ou une caméra. A l'intérieur, on l'a cuisiné pendant trois heures. « Je me suis senti comme un criminel », a-t-il dit ensuite.

Après cet interrogatoire, Johan a demandé à l'un des policiers pourquoi cette enquête prenait tant de temps.

– Tous les tests ont été faits, et on ne sait rien, toujours rien.

Le policier était compatissant, s'excusait presque.

– L'expert scientifique chargé des tests pense que quelque chose lui a échappé. Il dit qu'il est impossible qu'il n'y ait rien.

Johan n'en croyait pas ses oreilles.

– *Quoi ?*

– Il dit qu'un tel niveau de performance n'est pas normal. Il veut trouver quelque chose.

C'était donc le problème. Nous n'étions pas coupables, mais ça ne suffisait pas, ce n'était pas assez pour cet expert français qui nous voulait coupables. Il ne nous restait qu'à essayer d'oublier tout ça et à nous occuper de nos affaires. Mais j'avais l'impression qu'on faisait tout pour nous empoisonner l'existence. Trop, c'était trop. J'ai décidé de m'en aller.

J'avais mené en France une vie tranquille par certains côtés, entre le rythme méditerranéen et la routine impitoyable des entraînements. Les baguettes de pain, les fleurs, les amis, la vue des montagnes surplombant la mer allaient me manquer. Comme les instants passés sur notre terrasse à regarder la nuit tomber sur la ville et ses lumières. Mais les fouilleurs de poubelles et les procureurs ne me manqueraient pas.

En attendant, l'enquête menaçait de compromettre gravement ma réputation. Bill Stapleton avait des difficultés à gérer le commercial. Les gens de chez Coca-Cola avaient pris peur, comme les autres sponsors. Billy leur a dit : « Ecoutez, il ne se dope pas, d'accord ? Je suis prêt à parier toute ma carrière là-dessus. » On a introduit une clause antidopage dans nos contrats : si j'étais contrôlé positif, je rendrais l'argent.

Bill avait aussi engagé une négociation pour une quatrième année avec l'U.S. Postal Service. Ce contrat était ma principale source de revenus. Mais l'U.S. Postal rechignait désormais à réembaucher toute l'équipe, et a même envisagé un moment de ne plus nous sponsoriser du tout. Tout ça parce que la justice française nous cherchait des poux dans la tête. Difficile de ne pas le prendre comme une attaque personnelle.

Un autre déboire est survenu, qui m'a touché de façon beaucoup plus directe, quand Kevin Livingston, mon coéquipier et mon ami le plus proche, a quitté l'équipe de l'U.S. Postal. Il voulait plus d'argent, plus d'indépendance et en avait assez de courir pour moi.

Il nous a donc lâchés. Il a accepté un contrat plus intéressant, d'abord avec une équipe sponsorisée par les aliments Linda McCartney. Mais, pour des raisons financières, cette équipe a eu la vie brève et il a accepté une offre de Deutsche Telekom pour travailler avec mon grand rival, Jan Ullrich.

Je ne parvenais pas à y croire. Kevin et moi avions passé presque une décennie à rouler ensemble. J'avais couru avec lui, je m'étais entraîné avec lui, j'avais grimpé bien des côtes avec lui. J'avais le sentiment d'avoir beaucoup fait pour lui en tant que coureur cycliste, en tant qu'ami j'aurais été prêt à tuer pour lui, et je me voyais à ses côtés jusqu'à la fin de nos carrières. Je me sentais complètement trahi : il me semblait que lorsqu'on était ami avec quelqu'un depuis dix ans on ne pouvait pas faire ça. « C'est comme si Colin Powell signait un accord pour aider les Chinois », ai-je dit.

On ne s'est plus adressé la parole pendant un certain temps. Puis on a recommencé à échanger quelques mots en roulant, ou quand on se rencontrait. Puis, poussés par des amis, on s'est assis à une table pour discuter, et on a fini par tirer les choses au clair, entre deux saisons, en sifflant quelques verres. Il fallait bien ça pour nous réconcilier. Le problème venait peut-être de ce que je ne nourrissais pas pour Kevin les même espoirs que lui. Ce n'était pas à moi de décider ce qui valait le mieux pour sa carrière.

Mais nous n'avons plus jamais couru dans la même équipe, et je continue à penser qu'il n'aurait pas dû s'en aller. Il a fini par se détacher du vélo et par abandonner le sport. (Ce qui devait d'ailleurs lui donner l'occasion d'une sorte de revanche sur les contrôleurs antidopage. Ceux-ci sont venus frapper à sa porte avec leur éternel papier, un matin de bonne heure, à l'automne 2002. Après avoir obligeamment pissé dans une tasse, Kevin la leur a offerte en disant : « Voilà. J'espère vraiment que vous allez trouver quelque chose. J'ai pris ma retraite. »)

Kik et moi avons touché le fond cet hiver-là avec l'échec de notre tentative pour avoir un deuxième enfant. En février, Kik s'est soumise à une fécondation in vitro, sans résultat. Il est difficile de comprendre, pour un non-initié, à quel point ce traitement est pénible, avec les médicaments à prendre, les piqûres à faire soi-même – Kik tressaillait à la vue de la moindre seringue –, les examens... Tout ça pour s'entendre dire que ça n'a pas marché. Nous avions cru que ce serait aussi facile que pour Luke. Mais rien.

C'est moi qui ai décroché le téléphone. Kik me regardait et elle a compris que la réponse était non. La tête que je faisais et le son de ma voix le lui ont appris. J'ai dit, le plus calmement possible :

– Très bien. Au revoir... Ce n'est pas la réponse qu'on espérait, ai-je ajouté, en raccrochant.

Kik s'est effondrée. « Ça va s'arranger, chérie », ai-je dit encore. Mais on était tous les deux assommés. « Ecoute, on essaiera encore, c'est tout. » Mais pour Kik, ça voulait dire des injections quotidiennes, des cachets, des piqûres, des échographies, sans compter que toutes ces visites médicales l'obligeraient à rester chez nous quand je partirais. Ça voulait dire aussi des séparations plus longues et, au bout, le risque d'une nouvelle déception. On a envisagé, pendant quelques jours, d'attendre un an. Mais c'était doublement déprimant. On a donc décidé de tout recommencer.

L'emploi du temps était serré : je devais me rendre comme chaque année à une série de stages d'entraînement de l'U.S. Postal en vue du Tour 2001. Ceci, s'ajoutant à la fécondation in vitro de Kik, allait plus que jamais m'éloigner de ma famille. Luke changeait à toute allure et je manquais beaucoup de choses. Il me tenait des discours : « Daddy ceci, et Daddy cela », puis il montrait du doigt le vélo et disait : « Daddy ? » Et finissait par un : « Daddy au revoir » des plus moroses.

Je suis parti m'entraîner en Espagne, et les jours où je ne roulais pas j'ai cherché un endroit où habiter. J'ai fini par trouver une maison ancienne dans la ville de Gérone, connue comme un paradis du sport cycliste. L'un des plus vieux amis de Kik, Jose Alvarez-Villar, habitait à trois quarts d'heure de là, et il m'a aidé pour tout, de la recherche d'un agent immobilier jusqu'à la signature de la vente avec des traducteurs et des avocats. J'avais toujours beaucoup aimé l'Espagne et je me suis lancé dans l'installation de ce joli appartement, construit au flanc d'une vieille chapelle, qui demandait à être rénové avec un soin particulier. J'ai cherché des artisans capables de s'en charger – plutôt que de me morfondre en pensant à l'enquête qui se poursuivait.

On se sentait malmenés entre les séparations, l'enquête, le départ de mon meilleur ami pour une équipe rivale, la difficulté de trouver un autre endroit où vivre et les tentatives décevantes pour avoir un autre enfant. Mais tout au long de ces mois difficiles, on a tout fait, Kik et moi, pour ne pas se laisser décourager. On avait encore la maladie en toile de fond : il en aurait fallu bien plus pour nous effrayer que des revers de carrière et les infamies d'une enquête pour dopage.

Et puis, pour nous rappeler la différence entre les petits ennuis auxquels nous étions confrontés et les terribles coups du destin, il y avait toujours les visites de contrôle post-traitement.

Je voyais deux fois par an le Dr Nichols, mon cancérologue, pour une prise de sang et un examen au scanner, et c'était toujours un moment pénible. Je ne serais pas déclaré officiellement guéri avant cinq ans, mais dans le cas du cancer des testicules la rechute éventuelle survient au cours des deux années suivant le traitement. A l'automne, on a pris un avion pour l'Oregon où je devais me soumettre à cet examen pour la quatrième fois.

C'était curieux de voir comment tout le monde me croyait débarrassé du cancer. On pensait que je l'avais battu à plate couture, chassé par ma volonté. Mais survivre au cancer est un long processus et non une expérience limitée à un lieu et un certain laps de temps.

Parfois, la maladie me semblait relever d'un passé lointain, parfois elle datait de la veille. J'avais l'impression bizarre que je continuais à expulser des poisons de mon sang, que j'avais encore des toxines en moi. On n'avait pas seulement injecté dans mon organisme les poisons violents de la chimiothérapie, mais aussi des anesthésiants lors des deux opérations chirurgicales. L'anesthésie pouvait s'attarder dans les cellules. C'était une expérience proche de la mort ; on vous remplit de drogues pour provoquer une perte de conscience si profonde que vous n'êtes plus qu'à un millimètre de la mort. Puis on vous maintient dans cet état, chimiquement.

*J'avais le crâne rasé, et couvert de petites marques. Le chirurgien a expliqué la méthode, comme s'il parlait d'un bout de bois.*

*– On va simplement découper un petit trou, sortir l'intérieur, retirer les lésions, remettre en place et reboucher.*

*Il parlait de mon crâne.*

Je m'inquiétais sans cesse pour ma santé. De petites choses que d'autres tiendraient pour anodines, une bosse, une douleur, faisaient resurgir la pensée : « Mon cancer revient. » Le moindre rhume sonnait l'alarme et donnait lieu à des analyses approfondies, à d'infinies supputations, et me jetait dans la détresse. Un petit coup de fatigue se traduisait par des appels téléphoniques à mes médecins et à mes entraîneurs. Je mettais des chaussettes en toute saison, je m'interdisais de marcher pieds nus, et j'avais toujours quelque chose autour du cou. Un éternuement amenait de longs débats, une sieste et une soupe chaude. Si je me sentais patraque ou si j'avais un coup de pompe sur mon vélo, je me repliais sur moi-même, et la tension qui se dégageait de mon corps était perceptible.

On est donc arrivés, Kik et moi, à la faculté de médecine de l'Oregon, où je devais me soumettre à une série d'examens. On s'était toujours efforcés de considérer cette visite au Dr Nichols comme une vérification de routine, mais il n'en était rien. Le résultat serait parfait, ou horrible : je serais débarrassé du cancer ou non. Si le cancer revenait, il n'y aurait pour seul recours qu'une nouvelle chimiothérapie encore plus intense, avec d'assez maigres chances de réussite.

*J'étais fatigué quand je me réveillais, fatigué quand je mangeais, fatigué pour prendre une douche. Je dormais vingt heures par jour comme si j'avais pris le plus puissant des somnifères. Un matin, je me suis senti trop fatigué pour aller seul aux toilettes. « Je crois que je vais vomir », ai-je dit à ma mère. Elle m'a aidé à descendre du lit d'hôpital et je me suis appuyé sur elle pour traverser la pièce clopin-clopant, cassé en deux, mon peignoir s'ouvrant sur le devant.*

*J'ai adressé quelques jurons silencieux aux infirmières qui me piquaient avec des aiguilles, tiraient du sang, mesuraient ma tension artérielle. Je gisais entre quatre murs dans ma chambre d'hôpital, un rectangle de trois mètres sur cinq avec une fenêtre donnant sur le mur de brique du bâtiment voisin, du linoléum vert pâle au sol, des murs beige et des couvertures marron clair, mais j'étais trop fatigué pour me lever et faire quelque chose contre ça. On jouait aux cartes, Stapleton, Och et moi, jusqu'à ce que mes yeux se ferment malgré moi. On jouait à tant de jeux qu'on s'était forgé notre propre langage. Pour les valets on disait Hooks, pour les rois, Coyboys. Je lorgnais vers la télévision fixée dans un angle. « Je déteste le base-ball », disais-je, mais je regardais tout de même.*

La visite de contrôle annuelle nous angoissait toujours, Kik et moi, mais cette fois-là, avec tout ce qui nous arrivait par ailleurs, c'était encore pire. C'est peut-être parce qu'ils étaient beaucoup plus confiants que les médecins et les infirmières ne se sont pas aperçus de l'état dans lequel nous étions.

Une équipe de télévision se trouvait là, pour tourner un film éducatif sur le cancer, et on m'a demandé l'autorisation de me suivre dans les diverses étapes de ce bilan. J'ai accepté, mais je l'ai presque aussitôt regretté. En passant une radio des poumons j'ai pensé : *Écoutez, on ne sait pas ce que ça va donner. Sortez votre caméra d'ici.*

Tandis que j'allais d'un examen à l'autre, j'avais l'impression de voir du monde partout, des infirmières avec des centaines de papiers à signer, des techniciens désireux de bavarder. Aucun ne semblait se rendre compte qu'un écran de scanner pouvait d'une seconde à l'autre nous révéler une catastrophe. Ils étaient tous là, à attendre, en mangeant des petits pains, ils réclamaient des autographes, prenaient des photos... Pour eux, ma santé n'était qu'une considération lointaine.

Tout à coup, j'ai eu envie d'être seul. Je me sentais nu. Je savais que, d'un point de vue rationnel, les risques de récidive étaient négligeables, mais je n'en redoutais pas moins les résultats des tests. J'étais prêt à faire n'importe quoi pour la communauté du cancer, mais pas là, pas maintenant, car ce moment restait celui de ma plus grande peur. Je voulais être un patient comme les autres auquel on accorde, quoi qu'il arrive, un minimum d'espace et d'intimité. Quelle qu'en soit l'issue, le soulagement où l'épouvante, je ne voulais pas qu'on me vole ce moment. Je voulais seulement qu'on me laisse seul.

Les résultats étaient bons.

Je suis toujours surpris par ce qu'on ressent alors : une impression de propreté, de netteté absolue. J'étais net. Mes radiographies offraient les images de mon bien-être au sens littéral du terme. Là, je ne craignais plus d'être à nu. Les clichés montraient un homme : cinq sens, de l'appétit, une intelligence sélective ou supposée telle, un système nerveux, quatre membres et une épine dorsale avec des vertèbres plus ou moins amochées mais pas trop, une cicatrice d'opération à la poitrine, sur le crâne une série de cicatrices plus petites dessinant un fer à cheval, un coup de bistouri à l'entrejambe.

Quelques marques ici et là et une ou deux choses en moins peut-être. Mais c'était tout.

Le dossier que les Français montaient contre moi s'épaississait. On me voyait en photo sur la couverture, remontant les Champs-Elysées avec un drapeau, en vainqueur du Tour de France.

On y avait ajouté en surimpression l'image d'une seringue. Tant pis pour la présomption d'innocence et l'impartialité des enquêteurs.

Les mois passaient et aucun résultat des tests ne venait. J'avais la certitude que tous les échantillons étaient clairs comme le cristal – et ils le savaient certainement, depuis tout ce temps. On avait peine à croire que de telles analyses puissent prendre aussi longtemps. Mais les enquêteurs refusaient de confirmer ou d'annoncer quoi que ce soit ; ils avaient besoin, disaient-ils, de procéder à d'autres analyses, et le dossier restait ouvert.

En attendant, tous ceux qui travaillaient avec moi étaient coupables par association. Chris Carmichael, mon entraîneur, subissait le harcèlement des journalistes. L'un d'eux a écrit que si j'étais dopé c'était certainement lui qui me fournissait des drogues.

– Tu te rends compte ? m'a dit Chris. On travaille comme des dingues, et on vous dit que ce n'est pas vrai !

– Laisse tomber, ai-je répondu. Ne tombe pas dans leur piège.

Chris travaillait avec un joueur de hockey du nom de Saku Koivu, capitaine des Canadiens de Montréal, chez lequel on avait diagnostiqué un lymphome non hodgkinien et qui effectuait un retour spectaculaire. Koivu a été déclaré guéri du cancer au moment où les Canadiens s'apprêtaient à disputer un match de revanche. George Gillett, le propriétaire des Canadiens, a engagé Chris pour qu'il aide Koivu à se rétablir. Un mois après la chimio, Chris entamait avec lui un programme d'entraînement progressif, avec une demi-heure quotidienne sur un vélo fixe et de légers levers de poids. Koivu n'a pas tardé à travailler cinq heures par jour, six jours par semaine. Il était de retour sur la glace avant la fin de la saison, marquait dix points en douze matches, et emmenait les Canadiens à la victoire dans les matches-retour. C'était une histoire incroyable.

– Je l'ai dopé, lui aussi ? a demandé Chris avec amertume.

L'enquête qui aurait dû s'achever en janvier courait toujours à l'approche du printemps. Comme si on s'était dit : « On poursuivra les analyses jusqu'à ce qu'on trouve quelque chose. » J'étais impuissant. Habituellement, je me sentais maître de mon destin, à vélo ou dans les affaires, mais là non.

Tout, jusqu'aux problèmes juridiques les plus anodins, semblait s'éterniser. L'enquête se faisait discrète pour de longues périodes sans que j'aie la moindre idée de ce qui se tramait, et ça me rendait fou. Je ne pouvais pas me défendre, je ne pouvais pas parler au juge ni aux procureurs, je ne pouvais rien contre la science, je n'avais personne à engueuler (sauf Bill) et je ne pouvais pas accélérer les choses. Je détestais tout ça, et c'était Bill que je faisais tourner en bourrique.

– Alors, qu'est-ce qu'on fait aujourd'hui ?

– Pourquoi la juge est-elle en vacances ?

– On ne s'en occupe pas assez. Pourquoi ne fait-on rien ?

En France, mon avocat écrivait aux autorités pour les supplier de hâter la procédure. J'ai personnellement écrit à la juge en lui proposant ma pleine et entière collaboration. Comme l'Union cycliste internationale refusait de remettre mes échantillons de sang et d'urine à des magistrats, je suis intervenu auprès de ses responsables pour leur demander de coopérer avec la justice française.

Tout ça n'y a rien changé. On n'avait aucune influence sur le rythme de cette enquête. Bill, à vrai dire, en était venu à penser que plus on en ferait, plus ces gens-là traîneraient les pieds. Sophie-Hélène Chateau avait tout pouvoir et était libre de faire durer les choses aussi longtemps qu'il lui plairait.

La nuit, les yeux au plafond, je pensais au pire des scénarios : et si les résultats se révélaient erronés, parce qu'un expert scientifique s'était trompé, ou parce que quelqu'un était assez décidé à trouver des drogues pour les truquer ? Que l'un de ces tests soit déclaré positif, et on ne se souviendrait plus de moi que comme d'un coureur dopé. Ces gens-là ne semblaient pas décidés à me disculper. Aucun d'entre eux n'était pressé de dire que leurs accusations ne reposaient sur rien.

Bill s'efforçait de me rassurer.

– Voilà ce qui va se passer, disait-il. On va se réveiller un beau matin, et tout sera fini, avec un simple petit communiqué annonçant que le dossier est clos.

– Je me le demande...

– Attends, disait Bill. On oubliera toute cette histoire.

Avril est arrivé, avec, semblait-il, de bonnes nouvelles pour nous. On a appris par un journaliste de l'Agence Reuter que tous les tests étaient négatifs – comme nous n'avions cessé de le dire. A Paris, mon avocat a appelé la juge Chateau. Elle l'a confirmé.

J'étais déjà en France pour y disputer une course. Je suis allé à Paris et j'ai donné une conférence de presse à l'Hôtel George-V pour l'annoncer : les analyses effectuées sur tous les échantillons en provenance de l'équipe U.S. Postal, et pas seulement sur les miens, avaient donné des résultats négatifs. On n'avait rien trouvé non plus dans les déchets que nous avions jetés. Des boîtes, des emballages, rien d'autre.

Je n'ai pas pu m'empêcher de faire quelques remarques sur les lenteurs de l'enquête, en notant que pendant que nous tenions cette conférence de presse la juge était quelque part en vacances. « J'en perds le sommeil, je veux être disculpé, et elle est à la plage pour trois semaines. » J'espérais désormais une conclusion rapide, ai-je ajouté, puisqu'on avait la preuve que l'équipe et moi-même n'avions rien à nous reprocher.

Mais à peine avais-je parlé que Sophie-Hélène Chateau s'est mise à éluder les questions. Quand des journalistes l'appelaient pour avoir confirmation des résultats d'analyses, elle reconnaissait qu'ils étaient négatifs, mais déclarait ma conférence de presse « prématurée », en sous-entendant que le dossier n'était pas encore clos.

A quelqu'un qui lui demandait si l'enquête s'achèverait bientôt, elle répondait : « *Il rêve**. »

On m'a demandé ce qu'il faudrait pour convaincre les sceptiques de mon innocence. « Je n'en sais rien », ai-je répondu. Je commençais à me dire que je serais présumé coupable jusqu'à la fin de mes jours.

Tout ce que j'avais obtenu à force de travail, ma carrière, ma réputation, ma réussite sportive, tout pouvait être réduit à néant, s'écrouler comme les choses s'écroulent autour de vous quand on ne vous considère plus comme un type honnête.

Que ferais-je dans ce cas ? J'avais perdu d'autres choses, et j'y avais survécu. J'ai fait le compte de tout ce que je risquais de perdre à cause de cette accusation de dopage et je me suis demandé si je serais capable de m'en passer. Mon nom pouvait être sali, ce serait dur à encaisser. Il était à moi et à personne d'autre, il représentait mes valeurs, mon gagne-pain et ma famille. Je pouvais me passer d'argent, du contrat Coca-Cola, mais si je perdais ma réputation ? Je ne serais peut-être jamais en mesure de la regagner.

– C'est tellement important pour moi, ai-je dit à Kik. Luke s'appelle Armstrong, c'est un nom connu, et le jour où il ira à l'école je ne veux pas qu'on lui dise : « Armstrong, ah oui ! Ton papa est un tricheur, un type qui se dope ! » J'en crèverais.

Mais il y a une chose qu'on ne peut pas perdre, c'est soi-même. J'avais ma conscience pour moi ; personne n'y pouvait rien.

---

* En français dans le texte.

J'avais perdu des courses, ma santé, et une certaine idée de moi-même, et chacune de ces pertes avait sa place dans la trajectoire de ma vie. D'autres pertes, si elles devaient survenir, trouveraient leur place aussi. Il y a des choses inévitables. On vieillit. On est obligé de faire des compromis qu'on n'avait jamais envisagés, et de se colleter avec des problèmes dont on s'était cru préservé. On décroche un poste, on le perd peut-être. On se dispute avec son conjoint, on endosse des responsabilités dont on n'aurait pas voulu, on est confronté à des injustices criantes. On peut se laisser décourager par tout ça. On peut aussi en tirer parti pour se construire soi-même, en se disant que le résultat final n'en sera que plus intéressant.

– Prends de la distance, disait Kik.

C'était ce qu'on s'efforçait de faire. Puis il s'est produit quelque chose et c'est devenu plus facile. En avril, on a su que Kik était enceinte. Elle était plus qu'enceinte, en fait, elle était *très* enceinte. Elle ne cessait de dire : « Je me sens bizarre », et ce n'était pas sans raison, comme on s'en est finalement aperçu.

En Espagne, elle est allée consulter un obstétricien, le Dr Marco Uribe, en lui disant :

– J'ai peur d'avoir des triplés.

– Eh bien, voulez-vous en savoir plus ?

Elle ne devait pas subir de nouvelle échographie avant une dizaine de jours. Mais le médecin lui a expliqué que s'il s'agissait d'une grossesse multiple, il en détecterait peut-être les signes.

– Vous voulez savoir tout de suite ?

Kik était seule. Il était six heures du soir pour elle, mais la pleine nuit pour moi et je dormais à des milliers de kilomètres de là. Elle a hésité avant de répondre.

– Mais oui, je veux savoir. Bien sûr que je veux savoir !

Il a mis l'appareil en marche, et elle a vu : une double pulsation fébrile. Kik avait prévu d'attendre le lendemain matin pour m'appeler, mais elle était tellement bouleversée qu'elle a pris son portable, a composé mon numéro et a laissé un message d'une voix partagée entre la gravité, les pleurs et le rire, pendant que je dormais.

– Ce sont des jumeaux, disait-elle.

## 4

# La foi et le doute

Les gens me donnent toutes sortes de choses parce qu'ils pensent que j'en ai besoin : des bibles gravées à mon nom, des livres de prières avec des passages cochés. Ils semblent croire que j'ai avant tout besoin de foi. J'ai la foi, mais pas forcément la même qu'eux. Je suis un être porté vers le spirituel qui ne possède pas le vocabulaire qu'il faudrait. Déjà, en disant ça, je cherche les ennuis.

Un type m'a abordé dans un aéroport.

– Lance, je voudrais parler de ta relation à Dieu, m'a-t-il dit.

– Ce sera vite fait, ai-je répondu.

Tout récit de ma vie demande une explication plus large : pourquoi ai-je vécu ? Je refuse la réponse trop évidente. Dieu n'est pas responsable. Je ne voudrais offenser personne, et je me rends compte qu'en disant ça je risque d'en décevoir plus d'un, mais je ne pense pas aussi clairement en termes religieux. Je ne suis guère porté sur la prière, je ne suis d'aucune Eglise, et je me méfie du prosélytisme. Pourtant, je porte un crucifix. Comment l'expliquer à un inconnu dans un aéroport entre deux avions ?

En quoi ai-je foi ? Je crois au mystère. Je crois que la foi joue un rôle important dans la marche du monde. Je crois que si on regarde bien, en plissant les paupières pour distinguer l'ordonnancement des choses, on peut remettre chacune à la place qui lui revient : impôts, scandales, racontars, maux de tête, embouteillages... Je crois qu'il faut exercer un certain contrôle sur ce qui touche à la religion, et que tout individu responsable s'interroge à ce sujet, car il est juste de mettre en cause l'administration d'une Eglise qui protège des violeurs d'enfants, ou la légitimité d'une foi qui encourage la répression et la terreur. Toute autre attitude traduit une déficience de la morale ou du raisonnement.

Je crois que trop de gens ont pris la religion comme une excuse, ou une béquille, ou une bouée de sauvetage. Je crois qu'on n'a que ce qu'on a, ici et maintenant. Même dans les moments où je regardais la mort en face, je n'ai jamais pensé qu'il y avait quelque chose de l'autre côté. J. Craig Ventner, que j'admire, a eu une phrase que je n'étais pas parvenu à formuler moi-même, mais qui résumait tout que je ressentais à l'égard du cancer, de la religion et de tout le reste : « Il est tout à fait clair que la vie commence à la naissance et finit à la mort, et si la plupart des habitants de cette planète le comprenaient, ils mèneraient différemment leur vie. Nous trouvons la religion ou des forces mystérieuses pour pallier certaines insuffisances, mais l'enfer et le paradis sont ici, sur terre, chaque jour qui passe, et on bâtit sa vie autour. »

J'ai considéré mon cancer d'un point de vue scientifique. Je me battais contre une cellule maligne qui avait envahi mon organisme, et je voulais des outils *scientifiques* pour l'affronter, des choses que je sois capable d'évaluer : médecins, données chiffrées, remèdes, informations. Je voulais en savoir le plus possible sur la maladie, car les statistiques montraient sans aucun doute possible que plus le patient atteint du cancer était conscient, meilleures étaient ses chances de survie. Des études disent aussi que chez une personne qui a la foi l'expérience est plus enrichissante. Je ne le nie pas. Je veux seulement dire que, lorsque j'étais malade, j'ai vu trop de gens fuir leurs propres responsabilités, refuser de prendre leur part du traitement. Je tressaillais chaque fois que j'entendais dire « C'est dans la main de Dieu, » « Si Dieu veut... »

*Je dormais tellement que je me demandais si dormir, ce n'était pas mourir. Étais-je en train de mourir ? Oui ou non ? me demandais-je. On croit qu'on vivra, mais on ne sait pas.*

*Mon ami Scott MacEachern est venu. Il a frappé à la porte d'entrée et je lui ai répondu, debout devant la cheminée de ma grande maison, tout seul, sans cheveux, sans sourcils, les traits creusés. C'était la première fois qu'il me rendait visite depuis que j'étais tombé malade. J'ai baissé la tête pour lui montrer le grand fer à cheval de cicatrices laissé par l'opération au cerveau, et j'ai retroussé ma chemise pour qu'il voie les autres endroits où on m'avait ouvert.*

*On a passé la soirée ensemble, Scott et moi, à parler de la maladie et de la vie après la mort. Je me rappelle cette longue conversation. Je me rappelle que j'avais peur mais voulais être courageux. Je me rappelle lui avoir dit que j'essayais de faire face et de m'instruire, et que j'étais terriblement fatigué, mais déterminé, aussi.*

*Le lendemain matin Scott s'est levé pour aller courir et à son retour il a entendu des flots de musique qui sortaient du garage. J'étais dedans, sur un vélo fixe. J'étais cramponné à mon vélo, avec mon short, mes chaussures de cycliste et mon crâne lisse comme un caillou.*

*J'étais interdit de selle. Alors, j'attaquais sur la machine. Scott m'a dit par la suite : « J'ai compris à cet instant que, quoi qu'il arrive, que tu vives ou que tu meures, ce serait en te battant. »*

Aucun de ces traits de caractère, chez moi, ne correspond à la définition usuelle de la spiritualité. Certains me voient même comme une cause à soutenir. « Voilà un type qui a besoin d'être secouru. »

Mais je peux vivre avec le conflit, si on doit parler de « conflit ». Si je suis ainsi, ce n'est pas sans raison : enfant, j'ai eu une mauvaise impression de la religion. Terry Armstrong, mon beau-père, était diacre – ce qui ne l'empêchait pas de maltraiter ma mère et de me frapper avec un morceau de bois. J'ai donc vu dans la religion quelque chose à abattre, quelque chose dont on se servait pour faire peur comme pour faire le bien, et j'ai compris qu'on pouvait aller le dimanche à l'église et ne pas être moins corrompu pour autant.

Mes enfants reçoivent une instruction religieuse et leur mère est une catholique pratiquante. Chez moi, on est ouvert en cette matière. Je n'ai jamais eu de dispute avec Kik sur l'instruction à donner à nos enfants ou la façon de les éduquer ; j'estime qu'ils doivent aller à l'église avec leur mère. Plus tard, ils seront assez intelligents et, je l'espère, assez autonomes pour se forger leur propre opinion – et s'ils sont croyants, tant mieux.

Kik a une foi de plus en plus ardente, alors que je suis resté sceptique. On s'est mariés dans une église catholique, mais des divergences sont apparues au fil du temps. Mes doutes l'ont parfois choquée. Il arrivait qu'un inconnu nous aborde et me demande : « Pourquoi ne priez-vous pas ? » Kik répondait : « Si ça peut vous rassurer, je prie pour lui. »

Et puis, j'ai une tendance à faire le malin qui n'est pas toujours à son goût.

Je lâche parfois des commentaires en la voyant partir à la messe.

– Pourquoi fais-tu ça ?

– Parce que ça me plaît d'aller à la messe.

– Mais c'est samedi. Si on dînait, plutôt ?

– J'aime la messe du samedi.

Je reste pensif une seconde, puis je dis : « Tu ne peux rien y changer ? »

Mais un jour elle m'a cloué le bec en me faisant comprendre que je pouvais cesser de lui envoyer des piques. « D'où que me vienne mon énergie, tu devrais plutôt t'en réjouir, m'a-t-elle dit. Parce que si tu te reposes tant sur moi, c'est grâce à elle. » C'était vrai ; si la foi jouait un rôle dans son existence, elle en jouait aussi un dans la mienne. Quand je disputais une course, Kik trouvait une église pour y faire brûler des cierges, et j'aimais bien ça. Pendant le Tour, je lui demandais : « As-tu brûlé un cierge pour moi aujourd'hui ? » Mais personne, chez nous, n'a jamais dit : « Veux-tu venir à l'église avec nous ? » Ils savaient que ce n'était pas la peine.

Kik parlait de Jésus-Christ à Luke, mais cette fête de Noël ne signifiait pas grand-chose pour moi, sinon qu'elle concernait mes enfants. Le matin du deuxième Noël de Luke j'étais excité comme jamais, et je me suis réveillé avant tout le monde. On lui avait acheté une petite Jeep propulsée par une batterie, et je mourais d'impatience de voir la tête qu'il ferait en découvrant son cadeau. Mais ce matin-là, entre tous les autres, il avait décidé de dormir. J'allais et venais nerveusement dans la cuisine. Kik et ses parents, Dave et Ethel Richard, sont arrivés à leur tour et on s'est tous assis devant un café pour lire les journaux. Mais mon impatience a été la plus forte.

– Allons le réveiller ! ai-je dit.

En me levant, j'ai attrapé une grande chaussette de Noël ornée de clochettes et je suis allé la secouer énergiquement devant la porte de Luke. Rien. J'ai secoué plus fort, longuement. Au rez-de-chaussée, Kik se tordait de rire car elle entendait les clochettes, et moi qui criais : « Ho, Ho, Ho ! » Luke a enfin sorti la tête de son lit.

Kik pensait que mon scepticisme religieux était la conséquence de ce que j'avais subi dans mon enfance, et que je me laisserais peut-être convertir, que je pourrais peut-être un jour « rendre grâces » de mon retour à la vie. Je n'étais pas de cet avis et ne le suis toujours pas. Mais ça ne m'empêche pas d'être respectueux et même curieux à l'égard de certains aspects de la foi, en particulier les cérémonies et l'imagerie religieuses.

C'est pourquoi je porte cette croix sur ma poitrine – comme un symbole de fraternité avec ceux qui ont souffert. Alors que j'étais encore en phase de rémission, on a diagnostiqué un cancer du poumon chez mon ami Stacy Pounds, qui travaillait depuis de nombreuses années comme assistant de Bill Stapleton. Ma mère a acheté deux croix en argent – l'une pour Stacy, l'autre pour moi. Je porte toujours la mienne.

Pendant l'hiver et le printemps 2001, en pleine préparation pour le Tour de France, je me suis pris d'intérêt pour la restauration d'une vieille chapelle dans notre nouveau lieu de résidence de Gérone, en Espagne. J'ai acheté le rez-de-chaussée de ce qui avait été jadis un petit palais dans l'une des rues les plus chargées d'histoire de la cité, parce que j'avais reçu un choc devant la beauté de cette ancienne chapelle familiale, et aussi parce que je savais qu'elle plairait à Kik. Le bâtiment était froid, humide et délabré. Il fallait le réaménager et le rénover de fond en comble, mais j'y sentais le souvenir de tout ce qui s'y était passé, la ferveur enclose entre ces murs effrités et décolorés, dans la pierre grise usée par le temps, les arches gothiques des plafonds et les vitraux.

Gérone est un champ archéologique vivant, où l'on découvre des vestiges de différentes époques où des éléments de l'histoire des Romains, des Maures, des Juifs, de l'ère musulmane et du Moyen Age sont toujours visibles. La cathédrale gothique est l'une des plus grandes d'Europe, bordée par une ruelle pavée et sinueuse, flanquée de petites librairies, de cafés et autres commerces, qui la sépare de notre appartement. D'après les manuels d'histoire, on a vu, aux moments les plus sanglants de l'histoire religieuse particulièrement intense de la cité, des ruisseaux de sang couler dans cette rue jusqu'au bas de la pente.

L'appartement a de hautes fenêtres et un balcon de fer forgé d'où je peux observer, en face, mon trottoir préféré, où de profonds fauteuils de rotin vous accueillent pour un café. L'appartement proprement dit est tout en arceaux et en corniches gothiques, et il y a deux petits jardins, avec des fontaines de pierre qui gazouillent. Mais le plus beau, c'est cette minuscule chapelle familiale, avec ses murs d'un bleu intense, ses étoiles dorées et son petit autel en bois.

J'ai fait appel à des artisans de Barcelone pour restaurer les fresques, en harmonie avec le bleu nuit et le magenta des fonds dans lesquels sont enchâssés de petits éléments dorés, et quand tout a été terminé j'ai acheté un tableau religieux du quinzième siècle pour le placer au-dessus de l'autel.

A mes yeux, cette chapelle était si réelle et si accessible qu'il ne s'agissait plus simplement d'une chapelle ou d'un lieu de culte, mais de l'histoire, du temps, des centaines d'années qui avaient défilé sous la voûte du plafond, les vitraux et l'or des peintures. C'est stupéfiant. J'ai ressenti cette chapelle comme un contrepoids à la logique ; il y a des choses qu'on peut mesurer, d'autres non.

Le fait que je sois encore en vie est aussi quelque chose d'impossible à mesurer. Jusqu'à quel point est-ce grâce à la science, à la foi, j'ignore la réponse à cette question et je refuse les explications simples et confortables, car franchement, la chance y est aussi pour beaucoup. Il y a des fois où *je n'en sais rien* constitue la meilleure et la plus honnête des réponses.

En 2001, alors que j'approchais du cinquième anniversaire de mon cancer et du moment où je pouvais être déclaré officiellement guéri, j'avais toutes les raisons de réfléchir une fois encore à ces questions. Et j'avais aussi une bonne raison de tenter de remporter le Tour une fois de plus. C'était toujours une re-confirmation, un nouvel acte de survie. Repousser les limites du corps qui m'avait été rendu me semblait la moindre des choses. J'étais toujours là, et même si je ne savais pas pourquoi, je me sentais obligé d'en faire quelque chose.

La course est mon métier. Mais je commençais à me rendre compte que c'était aussi ce qu'il y avait de plus facile à faire. C'était infiniment plus facile que, par exemple, se défendre contre une accusation de dopage, sauver un mariage, ou démêler la différence entre foi et science.

Cette année-là, au début du printemps, je suis allé à Lourdes. Non pour brûler des cierges ou me baigner dans la fontaine miraculeuse, mais pour faire du vélo sur les routes de montagne.

Lourdes se trouve au pied des Pyrénées, et j'ai essayé les principales montées qui nous attendaient dans le prochain Tour. Un jour, j'ai grimpé sept cols sur une distance de deux cents kilomètres. Certains cols étaient sous la neige et je ne pouvais pas les atteindre. Je montais aussi haut que je le pouvais, tournais mon vélo et me laissais glisser jusqu'en bas, pour me lancer à l'assaut du suivant.

Cet entraînement frénétique était le seul moyen d'échapper aux frustrations de l'enquête qui s'éternisait. Les autorités françaises avaient commencé par dire qu'elle serait close avant le Tour, mais elle est restée ouverte. François Franchi, l'assistant du magistrat instructeur, avait demandé une nouvelle série d'analyses – pour quelle raison, il ne pouvait pas le dire. « Jusqu'ici nous n'avons trouvé aucune trace d'EPO, expliquait-il. Nous n'avons rien de concret ni de positif. » On continuait, vainement, à chercher quelque chose dans mon urine.

– C'est quoi, ça ? Du chardonnay ? Ça se bonifie en vieillissant ? plaisantait mon ami Robin Williams.

La meilleure des réponses à tous les soupçons, me suis-je dit, c'était de remporter à nouveau le Tour. Cette fois, mon fils serait assez grand pour comprendre un peu mieux comment je gagnais ma vie. Je lui ai tout expliqué.

– Qui va gagner ? demandais-je.

– DADDY ! hurlait-il.

Le Tour est parti d'une ville du Nord, Dunkerque, avec un court prologue sous la pluie et une arrivée face à la mer. Luke a adoré la course. Il passait son temps avec moi dans le car de l'équipe et faisait étalage de tous les mots qu'il connaissait, en montrant du doigt un vélo, une roue, un camion, etc. Il voulait sans cesse m'offrir des bouchées de son sandwich tandis que je m'échauffais pour le prologue. J'ai poliment refusé – ce n'était pas l'aliment idéal avant de courir.

– Il est comment, Daddy ? demandais-je.

– Yo-yo, répondait-il.

Il avait du mal à prononcer le mot jaune, alors tout était yo-yo, à longueur de journée. Car yo-yo, camion yo-yo... vous voyez le genre. C'était un commentaire en yo-yo ininterrompu.

Je souriais sur la ligne de départ – j'attendais ce moment. J'ai aussitôt appuyé sur les pédales – et j'ai fini troisième. Daddy n'avait pas le yo-yo. Luke a dû patienter – plus longtemps que tout le monde s'y attendait.

On a contourné le nord de la France en suivant la Manche, Jan Ullrich et moi, et en se marquant mutuellement. J'étais une fois encore le coureur à battre, le plus doué et le vainqueur le plus crédible du peloton.

Ullrich était entré dans la course en super-forme, beaucoup mieux affûté que l'année précédente, les pommettes saillantes et les muscles gonflés sous son maillot de coureur. « C'est cette fois ou jamais », a-t-il déclaré.

On est allés à Verdun, ville de garnison où six cent mille soldats français, allemands et américains, ont perdu la vie pendant la Première Guerre mondiale, et où j'avais remporté ma première étape dans le Tour en 1993. Cette fois, on courait un contre-la-montre par équipes. On a parcouru les soixante-cinq kilomètres sous la pluie et le vent et, vers le milieu du trajet, deux coureurs de l'U.S. Postal, Christian Vande Velde et Roberto Heras ont glissé sur la peinture fraîche d'une ligne jaune. Le vélo de Vande Velde s'est dérobé sous lui et leurs roues se sont touchées. Ils sont tombés tous les deux.

On a roulé des jours entiers sous des pluies torrentielles. Puis on a quitté la côte pour se diriger vers les montagnes et après huit étapes on est arrivés au pied des Alpes.

A ce moment, on était loin derrière. François Simon, un jeune coureur français jusque-là inconnu, et Andreï Kivilev, un jeune Russe, avaient conduit avec succès une longue échappée, et Simon portait le maillot jaune avec une très confortable avance de trente-cinq minutes. Tout ça parce qu'on s'était montrés trop économes. En les voyant s'échapper, aucun d'entre nous n'avait cherché à les poursuivre, estimant plus important de ménager ses forces en début de course. Les autres équipes n'avaient pas réagi non plus. On cherchait à savoir qui bluffait, comme dans une partie de poker, et personne ne voulait mettre ses cartes sur la table, si bien que Simon avait réussi à prendre cette avance sans que quiconque s'y oppose. J'étais à la vingt-quatrième place du classement général, et Ullrich à la vingt-septième.

Nous avions devant nous de longues et dures journées de poursuite, étant donné, surtout, la présence de Kivilev. Simon n'était pas un grimpeur et on savait tous qu'il décrocherait dans la montagne. Mais Kivilev, vingt-sept ans, qui courait pour Cofidis, occupait la quatrième place avec 33 minutes et 14 secondes d'avance sur moi, et je ne le croyais pas décidé à s'effacer. Je l'observais depuis un certain temps et je voyais en lui un coureur parti pour être rapidement parmi les meilleurs, doté à la fois d'une éthique et de grandes capacités. En vérité, je regrettais de ne pas l'avoir dans mon équipe. Mais je ne pouvais pas savoir, alors, qu'Andrei serait à jamais empêché de tenir ces promesses : deux ans plus tard, il se tuait dans une chute à grande vitesse. Sa performance dans le Tour me hanterait comme le souvenir de ce qui aurait pu être.

L'échappée des deux hommes avait fait voler en éclats le programme de course soigneusement mis au point par Johan. Il a fallu se mettre autour d'une table pour arrêter une nouvelle stratégie. Johan est resté calme. Il a fait remarquer que la course se disputait désormais entre Ullrich et moi, car Simon ne tiendrait pas l'allure en montagne. On n'avait qu'à pousser un peu plus fort et, d'ici quelques jours, on aurait le maillot jaune. « Il va falloir attaquer à la moindre occasion », a-t-il conclu.

La première étape de montagne s'annonçait une fois de plus cruciale, psychologiquement comme physiquement. La montagne allait faire un tri dans le peloton, et tout se jouerait sur la condition physique. Dans ce Tour, la première étape de montagne était celle de L'Alpe d'Huez, avec son col mythique, connu comme l'un des plus cruels.

C'était une étape de deux cent neuf kilomètres, avec plus de deux mille mètres de dénivelé, qui nous faisait franchir trois sommets classés hors catégorie en matière de difficulté. Les deux premiers cols précédaient la montée de L'Alpe-d'Huez avec ses vingt kilomètres de montagnes russes.

Je voulais L'Alpe-d'Huez. C'était l'un des plus célèbres cols du Tour de France, et le plus respecté de son histoire. La montée n'est pas très longue, mais elle est très raide. Les montagnes russes ont été numérotées et chacune porte le nom d'un précédent vainqueur. C'est un hymne à la gloire du cyclisme.

Mais en tant qu'équipe, on n'était pas en très grande forme. On avait vécu durement la première semaine entre les averses et un vent de travers qui soufflait en permanence. Christian, le bras fracturé lors de sa chute, n'était plus dans la course. Roberto souffrait d'une tendinite au genou et portait un volumineux bandage. Quant à Tyler Hamilton, il avait aussi une tendinite au poignet et au bras gauche, après une chute dans l'étape d'Anvers. Ceux d'entre nous qui ne souffraient pas de blessures étaient fatigués et perclus. Le vent vous interdit toute détente sur votre vélo, et on commençait à payer les efforts des premiers jours. Les effets du Tour se cumulaient ; on en avait chaque jour un peu moins dans les jambes.

En voyant le nombre de coureurs blessés ou en petite forme dans notre équipe, on se demandait comment on allait franchir ces cols. Je me sentais bien

– mais je ne pouvais pas rouler tout seul en tête et espérer qu'il me reste assez de jambes pour L'Alpe-d'Huez.

Pendant ce temps, Deutsche Telekom, l'équipe d'Ullrich, semblait en excellente forme – et mon vieil ami Kevin Livingstone se préparait à emmener Ullrich à l'assaut des cols.

De bonne heure, ce matin-là, Ullrich et son équipe se sont chargés du gros de la tâche en roulant en tête du peloton. On est restés derrière en modérant notre allure. Il faut savoir, parfois, montrer de la souplesse ; changer son style habituel.

J'ai prévenu Johan par radio que je voulais revenir à la voiture. Johan a accéléré, et je me suis approché. On a discuté, lui à sa portière, moi sur mon vélo. « Ce serait peut-être une bonne chose de montrer un peu de fatigue, a dit Johan. S'ils te croient en baisse de forme, ils vont forcer le train. On se détendra jusqu'au pied de L'Alpe-d'Huez. Puis on foncera. »

Je devais donc me faire comédien autant que cycliste pour la plus grande partie de la journée. Mais si ça marchait, avons-nous estimé, on aurait de meilleures chances de gagner l'étape. Il me fallait, simplement, simuler la fatigue. C'était du bluff.

Quand on a attaqué la première montée, vers le col de la Madeleine, je me suis affalé sur mon guidon en grimaçant. La première étape de montagne est toujours un choc pour l'organisme et les coureurs qui ne sont pas en bonne condition physique risquent de craquer très vite. A mi-côte, trois coureurs ont abandonné – ils se sont arrêtés. J'ai fait comme si j'étais sur le point de les imiter. Je traînais en queue de peloton, dans la posture du chien malade, la tête pendante, comme si j'avais eu envie d'être n'importe où sauf sur un vélo. Les autres coureurs commençaient à se demander si je n'étais pas malade pour de bon, de même que les journalistes de la télévision qui couvraient la course. Mes coéquipiers eux-mêmes étaient un peu inquiets.

Chaque équipe est suivie d'une voiture équipée de la télévision, dans laquelle les directeurs de course observent attentivement l'action et écoutent les commentaires des autres équipes. Il est éminemment instructif, ensuite, de repasser le film et d'écouter les journalistes. Mon ami Paul Sherven suivait le Tour pour la télévision américaine. « Armstrong semble avoir des problèmes », a-t-il annoncé.

Je restais en queue de peloton. Là où sont les traînards, ceux qui peinent à suivre le train. « On n'a pas vu une seule fois Lance Armstrong s'approcher du groupe de tête, disait Sherwen. Il peine. »

Ullrich et ses coéquipiers ont mordu à l'hameçon. Ils ont pris la tête du peloton et, tout excités, ont forcé l'allure. On les avait visiblement prévenus que je souffrais, ils avaient bien reçu le message et réagissaient exactement comme Johan l'avait prévu. Ils ont fait tout le travail en tête, tandis qu'on restait à l'arrière.

Deutsche Telekom a emmené le peloton plusieurs heures durant. Les coureurs ont forcé sur leurs pédales pour atteindre les cols, puis redescendre, pendant des kilomètres et des kilomètres. Je suivais, en mimant la fatigue. Je vidais un bidon d'eau, laissais retomber ma tête, et ma poitrine se soulevait dans mes efforts désespérés pour faire tourner les roues du vélo.

Mon coéquipier José Luis « Chechu » Rubiera retournait sans cesse à la voiture pour réclamer d'autres bidons, comme si j'en avais eu besoin. Johan lui en passait plusieurs par la portière. « Armstrong a un problème, c'est clair, annonçait Sherwen... Armstrong boit des quantités de liquide aujourd'hui. »

Johan a demandé à Chechu comment j'étais en réalité. « Il glisse, a répondu Chechu. Comme sur du velours ! »

Un journaliste de la télévision s'est approché sur sa moto pour interroger Johan. Johan savait que les autres équipes écoutaient.

– Je ne sais pas ce qui se passe, a-t-il dit. Ce n'est pas normal chez Lance, je ne l'ai jamais vu comme ça, et le reste de l'équipe ne va pas fort non plus. Alors pour le moment, on essaie simplement de tenir.

Deutsche Telekom, en tête, pédalait de plus en plus dur. Les jambes commençaient à souffrir. On attaquait des pentes verdoyantes et de plus en plus raides. La route se faisait plus étroite, les sommets escarpés venaient à notre rencontre et, au détour d'une côte, on apercevait les glaciers dans le lointain.

Les journalistes continuaient à faire d'utiles commentaires sur ma forme déclinante. « Armstrong est loin derrière, il n'a pas l'air d'aller bien, il ne devrait pas être distancé à ce point, il est visiblement dans un très mauvais jour. »

On roulait. Je grimaçais. « Armstrong se mouche. »

On a franchi un nouveau sommet au col du Glandon, et on s'est lancés dans la plus magnifique descente du Tour, le long d'un lac de retenue au fond d'une vallée verte et sinueuse, avec une dentelle de pics glacés à l'horizon.

– Tu ne crois pas qu'on devrait aller en tête ? m'a demandé Chechu.

– Attends, ai-je répondu. *Miremos, esperemos, decidamos, atacemos.*

Observons, attendons, décidons, attaquons.

Je me suis glissé jusqu'à la douzième place au col du Glandon. On a contourné un lac, longé une haute falaise de granite. Les changements de température commençaient à nous incommoder ; il faisait chaud dans les vallées et froid sur les hauteurs, et cette différence provoquait une ankylose des muscles.

L'étape était menée jusque-là par un Français, Laurent Roux, immédiatement suivi par Jan Ullrich. J'avais plus de sept minutes de retard sur eux.

– Juste un petit peu ? a demandé Chechu. Si on remontait juste un petit peu ?

– Chechu, ai-je répondu. *Miremos, esperemos, decidamos, atacemos.*

Johan conduisait la voiture de l'équipe, et on s'est concertés. Il tendait la tête par la portière et je roulais tout près pour lui parler à l'oreille. Comme, au fil des années, j'avais appris de lui un peu de flamand, on s'exprimait dans un mélange d'anglais et de flamand.

– Bien, ça se présente bien, a-t-il dit. Tout est parfait. Une fois au pied de L'Alpe-d'Huez, tu n'auras qu'à démarrer. Et quand tu auras démarré, vas-y *vollebak.*

*Vollebak* signifiait à pleins gaz. A fond.

– *Volleback,* a-t-il répété. Tu piges ?

– Tu vas avoir un *volleback* comme tu n'en as jamais vu, ai-je promis.

J'ai rejoint Chechu. On approchait de L'Alpe-d'Huez. Ullrich était toujours en tête du peloton.

– On y va ? a dit Chechu.

On a accéléré. Il m'a semblé que les foules qui se tenaient au bord de la route s'écartaient devant nous.

On a franchi un pont, dépassé une chute blanche d'écume. On a suivi une longue courbe vers la gauche et on est arrivés au pied de la montagne. La route, à cet endroit, prenait une pente raide.

Ullrich était juste devant moi.

Je me suis mis dans sa roue.

– Armstrong a peut-être tenté un incroyable coup de poker aujourd'hui en restant à l'arrière pour laisser les autres faire le travail, a dit Sherwen.

Je me suis collé à la roue d'Ullrich, suivi par Chechu.

Jusque-là, Ullrich me croyait fichu. Il avait entendu dire toute la journée que je souffrais et n'étais plus dans la course. Et maintenant, j'étais là.

Je l'ai dépassé.

Je me suis délibérément retourné pour regarder par-dessus mon épaule. J'ai longuement fixé les lunettes de soleil d'Ullrich.

Il est important de regarder le visage d'un rival : il faut voir comment est sa bouche, s'il transpire, s'il plisse les paupières derrière ses verres de lunettes. Un regard suffit à vous apprendre s'il est fatigué, ou frais, et ce qu'il lui reste de réserves. Ullrich souffrait visiblement, l'oreillette pendante, le maillot largement ouvert.

J'ai continué à regarder par-dessus mon épaule, et des spectateurs ont dit par la suite que je voulais qu'Ullrich voie bien mon visage, lui aussi, comme pour lui dire : « Je me suis joué de toi depuis ce matin, et c'est maintenant que la course commence. Rattrape-moi si tu le peux ! » En réalité, je voulais savoir aussi dans quelle forme étaient les autres coureurs. Ce n'était pas seulement Ullrich que je regardais en me retournant.

Puis j'ai fixé la route devant moi et, debout sur mes pédales, je me suis échappé.

C'était parti. En quelques secondes, j'étais hors de vue. C'était une attaque-surprise, absolument spontanée, et elle a marché. Il m'a suffi de cette accélération pour m'échapper, et Ullrich a été incapable de réagir.

Johan en bafouillait à mon oreille, au comble de l'excitation. « Il est lâché, il est lâché ! »

J'ai accru mon avance avec régularité, sans forcer sur les jambes. En grimpant vers le col, j'ai rattrapé le seul coureur qui restait entre moi et la ligne d'arrivée : Laurent Roux avait attaqué la montée avec sept minutes d'avance. Je l'ai dépassé.

Je ne quittais pas des yeux la route qui filait devant moi jusqu'au prochain tournant en épingle à cheveux. A mi-côte, à peu près, j'ai cru apercevoir Chris Carmichael debout à flanc de versant avec un sourire béat. J'ai remarqué ses chaussures Oakley bleu électrique.

J'ai franchi la ligne d'arrivée. J'ai serré les dents et secoué les poings, si fort que j'ai failli tomber de vélo. J'avais roulé 6 heures et 23 minutes.

J'ai freiné et j'ai laissé tomber le vélo, à bout de forces. On venait de remporter l'une des plus célèbres étapes du Tour, un jour où personne n'attendait ça de moi, en jouant la tactique plus que l'attaque. C'était aussi satisfaisant qu'une victoire d'étape, peut-être. Nous ne pourrions plus jamais user de la même ruse – mais cette fois elle nous avait réussi.

Carmichael est venu me voir, ensuite, dans ma chambre d'hôtel. « Tu avais ces godasses abominables, n'est-ce pas ? ai-je demandé. Vraiment, Carmichael, comment peux-tu porter des trucs pareils ? »

Ce maillot jaune, je le voulais. Je voulais l'enfiler et le montrer à mon fils, pour qu'il puisse dire : « Yo-yo, Daddy ! » Mais j'avais encore du retard à rattraper.

Luke et Kik sont arrivés le lendemain, juste à temps pour me voir remporter un romantique contre-la-montre en montagne, de Grenoble à la station de sports d'hiver de Chamrousse. Cette victoire m'a amené à la troisième place du classement général, à la poursuite de Simon. Mais il s'est passé ce jour-là quelque chose de bien plus important.

Kik m'attendait sur la ligne d'arrivée. On a rejoint notre hôtel pour rester quelques minutes au calme dans ma chambre avant le dîner et elle a sorti une enveloppe. C'était le compte rendu d'échographie qui devait nous dire si elle portait des garçons ou des filles.

En décidant, à l'automne, de tenter une fécondation in vitro nous savions que Kik devrait suivre toute seule une bonne partie du processus, en raison de mon programme d'entraînement. Auparavant, on avait soigneusement planifié ces tentatives pour que je sois libre de l'accompagner à ses rendez-vous, mais cette fois nous n'avions pas le choix ; si nous voulions un autre bébé, il fallait que Kik s'en occupe en mon absence. Elle avait appris sans moi que nous attendions des jumeaux. Nous ne voulions plus qu'elle découvre quoi que ce soit toute seule, et nous ne voulions plus de ces coups de téléphone par-dessus les océans.

Elle avait demandé au médecin d'inscrire le résultat

de l'examen sur un papier et de l'enfermer dans une enveloppe. Elle avait rapporté l'enveloppe à la maison, où celle-ci avait attendu plusieurs jours sur un bureau, puis l'avait glissée dans son sac à dos.

Un temps superbe régnait sur les Alpes quand on est montés dans ma chambre, au-dessus du village. On a aperçu sur le trottoir, en bas, ses parents qui se détendaient devant un verre en compagnie de Bill Stapleton et Bart Knaggs, tandis que Luke gambadait dans l'herbe.

Kik a tiré l'enveloppe de son sac à dos. Elle était si nerveuse, a-t-elle dit, qu'elle avait les mains moites.

– Donne-moi ça.

Je lui ai pris l'enveloppe des mains et suis allé à l'autre bout de la chambre pour la déchirer. J'ai regardé le papier, puis j'ai renversé la tête en arrière en riant aux éclats.

– Laisse-moi voir, laisse-moi voir ! s'est écriée Kik.

Je l'ai taquinée un peu, en brandissant la feuille au-dessus de ma tête, puis je la lui ai donnée. Kik y a jeté un coup d'œil et a vu tout de suite le chiffre 2 et la lettre « g » (pour *girls*). Elle a cru d'abord que c'était l'initiale du mot français « garçons », puis elle a relu la phrase en entier : « Deux filles, félicitations. » Elle a poussé des cris de joie.

C'était, allez savoir pourquoi, la dernière chose à laquelle nous nous attendions. J'avais tout de suite adoré la perspective d'avoir des jumeaux ; j'étais fasciné par l'idée de ces deux êtres à la fois uniques et similaires. On avait pensé à deux garçons, à un garçon et une fille, mais l'idée d'avoir deux filles ne nous était pas venue. Maintenant que c'était une réalité, on était aux anges. Bart Knaggs et sa femme, Barbara, avaient des jumelles, deux petites créatures drôles et épanouies, et Bart leur avait appris à dire : « Je suis un génie ! » J'aurais donc les miennes, et j'y voyais une superbe combinaison familiale : des jumelles comme contrepoids féminin à Luke.

J'ai serré Kik dans mes bras et j'ai passé la tête dans le couloir pour annoncer la nouvelle à mes coéquipiers. Puis j'ai ouvert la fenêtre en grand, et, penché au-dessus de cette magnifique prairie, j'ai recommencé.

– Eh, Ethel ! ai-je crié à la mère de Kik.

– Oui ? a-t-elle répondu, en levant la tête.

– Ce sont des jumelles !

L'agitation s'est emparée de la terrasse. Tout le monde criait et lançait des acclamations. Ethel pleurait, Kik pleurait, et on agitait notre mouchoir en papier à la fenêtre. Nous sommes descendus un peu plus tard, on a tous dîné ensemble et porté des toasts à nos filles.

Pendant les deux jours suivants, on s'est enfoncés dans les Pyrénées. Le paysage y était tout différent : alors que les Alpes étaient couvertes de cités industrielles et de stations de sports d'hiver hérissées de tours hautes comme des gratte-ciel, les Pyrénées étaient plus sauvages, moins hautes mais d'une certaine façon plus impressionnantes, avec de longues vallées verdoyantes et des sommets enneigés. Chemin faisant, la montagne prélevait sa rançon. Un autre coureur, le Français Christophe Moreau, a jeté son vélo loin de lui, de rage, en abandonnant la course à cause d'un problème aux poumons.

Ullrich et moi restions collés comme des ombres, roulant parfois côte à côte. Il broyait les kilomètres sur ses grands braquets tandis que je faisais le bouchon, dressé sur mes pédales, avec de plus petits développements. La différence de style, entre nous, était visible : il donnait 75 coups de pédale à la minute, et moi 90. Lui grand et fort, un fauve, et moi qui faisais penser, m'a dit quelqu'un, à un chat grimpant à un arbre.

Simon, premier au classement, avait encore 13 minutes d'avance sur nous. Mais Simon n'était pas un grimpeur et dans les Pyrénées nous attendaient de longues étapes de montagne, avec treize grands cols à franchir. On savait que Simon allait craquer d'un jour à l'autre, et on pensait que ce serait pendant l'étape harassante dite du Pla d'Adet : cent quatre-vingt-treize kilomètres à parcourir en une journée avec six cols à franchir.

On est passés à l'endroit où mon vieil ami Fabio Casartelli s'était tué dans une descente en disputant le Tour 1995. Un superbe monument de marbre le rappelait et je m'y étais déjà arrêté à l'occasion d'un entraînement, un jour de brouillard du printemps précédent. Les autres coureurs de l'U.S. Postal étaient repartis, et j'étais resté seul pour me recueillir pendant de longues minutes. J'étais submergé par l'émotion chaque fois que je passais à cet endroit, et je me rappelais les pleurs que j'avais versés ce jour-là dans ma chambre d'hôtel.

Mais pendant la course, je n'avais pas le temps de méditer. Je devais être attentif à trop de choses – Ullrich, Simon, la poursuite du maillot jaune, la succession des montées et des descentes...

On venait de franchir le dernier col quand il s'est passé quelque chose d'effrayant qui nous a rappelé à quel point ce sport pouvait être dangereux. Je roulais derrière Ullrich dans une descente périlleuse, à environ quatre-vingts kilomètres-heure. Il y avait de nombreux virages, mais on fonçait, malgré le gravier qui menaçait à chaque instant de nous faire déraper.

Ullrich s'est retourné pour voir ses coéquipiers, et a attrapé son micro. Il l'a pris d'une main et s'est mis à parler. Puis il a baissé la tête pour rapprocher ses lèvres du micro ; on entendait mal à cause du vent de la course.

Il y avait un virage devant lui.

Il ne l'a pas vu.

J'ai pensé : « Aïe ! » J'étais déjà arc-bouté sur mes freins. « Il devrait freiner, pourquoi ne freine-t-il pas ? »

Ullrich a relevé la tête, mais trop tard. Il est parti sur le bas-côté, et directement par-dessus le remblai. En une seconde, il avait disparu.

C'était affreux à voir – comme s'il était tombé d'une falaise.

Il est fichu, ai-je pensé. J'ai aussitôt ralenti et appelé Johan par radio pour savoir ce qu'il en était.

Comme je ralentissais, d'autres coureurs sont arrivés. Kevin Livingstone s'est arrêté. « On va l'attendre, ai-je dit. On va tous l'attendre. »

Au bout d'un moment, Johan a appelé pour me dire qu'il voyait Ullrich qui grimpait la pente, et qu'il ne semblait pas blessé. Il avait eu de la chance en tombant dans une ravine profonde mais tapissée de végétation, et remontait tant bien que mal en portant son vélo pour reprendre la course.

Je suis reparti lentement, pour attendre Ullrich. Conformément à l'usage de la course. C'est quelque chose que les Américains ne comprennent pas forcément, mais qui fait intrinsèquement partie du sport et un autre coureur en aurait fait autant pour un adversaire respecté.

Ullrich méritait le respect de tout le peloton. Il n'avait jamais craqué ; il se laissait distancer, mais luttait pour revenir en tête, et je ne parvenais jamais à le lâcher pour de bon. Il était toujours là, épaule contre épaule avec moi, refusant de laisser à d'autres la victoire. Il faut toujours honorer son adversaire le plus farouche : meilleur il est, meilleur on doit être soi-même.

Il m'a rejoint et j'ai demandé : « Ça va ? » Il a hoché la tête. « Ça va. » On a repris l'ascension en accélérant. Puis on a accordé nos allures et on a roulé comme ça, côte à côte, jusqu'aux derniers cinq kilomètres.

La dernière côte, jusqu'au Pla d'Adet, était de celles que je connaissais le mieux : j'y étais revenu à trois reprises au cours du printemps, pour étudier les parties les plus difficiles. C'était une montée qui permettait de prendre un peu d'avance, et j'étais fin prêt. J'avais beau admirer Ullrich, et me réjouir de le savoir indemne, il fallait maintenant que je me débarrasse de lui. Je voulais ce maillot jaune, une victoire d'étape me le donnerait. J'ai pensé : « Yo-yo, Daddy ! »

En attaquant la dernière côte, je me suis dressé sur mon vélo et j'ai foncé. Ullrich n'a pas réellement tenté de suivre. J'ai eu l'impression de le laisser à cent mètres derrière moi en quelques secondes. Il roulait tête baissée.

Je suis resté seul, et il m'a fallu encore un kilomètre pour dépasser le dernier coureur qui me précédait : Laurent Jalabert. Jalabert qui devait dire ensuite : « A le voir, ça semblait si facile que c'en était beau. »

Mais Jalabert se trompait, ce n'était pas si facile. Ça faisait mal, en profondeur, à la jonction des muscles et des os. Je me contrôlais, tout simplement, en faisant celui qui n'avait pas mal. Je comprenais ce qu'il y avait de déprimant à peiner toute une journée sur son vélo pour se voir finalement doublé par un coureur qui n'avait pas l'air de souffrir. Il y a là une forme de défaite à la fois mentale et physique ignorée de tous sauf des coureurs.

Bien sûr que ça faisait mal. On aurait pu le voir, en y regardant de plus près, à mes yeux injectés de sang. A vrai dire, on ne roule jamais sans efforts dans le Tour. Simplement, je ne souffrais pas autant que je l'aurais pu, parce que je touchais maintenant les dividendes des efforts que j'avais fournis en m'entraînant le reste de l'année. J'étais bien préparé, je connaissais les passages les plus difficiles de cette étape de montagne, et j'avais appris à doser mes efforts pour éviter les crises.

J'ai franchi seul la ligne d'arrivée et, complètement vidé, me suis laissé tomber de mon vélo. J'étais le nouveau leader du Tour de France. On avait suivi les recommandations de Johan en ne laissant passer aucune occasion d'attaquer, ce qui nous avait permis de remporter trois des quatre dernières étapes et d'engranger trente-cinq minutes d'avance. En deux jours, on avait gagné vingt-deux minutes. J'avais battu le record du plus grand retard jamais rattrapé par un coureur du Tour.

Johan est arrivé avec le car de l'équipe. Il exultait. Il avait ce jour-là comme passager Phil Knight, l'un des co-fondateurs de Nike. Knight avait assisté à tous les grands événements sportifs de la planète et vécu bien des moments d'une grande intensité, mais il n'avait jamais suivi une étape du Tour de France. En sortant de la voiture, il semblait abasourdi par tout ce qui l'entourait : l'arc-en-ciel du peloton défilant à toute vitesse, les chutes et les résurrections, les ascensions forcenées sous un soleil impitoyable. A voir la tête qu'il faisait, j'ai compris que nous venions de révéler à lui-même un nouveau fanatique du cyclisme. « Je n'avais jamais vécu, dans aucun sport, une journée comme celle-ci ! » s'est-il écrié.

J'ai enfilé le maillot jaune, enfin. J'éprouvais un grand soulagement à le porter, après les efforts qu'il m'avait coûtés.

Ullrich et moi avons poursuivi notre duel à travers les Pyrénées, le menton ruisselant de transpiration dans une chaleur torride. A la dernière étape, après avoir franchi le col du Tourmalet à deux mille cent quinze mètres d'altitude, Ullrich m'a doublé sur la ligne d'arrivée pour remporter l'étape. Au passage, il a tendu la main derrière lui, vers moi. Je l'ai saisie.

Je ne savais pas très bien ce qu'il voulait dire par ce geste, mais j'y ai vu de la camaraderie. On s'était donné bien du mal ensemble. C'était peut-être, aussi, une façon de me féliciter, puisqu'il a finalement renoncé à me battre. J'avais cinq minutes d'avance au général, ce qui semblait désormais m'assurer la victoire – il me suffisait de tenir bon jusqu'à Paris. « C'est terminé pour moi, devait-il déclarer. Je n'avais aucune chance contre Lance, cette année. Je ne pense pas avoir commis la moindre erreur. J'ai laissé tous les autres derrière moi. »

La victoire était acquise, mais il me restait une dernière chose à faire avant de monter sur le podium du vainqueur : en finir avec les soupçons de dopage. Cette affaire me minait depuis des mois, et les rumeurs n'avaient pas cessé pendant la course. *L'Equipe* avait publié sous le titre : DOIT-ON CROIRE ARMSTRONG ? un article dans lequel on lisait : « Il y a trop de rumeurs, trop de soupçons. Il inspire à la fois l'admiration et le rejet. » Pendant toute la durée de la course, des spectateurs français m'avaient hué.

La tradition voulait que le maillot jaune donne une conférence de presse avant l'arrivée à Paris, et j'attendais ce moment avec impatience. Je voulais faire face aux sceptiques et aux accusateurs, les regarder dans les yeux. Je voulais répondre à toutes les questions qu'on me poserait, je voulais proclamer mon innocence.

Trois cents journalistes sont venus et, pendant une bonne heure, j'ai répondu à tout.

– Je respecte le règlement, ai-je dit.

J'ai fait observer que je n'avais pas subi moins de trente contrôles dans les précédents Tours, et qu'aucun ne s'était révélé positif. « La preuve est là, ai-je dit à un journaliste. Vous ne voulez pas y croire, c'est tout. »

J'ai ajouté que je ne risquerais jamais ma santé en prenant un produit comme l'EPO ou l'hormone de croissance humaine après ce que j'avais vécu.

– Je me suis donné à fond, ai-je encore dit.

Mes performances étaient le résultat d'un travail acharné, je m'étais entraîné quand personne ne roulait à vélo, hors saison et par tous les temps. J'avais parcouru les Alpes sous la neige. « Et je n'y ai pas rencontré le moindre coureur. »

L'innocent, ai-je dit, ne pouvait pas prouver son innocence. Comment prouver ce qui n'a pas été ?

Un autre journaliste m'a interrogé au sujet d'un médecin italien du nom de Michele Ferrari, qui faisait l'objet d'une enquête pour dopage. Il s'était livré en 1994 à une déclaration aussi fausse que malencontreuse en disant que l'EPO « n'était pas plus nocive que le jus d'oranges ». Dans l'un des dossiers saisis à son domicile on avait trouvé mon nom. Il n'en fallait pas plus, aux yeux de certains, pour prouver que je pratiquais le dopage.

Je connaissais bien Michele Ferrari ; c'était un ami et j'allais parfois le voir pour qu'il me conseille sur mon entraînement. Il ne comptait pas parmi mes principaux conseillers, mais c'était quelqu'un de très écouté dans le milieu du cyclisme et il m'arrivait de le consulter. Il m'avait aidé à mettre au point mon entraînement en altitude et conseillé pour mon régime alimentaire. (Ferrari, quoi qu'on pense de lui, était un excellent analyste. Peu de gens comprenaient comme lui les rapports entre technique et physiologie, et il pouvait discuter de tout, des chaînes de vélo ou de notre dépense d'énergie en watts, avec la même autorité. J'appréciais l'ampleur et la précision de ses connaissances.)

Je me refusais à accuser Michele et à m'excuser de le connaître, autant que je sache il n'y avait aucune preuve contre lui. Tout venait de ce qu'il avait eu pour patient, plusieurs années auparavant, un coureur du nom de Felippe Simeoni qui avait été par la suite convaincu de dopage. « Il est innocent tant qu'un tribunal ne l'aura pas condamné », ai-je dit. Un journaliste m'a demandé comment je pouvais concilier mes prises de position antidopage et le maintien de cette relation avec Ferrari. « C'est mon choix, ai-je répondu. Je le considère comme un honnête homme, un homme juste et un innocent. Qu'on fasse un procès. Etant donné ce que j'ai vu de mes propres yeux, et mon expérience, pourquoi condamnerais-je un homme alors que je ne l'ai jamais rien vu faire de mal ? »

Je savais, ai-je ajouté, que la légitimité du sport cycliste tout entier était en jeu et que j'en étais devenu le porte-drapeau. « On passe le cyclisme au microscope, j'ai la réponse qu'il faut et ça me va tout à fait », ai-je dit. Mais je trouvais bien triste que le Tour, cet événement, soit désormais entaché par le soupçon.

– C'est une course ; il ne faudrait pas que ça devienne un procès, ai-je poursuivi.

Je me suis levé. Il ne me restait qu'à conclure :

– Je repars en homme honnête, en homme heureux et, je l'espère, en vainqueur.

J'ai quitté la pièce. « Ça m'a fait du bien », ai-je dit à Bill en sortant.

Le reste du trajet jusqu'à Paris, avec ou sans vélo, ne présentait pas de difficultés. On s'est contentés de rouler en admirant le paysage avec ses champs de tournesols à perte de vue.

Quand j'ai franchi la ligne d'arrivée sur les Champs-Elysées, nous avions parcouru trois mille quatre cent cinquante-sept kilomètres en 86 heures, 17 minutes et 28 secondes très précisément. J'étais profondément satisfait de ma performance, car j'avais remporté ce Tour autant par la tactique que par la force, et l'U.S. Postal était devenue une équipe plus complète et plus mature. On avait cette fois évité les vraies crises, les quasi-effondrements sur le vélo et l'excès de souffrance dans de terribles étapes de montagne.

Rudy Pevenage, le patron de l'équipe d'Ullrich, nous a fait un curieux compliment. « On attendait qu'Armstrong soit mal, a-t-il déclaré. Mais il n'est mal qu'à Paris, quand il se réveille avec la gueule de bois. »

Il y a quelque chose de très simple dans le processus de l'entraînement et de la course : j'ai travaillé dur et j'ai gagné. Une course est une entreprise des plus simples, avec une ligne de départ et une ligne d'arrivée, et un dénouement en fonction du savoir-faire. Ou bien on a gagné ou bien on a perdu, et cette réponse concrète a quelque chose de rassurant. Qu'en dire d'autre ?

Rien – en particulier après le 11 septembre.

J'avais pris un avion pour rentrer aux Etats-Unis et je m'étais arrêté deux jours à New York. Un après-midi, j'ai disparu et personne n'a pu me joindre. Puis je suis rentré à l'hôtel.

J'étais allé faire du vélo à Central Park.

J'adorais New York ; c'était une grande ville scintillante, et elle avait été bonne pour moi. J'avais fini par bien la connaître car je devais y passer à chacun de mes départs pour l'Europe. Circuler à pied ou à vélo à travers la ville ressemblait à une course d'obstacles, et satisfaisait mon besoin d'action. Quand on avait appris à aimer New York on l'aimait de plus en plus, et d'un amour plus compliqué.

On dit que le 11 septembre est arrivé à tout le monde, et c'est vrai. Mais il est arrivé aux habitants de New York, d'abord et avant tout, et pour le pire.

Ce matin-là, j'étais comme de nombreux pères en train de regarder *Sesame Street* à la télé avec mon petit garçon. Le téléphone a sonné, j'ai décroché et Bill Stapleton a dit : « Tu ferais bien de regarder les infos. » J'ai pris une station d'information diffusée par le câble, et je n'en ai pas cru mes yeux. Je suis resté figé, désemparé face à l'horreur des gratte-ciel fracassés.

Peu après le 11 septembre, la Croix-Rouge m'a appelé pour me demander si je voulais venir à New York afin de remercier les pompiers et les sauveteurs, et aussi de les soutenir moralement. J'ai tout de suite accepté – je ne savais pas si une telle visite de ma part serait de beaucoup d'effet, mais je n'en pouvais plus de regarder tout ça de chez moi au Texas, et c'était au moins une occasion de faire quelque chose. J'ai dit que je ne voulais pas être annoncé et ne posais qu'une condition : pas de journalistes.

J'ai demandé à Bart Knaggs de m'accompagner, et on a pris un avion pour New York le 20 septembre au soir. Comme les principaux aéroports étaient toujours fermés, on a atterri à l'aéroport privé de White Plains. Je me souviens qu'au moment où on survolait la ville la radio jouait « Back in Black » d'AC-DC dans la cabine, et ça m'a paru sombre à souhait. Dave Mingy, un ami de chez Nike, nous attendait à White Plains ainsi que des représentants de la Croix-Rouge ; ils avaient organisé ma visite ensemble.

On s'est rendus directement à un quai de l'Hudson qu'on avait aménagé en poste de commandement. Il y régnait une agitation qui faisait penser au hall d'une salle de congrès ; des centaines de personnes, des pompiers aux gardes-côtes en passant par les ouvriers métallurgistes et les agents du FBI, s'activaient dans une sorte de désordre organisé pour conduire les opérations de secours et de déblaiement. J'ai rencontré plusieurs membres de la Croix-Rouge, et j'ai regardé un mur de photographies. Mais les photos des disparus étaient partout. Amis, parents, époux, fils, cousins... *S'il te plaît, appelle.* Je n'avais jamais rien vu de tel. Il y avait un petit tract avec la photo de quatre gamins et, griffonné au crayon *Papa, s'il te plaît, reviens, tu nous manques.* Je ne m'attendais pas à voir une chose pareille, et j'espère ne jamais la revoir.

Mais le plus frappant, pour moi, a été le mélange d'espoir et de foi qui animait tous ces gens. Dans un univers de décombres, ils continuaient à espérer qu'un mari, une femme, ou une fille allaient reparaître d'un instant à l'autre. Face à l'épouvantable question : *s'ils ne sont pas rentrés chez eux et s'ils ne sont pas dans un hôpital, alors où sont-ils ?* on choisissait de nier le pire pour espérer le meilleur.

Le lendemain était un samedi et, guidés par un représentant de la Croix-Rouge, nous avons entrepris de très bonne heure une tournée des casernes de pompiers. On a commencé par l'East Side, à Manhattan, et en y arrivant, je me suis senti idiot. Je n'avais pas prévenu et les pompiers n'avaient pas forcément besoin de ce genre de visite ; ils voyaient peut-être assez de monde. Devant la caserne se pressait en permanence une foule de volontaires apportant de la nourriture et des cadeaux, qui repartaient en laissant derrière eux des cierges allumés et des affichettes portant la photo des disparus. Je craignais qu'on ne m'accueille par un : « Que faites-vous ici ? Sortez ! »

Je suis entré dans la caserne de Bowery Station 33,

qui venait de perdre treize de ses hommes. Certains m'ont reconnu et salué d'un « *Fucking Lance Armstrong !* » comme si j'étais un vrai New-Yorkais, puis ils m'ont serré dans leurs bras, et je me suis mis à pleurer. D'autres pompiers se sont rassemblés autour de nous, et on a échangé des poignées de main. « Personne ne nous a prévenus que vous alliez venir », disaient-ils. L'un d'entre eux s'est retourné pour appeler un homme assis dans la cuisine. L'homme est sorti, m'a serré la main, et j'ai compris qu'il était terriblement affecté, peut-être par la perte de ses camarades, ou par ce qu'il avait vécu, ou les deux. On a discuté un moment de ce qui s'était passé, de tout ce qu'ils avaient vu, de la puanteur et de la chaleur dans les décombres où gisaient partout des fragments de corps humains.

L'homme était un authentique fana de cyclisme et l'un de ses collègues a lancé : « Vous devriez faire la course ! » Il s'est avéré que chaque caserne possédait un ou deux vélos, d'antiques bécanes utilisées pour faire des achats. Les hommes passaient de longues heures dans la cuisine de la caserne pour préparer les repas et manger ensemble, et quand il manquait quelque chose l'un d'eux prenait la bicyclette, filait au magasin le plus proche, jetait ses achats dans un panier fixé devant le guidon et revenait au plus vite.

On m'a tendu un vélo équipé de gros pneus. Je l'ai enfourché en riant. Le pompier cycliste a enfourché son propre vélo et s'est mis à aller et venir dans la rue, impatient de disputer une course, en criant : « Allons, venez ! » L'un de ses copains m'a dit : « Vous savez, il en bave. Vraiment. On en bave tous, mais lui encore plus que nous. »

Mon ami le pompier s'éloignait à grands coups de pédales. Il semblait sérieux. C'était si simple pour lui, de s'échapper, de sortir de la caserne et de foncer sur ce vélo. On s'est retrouvés dans une rue du centre de New York, au milieu des gens et des voitures, mais il ne s'appartenait plus. Il écrasait les pédales, et je le poursuivais. On a fait le tour du pâté de maisons pour revenir devant la caserne, et il m'a battu haut la main. Les autres pompiers l'ont acclamé en lui donnant de vigoureuses claques dans le dos, et il s'est fendu d'un grand sourire. Je me suis attardé une demi-heure, puis j'ai serré les mains avant de repartir pour une autre caserne.

Toutes les casernes qu'on a visitées étaient les mêmes, et j'ai dit à Bart : « Je pourrais faire ça pendant des jours entiers. » Il y avait de vastes cuisines avec de longues tables autour desquelles se rassemblaient les pompiers et les familles éplorées, comme à l'armée. On n'avait pas touché au tableau sur lequel se lisaient encore, écrites à la craie, la date : 11 septembre, et la liste des hommes de service ce matin-là. Je ne sais pas si on les aura effacées depuis. A l'extérieur, les casernes étaient décorées de bougies, d'affiches et de fleurs, et il y avait toujours une foule de gens venus pour remercier les pompiers, ou simplement regarder, silencieux et pleins de respect, comme dans un musée.

Certains pensent que l'héroïsme est un réflexe, comme l'instinct de conservation. D'autres y voient un désir de compter, d'être utile. Et il y a « l'héroïsme tranquille de celui qui se rend chaque jour à son travail et fait vivre sa famille », comme le disait Rudolph Giuliani, le maire de New York, en parlant de ceux qui étaient morts dans les Twin Towers. En achevant cette tournée je pensais qu'on était devant une combinaison des trois, et que, quelle que soit la définition de l'héroïsme, on pouvait l'appliquer à ces hommes.

Plus tard, dans l'après-midi, on m'a invité à rencontrer Giuliani. On m'a fait entrer dans un poste de commandement. Il s'est levé pour me donner l'accolade. Il y avait sur son bureau une biographie d'Abraham Lincoln. Giuliani était épuisé, et profondément affecté, mais parfaitement maître de la situation – c'était sans conteste l'homme qu'il fallait pour faire ce qu'il fallait en de telles circonstances. Se tournant vers un autre personnage présent dans la pièce, le maire m'a présenté : Bill Clinton. Ils m'ont proposé de les accompagner dans un survol de Ground Zero par hélicoptère.

On aurait dit que tout le bas de Manhattan avait été transformé en un dépotoir jonché de ferraille déchiquetée, et des décombres avaient même été projetés sur les toits des autres immeubles. Il n'existait pas d'appareil photographique pour montrer dans une perspective à trois cent soixante degrés l'immensité des dégâts. Le fer et le verre brisé étincelaient au soleil et, au cœur de Ground Zero on voyait l'enfer, un amoncellement monstrueux, surréaliste, de débris hérissés de poutrelles fondues, tordues par la chaleur. D'énormes plaies s'ouvraient dans certains immeubles voisins, comme si un géant y avait enfoncé le doigt. Une poutrelle d'acier qui devait bien mesurer quinze mètres sortait d'une fenêtre, comme une lance qu'on y aurait fichée.

Je me suis rendu ensuite sur une aire de repos où les sauveteurs – venus de tout le pays, parfois d'aussi loin que le Texas, l'Ohio ou la Californie – dormaient par roulement dans un vaste entrepôt, sur des lits de camp. J'ai discuté avec eux, et ils m'ont parlé de ce qu'ils avaient vécu. Certains avaient traversé les Etats-Unis en voiture pour apporter leur contribution à cette tâche épouvantable. Ils étaient épuisés et anéantis, mais travaillaient sans répit du matin au soir. Et, surtout, ils étaient furieux. Le *New York Post* avait publié sur une double page la photo de Ben Laden avec pour titre WANTED DEAD OR ALIVE, et elle était placardée partout à l'intérieur du bâtiment. Je me suis rendu compte à ce moment que nous étions en guerre.

C'était une entreprise qui demandait un travail harassant, et l'idée que je me faisais du véritable travail en a été changée. Tout avait été réduit en miettes, et les seuls à savoir comment s'y prendre étaient ceux qui savaient manier un marteau-piqueur ou conduire un chariot élévateur : les soudeurs, les manutentionnaires et les charpentiers, dont les métiers sont aujourd'hui méconnus du plus grand nombre. La tâche, en outre, était risquée. Chaque fois qu'ils déplaçaient une pièce de ferraille tordue, quelque chose tombait ou prenait feu. Des éclats de verre pleuvaient sur eux, et le tas de décombres incandescents brûlait les semelles de leurs bottes, mais ils continuaient à fouiller et à creuser, d'abord dans l'espoir de découvrir des gens encore en vie, puis pour retrouver des corps.

Le vent soulevait les affichettes et les annonces collées sur les vitrines des restaurants, et sur les murs en béton. Frères, sœurs, époux, épouses, cousins, amis... Les New-Yorkais pleuraient dans les taxis, dans le métro, et restaient parfois plantés au milieu d'une rue, en larmes. Les équipes de sauveteurs retiraient chaque jour des décombres une autre pièce de ferraille géante, découvrant le cœur du brasier, et un panache de fumée montait de Ground Zero. Le désastre était dans le cœur de chacun, comme une hémorragie sans fin.

Pour terminer, je suis allé à Union Square assister à une veillée aux chandelles et écouter quelques militants pacifistes. Je respectais leur position, mais j'avais vu trop de ruines. J'avais envie de leur dire : « Mes amis, merde à la paix. » Il me paraissait difficile de se sentir charitable, difficile d'éprouver autre chose qu'un profond, un implacable désir de vengeance très éloigné de l'esprit biblique. On était réduits à l'impuissance, on ne pouvait que s'approcher d'un mur ou d'une palissade pour regarder les photos des personnes disparues, ou aller jusqu'à Ground Zero pour humer la puanteur. J'avais peine à croire à la présence d'un Dieu – la Mort flottait dans l'air, on ne sentait que son odeur et celle du feu.

Mais le bien était à l'œuvre aussi, le bien au sens premier du terme, jour après jour, dans les gestes désintéressés des volontaires acharnés à creuser et à fouiller. Et voici qu'au milieu du béton fracassé et de l'acier tordu, un sauveteur découvrait un jouet d'enfant miraculeusement préservé. Je ne savais que penser de cette sorte de hasard – ni du fait que les hommes qui s'étaient jetés sur ces tours l'avaient fait en récitant des prières.

L'un des aspects les plus intéressants de la mort, c'est la façon dont on la nie. Comme si l'humain avait en lui la capacité d'ignorer sa propre inexistence potentielle. Comment pouvons-nous nier une réalité aussi flagrante ? Je l'ignore. C'est pourtant ce que nous faisons, peut-être parce que nous en avons besoin pour mener jour après jour une vie productive. Sans cela, nous serions tellement épouvantés par la brièveté de chaque seconde que nous cesserions de travailler et partirions tous vivre à Tahiti.

J'avais été dépouillé de cette faculté d'éluder la mort, tout comme les habitants de New York. Discuter avec eux, c'était comme discuter avec des patients chez qui on vient de découvrir un cancer. J'avais les mêmes impressions : un diagnostic redoutable et un regard douloureux sur la réalité. De quoi me rappeler une fois de plus que survivre est un long processus : il faut apprendre à surmonter toutes sortes de choses, et pas seulement sa propre maladie.

Pour ajouter à l'étrangeté de cette période, il y avait l'approche du cinquième anniversaire de mon cancer et la naissance des jumelles, qu'on attendait d'un moment à l'autre. J'avais d'abord envisagé cet anniversaire comme un super-jour de fête. Le jour où les médecins me diraient : « C'est bon, mon vieux. Et au revoir. » Mais ce projet avait sombré face à l'énormité de ce qui s'était passé à New York, et l'arrivée imminente de deux bébés l'avait éclipsé. Une fois encore, tout était remis en perspective : impôts, scandales, racontars, maux de tête, embouteillages... Ce qui était important et ce qui l'était moins.

Quand le moment de l'examen des cinq ans est arrivé, celui-ci s'est avéré plus rapide que je ne l'imaginais – une surprise. Kik est restée chez nous, car elle était maintenant au septième mois de sa grossesse. J'ai donc pris l'avion pour l'Oregon avec Bill Stapleton, afin de profiter de ce déplacement pour tenir une réunion de travail au quartier général de Nike. Le Dr Nichols m'attendait à Portland, ce matin de l'automne 2000, pour mon dernier examen post-cancer.

*Je me tassais sur mon siège dans l'avion d'American Airlines, renfrogné et nauséeux, et je n'allais pas mieux. Les résultats n'étaient pas bons. L'équipage me connaissait désormais. J'étais le chauve, sans cils ni sourcils, la peau jaune et parcheminée. Le type qui ressemblait à la mort – et qui la sentait.*

*Un steward s'est approché dans l'allée centrale.*

*– Comment ça va ?*

*– Vous voulez que je vous dise ? Ça ne va pas très bien. Ça ne va pas bien du tout.*

Même si tout se terminait bien, je n'en avais pas fini avec le cancer. J'étais persuadé plus que jamais qu'il m'accompagnerait toujours, tant qu'il frapperait les autres. Il était là sous les traits des amis malades, de ceux qui étaient morts : dans la perte de mon amie Stacy Pounds, de J.T. Neal, qui avait été le premier de mes amis et mon bienfaiteur à Austin, d'un petit garçon du nom de Billy Rutlege, et d'une petite fille nommée Kelly Davidson, que j'adorais.

Kelly allait à l'école et elle était à peine en troisième année quand on avait diagnostiqué chez elle un neuroblastome. On s'était rencontrés et on avait sympathisé alors qu'on était tous deux en rémission, chauves, avec des têtes à faire peur. On avait l'un comme l'autre besoin de se dépenser physiquement, et l'un comme l'autre la langue bien pendue. Mon état s'est amélioré, pas le sien. La maladie devenait de plus en plus difficile à gérer, mais elle ne se laissait pas abattre.

Je lui avais offert un vélo, des rollers et on partait ensemble. Elle était infatigable. Et la seule à pouvoir me commander. Un jour où je lui demandais : « Tu viens faire du vélo ? » elle m'a répondu : « Oui, et après on ira à la pêche. »

Mais son mal s'est aggravé. Elle a subi une opération au rein et on lui a enlevé une tumeur à l'abdomen.

– Bats-toi, lui disais-je. Il ne t'a pas encore eue, et il ne peut pas t'avoir. Si on me donne un coup de pied, je le rends.

– *C'est quoi, cette histoire, je vais vivre ou je vais mourir ? Il va encore falloir que j'encaisse ça ?*

– *Laisse à ton organisme le temps de réagir, disait le Dr Nichols.*

– *Les vieilles montent mieux à vélo que moi en ce moment !*

– *Sois patiente.*

La petite fille qui menaçait ses médecins et ses infirmières de leur échapper sur ses rollers s'est affaiblie et a eu besoin d'un fauteuil roulant. Puis elle a perdu l'ouïe. On a d'abord compté en semaines, puis en jours. Elle est entrée à l'hôpital, et elle est partie rapidement.

Je l'avais appelée d'Europe peu de temps avant le départ du Tour 2000.

– Y a-t-il quelque chose que je puisse faire pour toi ? avais-je demandé.

– Oui, porte le maillot jaune pour moi, avait-elle répondu.

Kelly est morte au mois d'août 2000. Nous avions essayé, Kik et moi, d'adoucir ses derniers moments, de dire les mots qu'il fallait et d'être présents autant que nous le pouvions, de lui faire comprendre combien nous la trouvions formidable. Mais au-delà, nous nous sentions vides et impuissants.

On se trouvait en Europe, dans l'incapacité de rentrer aux Etats-Unis, mais ma mère est allée aux obsèques de Kelly à notre place, et a lu une lettre de nous. Et nous avons gardé notre douleur bien cadenassée au fond de nous-mêmes.

De retour au Texas, nous avons vu les parents de Kelly, mais je n'ai pas trouvé les mots qu'il aurait fallu dire. Leur force de caractère m'a étonné. Jamie, sa mère, travaillait dans la recherche médicale, et ils avaient créé une fondation qui portait le nom de leur fille. Kik est allée avec Jamie voir la tombe de Kelly. Je n'ai pas pu m'y résoudre. Kik me l'a décrite : dans un coin paisible, à l'ombre d'un bel arbre. Des gens y avaient déposé des fleurs et des babioles pour elle. Luke et Kik avaient eux aussi apporté des fleurs – jaunes, pour qu'elle sache qu'elles venaient de nous.

J'ai été jeté sans l'avoir choisi dans cette communauté du cancer, et, pour on ne sait quelle raison, j'en ai réchappé quand tant d'autres mouraient. Les épreuves qu'on affronte à vélo sont bien peu de choses comparées à ces sortes d'épreuves, quand il arrive malheur à une personne qu'on aime, et qu'il faut se montrer plus fort qu'on ne l'est en réalité. On peut seulement essayer de se rendre plus fort. Mais le chagrin est inévitable, prêt à étendre son ombre sur nous tous, tôt ou tard.

Le jour de mon dernier examen, je me suis levé de bonne heure dans ma chambre d'hôtel et j'ai bu le barium qui allait rendre mon corps plus lisible à la radioscopie et au scanner. Puis je me suis rendu au centre médical pour les tests. Bill et mon excellent ami de chez Nike, Scott MacEachern, m'accompagnaient. Ils buvaient du café et bavardaient pendant que j'enfilais mon peignoir d'hôpital et passais aux rayons X, puis au scanner. Le Dr Nichols était là, pour s'assurer qu'il n'y avait rien d'inquiétant, et Scott et Bill attendaient dehors devant leur café, presque insouciants, sans crainte des mauvaises nouvelles. J'ai ensuite donné du sang pour qu'on y recherche d'éventuels marqueurs du cancer.

Ces examens n'avaient rien de pénible, ce n'était qu'un moment à passer, et ils ne duraient guère plus d'une heure. Mais il n'en fallait pas plus pour me ramener à tout ce que j'avais vécu cinq ans auparavant : les journées à dormir seize ou dix-huit heures d'affilée, et toutes les pilules, et le carnet qu'il fallait tenir à jour pour se rappeler tout ce que je prenais et à quel moment. Tout ce que j'avais fait pour affronter la maladie et m'instruire, avec la volonté de ne pas rester impuissant alors qu'il s'agissait de ma santé.

Le Dr Nichols m'a ausculté une dernière fois, procédant à son examen clinique avec les gestes habituels. C'était fini. On s'est assis.

– Vos risques de voir revenir le problème sont nuls, m'a-t-il dit. Il faut maintenant vous libérer l'esprit de cette maladie qui n'est plus la vôtre.

J'ai échangé une poignée de main avec Craig, et voilà, le grand moment était arrivé. Nous nous sommes congratulés mes amis et moi et je suis sorti de ce cabinet pour la dernière fois. J'ai appelé Kik. « C'est fini. » Elle s'est mise à pousser des cris, je me suis contenté de sourire.

Après mon retour à Austin, on a fait une fête. On a reçu une centaine d'amis et de parents sur le site de notre future maison dans les collines dominant la ville, une propriété que nous avions baptisée Milagro, pour miracle. C'était un terrain planté de cèdres à flanc de colline, j'avais défriché moi-même une grande partie des broussailles et j'y avais fait construire un petit abri. On y a semé une vaste pelouse en pente douce spécialement conçue pour les enfants. J'ai aménagé un endroit pour faire du feu et tracé une piste de terre.

Pour cette fête, on a installé des guirlandes de lumières multicolores et construit une scène en plein air à l'intention de mon ami Lyle Lovett, qui est venu s'y produire. Au bout d'un moment, un autre de nos bons amis, Shawn (Sunny) Colvin, a bondi sur la scène à son tour et s'est joint à lui. Nos invités avaient étalé des couvertures sur la pelouse pour s'y étendre, déguster les plats du buffet mexicain et boire des margaritas. A la fin de la soirée, je me suis levé, Kik à mon côté, pour remercier tout le monde d'être venu, et j'ai dit à quel point je trouvais bien choisi le nom que nous avions donné à cette propriété car c'était exactement ce qu'elle représentait à mes yeux : un miracle. Je m'étais demandé, à un moment, si j'allais vivre. Désormais j'avais presque l'impression de tricher en voyant tout ce qui m'était donné. On m'avait rendu ma santé et toute une vie à vivre, j'avais un fils magnifique, j'aurais bientôt des jumelles et je pouvais regarder les choses avec d'autres yeux.

Mais ce délai de cinq ans n'indiquait pas une fin, pas vraiment. Mon histoire était encourageante pour ceux qui luttaient victorieusement contre le cancer, mais il restait tous ceux qui ne s'en sortaient pas aussi bien, qui flanchaient, qui ne trouvaient pas la force de continuer à se battre. Ceux qui perdaient du terrain, qui ne réagissaient pas aux traitements, qui s'efforçaient vainement de faire face à la perte d'un être aimé à New York, ou au prochain cycle de chimio.

Je ne pouvais pas les aider à gérer les problèmes de survie, et je ne pouvais pas changer la biologie fondamentale du cancer. Je ne pouvais pas aider tout le monde. Je ne pouvais, en définitive, que tenter de leur donner du courage dans leur combat, soutenir leur volonté, essayer de leur dire ce que le cancer *ne pouvait pas* faire.

Il ne pouvait pas vous prendre votre amour, votre spiritualité ou votre intelligence.

# 5

# Vents contraires

Quand votre valeur est constamment mesurée, qu'elle vous vaut des récompenses, en tant qu'athlète vous risquez de confondre victoire et bonheur. Le problème, c'est que personne, parmi ceux qui gagnent leur vie en faisant ce que je fais, ne peut se permettre d'être insouciant. Je ne me jette pas dans des descentes à plus de cent dix kilomètres-heure avec le sourire. Si on veut gagner, il ne faut plus penser qu'à ça, et on se retrouve vite seul.

Disputer une course consiste à laisser les autres derrière soi, y compris, parfois, ceux qu'on aime. C'est un problème délicat, dont je n'ai toujours pas trouvé la solution. Un jour, par exemple, j'ai emmené mon fils à vélo avec moi. Je l'ai assis dans une petite carriole que j'ai accrochée derrière mon vélo, et on est partis.

– Ça suffit, les avions, Papa, a dit la voix de Luke, soudain, derrière moi.

– Quoi ? ai-je demandé en me retournant.

– Ça suffit, les avions. Reste à la maison avec moi.

– D'accord, ai-je répondu. D'accord.

Quand on passe sa vie sur une selle de vélo, les choses ne cessent de s'accélérer. La vitesse naît d'une équation paradoxale : un millier de petits mouvements répétitifs, ennuyeux, qui vous permettent d'aller vite, très vite, et on peut devenir tellement obsédé par les résultats, par les mesures, les chiffres, les cadences, qu'on en oublie d'autres choses. La force d'un athlète peut être sa faiblesse : les qualités qui vous font aller vite ne sont pas toujours celles qui vous rendent réceptif aux autres.

J'étais l'emblème de la survie, mais je n'étais pas préservé de ses effets, et l'un des pièges émotionnels de la survie est la *course* au bonheur. On se rue vers la joie, en pleine euphorie, en se disant qu'on n'a pas un moment à perdre avec tout ce qui semble inutile ou désagréable. « A quoi bon faire ça ? » me disais-je. Mais cette course-là ne se gagne jamais. Le parfait bonheur est une corde qui vous file entre les doigts, la sensation que quelque chose de soyeux glisse et vous échappe, remplacé par les exigences, le dur travail, les retours à zéro, les corvées, les obligations, et la même chose le jour suivant.

J'ai attaqué la saison cycliste 2001-2002 comme toutes les autres saisons de ma vie adulte, avec une sorte de fièvre et d'impatience héritées du cancer. Quand je ne m'efforçais pas d'aller plus vite sur mon vélo, je m'efforçais encore de distancer la maladie, et je me concentrais sur deux séries de chiffres : le rythme de mes coups de pédale et les résultats de mes bilans sanguins, pour savoir où j'en étais.

En septembre, j'ai eu, de façon complètement irrationnelle, l'impression que le cancer revenait. La bataille contre le cancer commence et s'achève, se gagne ou se perd, au niveau des cellules. Je craignais que la maladie ne soit qu'assoupie, tapie quelque part en moi, et ne revienne dans dix ou vingt ans, juste au moment où je me retirerais pour jouir du coucher de soleil. Je n'ai jamais voulu traiter la maladie, ou ses séquelles, à la légère. On ne peut jamais tourner le dos au cancer.

Je ne me sentais pas bien, ça m'inquiétait. J'étais fatigué et ça ne pouvait pas venir d'une consommation de bière excessive, même si celle-ci y était peut-être pour quelque chose. J'étais tendu et physiquement vidé après cette longue année, mais ce que je ressentais allait au-delà de la fatigue habituelle. Je dormais de douze à quatorze heures par nuit, d'un sommeil noir, profond, hypnotique. Un sommeil monstrueux. Exactement comme quand j'étais malade.

J'y pensais de plus en plus. J'y pensais à longueur de journée.

Finalement, j'ai appelé mon médecin généraliste et ami, le Dr Ace Aslup.

– Ace, il faut que je vienne pour des examens.

– Pourquoi ?

– Je ne me sens pas bien, c'est tout. Je suis inquiet et je ne veux pas être inquiet.

– Que voulez-vous faire ?

– Je veux une prise de sang. Je veux un bilan sanguin, et je le veux aujourd'hui. Je n'en parlerai à personne. Mais s'il vous plaît, appelez-moi dès que vous aurez les résultats, car je suis angoissé comme jamais.

– Très bien. Venez.

J'y suis donc allé cet après-midi-là. J'ai pris mes clés et je suis sorti sans dire à Kik ce que j'avais l'intention de faire. Elle arrivait au terme de sa grossesse, et même si elle portait les jumelles avec sa grâce coutumière, elle n'avait pas besoin de ça. Je ne voulais pas l'inquiéter inutilement en lui disant : « A propos, je file chez Ace pour une prise de sang. » Je préférais garder mes craintes pour moi. Rien d'autre ne m'aurait rassuré – il me fallait cette analyse. J'ai donc trouvé un prétexte, et je suis parti.

J'ai pris ma voiture pour me rendre au cabinet du Dr Ace, il m'a fait la prise de sang, je suis rentré chez moi, et me suis installé à côté du téléphone. Il avait promis de me rappeler dès qu'il aurait les résultats. Une seule chose m'intéressait ; mon taux d'HCG, le marqueur du cancer des testicules*. C'est une hormone qu'on trouve chez une femme enceinte, mais qui n'existe normalement qu'à l'état de traces chez un homme jeune. Si mon taux d'HCG excédait 2, il n'y aurait pas à en douter : la maladie était de retour. En matière de cancer, tout se joue sur des chiffres. Je n'attendais donc qu'une chose d'Ace Aslup : qu'il me dise que mon taux d'HCG était inférieur à 2.

Quand j'étais malade, mon HCG a atteint des sommets. Un matin, College ma appelé pour me demander comment j'allais. J'ai dit : « Les chiffres grimpent. » Mon HCG était à 109. Le cancer gagnait du terrain et il progressait maintenant dans mon cerveau. Ma mère avait passé la matinée à pleurer, mais j'éprouvais un étrange soulagement. College m'a emmené déjeuner, pour me sortir de la maison.

– Je ne comprends pas pourquoi elle continue à pleurer, ai-je dit. Maintenant, au moins, je sais tout. J'ai toutes les données. Maintenant, je sais ce qu'il faut faire.

J'ai attendu, seul, le coup de fil d'Ace Aslup, en me

---

* Hormone gonadothrope chorionique.

demandant ce que je ferais si la maladie était de retour. Et je me suis dit, bon, tu as le choix : ou bien tu renonces... ou bien tu te bats de toutes tes forces avec l'espoir de vivre. Au début de ma maladie, certains médecins m'avaient donné 50 % de chances d'en réchapper, d'autres avaient dit 40, et d'autres encore 20 %. Mais une chose était certaine : quelles que soient mes chances, elles étaient au-dessus de zéro pour cent.

La sonnerie du téléphone a retenti. J'ai décroché. C'était Ace.

– Dites-moi que c'est inférieur à 2, c'est tout. Si j'entends ça, je raccroche, et on n'en parle plus.

– C'est inférieur à 2.

Je l'ai remercié, j'ai raccroché, et on n'en a plus parlé. Mais ce n'était pas la dernière fois que je m'inquiétais à ce sujet.

Je vis en permanence avec le sentiment que le temps presse. Il faut que je fasse *tout tout de suite* – me marier, avoir des enfants, gagner des courses, gagner de l'argent, faire de la moto, sauter du haut des falaises – plus tard, ce ne sera peut-être plus possible. C'est un don étrange, cette façon de vivre intense et concentrée, et il se peut que je ne l'utilise pas toujours à bon escient. Ou bien je fonce à 150 à l'heure, ou bien je dors.

Quand je m'attaque à quelque chose, je n'entends plus, ne vois plus, ne remarque plus rien autour de moi. J'ai embauché un garçon du nom de Christian Knapp pour m'assister à l'entraînement. Christian est un touche-à-tout, masseur et préparateur physique chargé de m'aider dans mes sorties, et de m'accompagner à moto lors de mes longues randonnées pour me protéger de la circulation. Par un après-midi de printemps, on a roulé sept heures d'affilée, en luttant contre l'orage. Vers la fin de l'après-midi, on est finalement redescendus des hauteurs, soulagés, dans une superbe vallée – et on a essuyé une violente rafale qui nous arrivait droit dessus. Chris s'est approché de moi sur sa moto.

– Ce vent, dis-donc ! Tu dois en avoir plein le dos ?

– Quel vent ?

On est restés à Austin en novembre, pour passer dans le calme ce dernier mois de grossesse de Kik ; les jumelles étaient attendues aux alentours du 1er décembre. Mais la veille de Thanksgiving, Kik est allée se soumettre à un examen de routine et a dit au médecin qu'elle se sentait un peu bizarre ce matin-là. « Que fait votre mari aujourd'hui ? » a demandé le Dr Uribe, après l'avoir rapidement examinée. Kik a répondu que je devais me rendre à plusieurs rendez-vous d'affaires.

– Alors, vous feriez bien de l'appeler pour qu'il se libère, car les bébés arrivent. Rentrez chez vous et préparez une valise.

Kik m'a appelé.

– Peux-tu annuler tes rendez-vous ?

– Euh, oui.

– Bien. Les bébés arrivent !

Kik a repris sa voiture pour rentrer à la maison. En franchissant le seuil elle m'a lancé : « Prépare nos affaires ! » On est restés un moment à se regarder en souriant. C'était la dernière fois, a fait remarquer Kik, qu'on serait seuls, tous les deux, sans être entourés d'enfants. On a organisé le départ de Luke chez ses grands-parents, puis, gloussant d'excitation, on a jeté quelques effets dans une valise. J'étais dans l'entrée, les sacs à la main, quand la sonnerie a retenti. J'ai ouvert.

– Contrôle antidopage, a annoncé la femme.

– Vous plaisantez !

Elle a sorti une feuille.

– Ce sont vos droits.

Je suis resté planté, ne sachant que faire.

– Ah, ai-je dit.

J'ai posé les sacs.

La femme m'a tendu la feuille.

– Je peux vous dire quelque chose ? ai-je demandé.

Elle m'a regardé.

– Ma femme est sur le point d'accoucher. Il vaudrait mieux faire vite.

Elle est restée bouche bée. Puis elle s'est vivement tournée vers son compagnon, qui arrivait dans l'allée. « Oh, mon Dieu. Dépêchons-nous, dépêchons-nous ! »

Mais même en se dépêchant, le contrôle antidopage prenait entre un quart d'heure et vingt minutes. Je devais pisser dans un bidon, dont on répartissait le contenu entre différents flacons, puis il fallait mesurer le pH, et enfin remplir une quantité de formulaires. Il m'a semblé qu'il y en avait une cinquantaine. « Signez là, et lisez ceci », disait la femme. J'ai étalé les papiers et j'ai tout signé, sous le regard inquiet de Kik qui attendait, prête à partir.

On a finalement réussi à les faire sortir, j'ai poussé Kik dans la voiture et on a foncé jusqu'à l'hôpital où on l'a installée dans une chambre. College nous y a rejoints ; on l'avait appelé pour lui annoncer la nouvelle. Il avait acheté un repas Tex Mex à emporter. Il s'est assis au bord du lit de Kik et, tout en bavardant, a ouvert son carton pour manger. On s'est mis à taquiner College, qui était un célibataire endurci, et il nous a taquinés à son tour. Il appelait Luke « Le Séducteur », car il le voyait comme un enfant qui vous donnait envie d'en avoir un. « Si vous ne voulez pas d'enfant, évitez de mettre votre petite amie en présence de Luke, parce qu'il est du genre à vous faire croire que tous les gamins sont formidables. Il vous prend par la main, vous demande de jouer avec lui ou de lui lire une histoire. En voyant ça, la fille ne tarde pas à vous dire : “Chéri, si on en faisait un comme celui-là ?” Ce Luke ne peut que vous attirer des ennuis. Ne le laissez pas s'approcher de votre petite amie. »

Les effluves du repas mettaient Kik à la torture, car on lui avait interdit toute nourriture avant l'accouchement. « Allons, College, suppliait-elle, donne-moi cinq chips. Cinq seulement ! » Il s'est laissé attendrir et elle a eu ses cinq chips.

Une infirmière est entrée et a demandé à Kik de lui présenter son dos. C'était le moment de la péridurale. L'infirmière a préparé une longue seringue. College ne savait même pas de quoi il s'agissait. « Eh, College, tu veux bien me laisser seule pendant qu'on me fait ça ? » a demandé Kik. College a bondi sur ses pieds comme s'il avait reçu une décharge électrique et a attendu dans le couloir.

On est passés dans la salle de travail et j'ai attendu l'arrivée des jumelles. La venue au monde de jumeaux est plus complexe et plus délicate qu'un accouchement ordinaire et il y avait beaucoup de monde autour de Kik – médecins, infirmières, obstétriciens.

C'était plus rigoureux, plus intense, plus effrayant, mais tout s'est finalement bien passé, mieux, même, que la naissance de Luke, en partie grâce au courage et à la maîtrise de Kik. On a eu l'impression qu'elle ne poussait que deux fois et les jumelles sont arrivées, Grace Elizabeth à 20 h 54 et Isabelle Rose à 20 h 57.

Je ne me suis jamais senti aussi vivant qu'en voyant naître ces enfants ; chacune de ces apparitions a été un grand moment. Comme Luke, les deux petites filles étaient des enfants du miracle, un miracle que seules ma survie et les prouesses de la procréation artificielle avaient rendu possible. Peu m'importait que ce soient des garçons ou des filles, petites ou grosses, avec des yeux bleus ou des yeux bruns. Tout ce qui comptait pour moi, et compte encore aujourd'hui, c'était qu'elles existent, et qu'elles soient en bonne santé.

J'ai coupé les cordons, je les ai lavées et on les a regardées, extatiques. Grace et Isabelle ont tout de suite été différentes à mes yeux, deux petites créatures distinctes, et aussi craquantes l'une que l'autre. Par la suite, je serais toujours surpris de m'entendre dire qu'on les confondait. Comment pouvait-on les confondre ? Grace était un peu plus petite et étonnamment calme pour un bébé, et elle semblait accepter avec complaisance, comme s'ils lui étaient dus, les baisers et l'adoration dont elle était l'objet. Isabelle me ressemblait, caractère compris, en plus petit et plus remuant encore. Elle avait les traits fins, l'œil brillant, et allait devenir en grandissant un bébé comique, presque un clown. Dès leur naissance, nous les avons rarement appelées par leur nom complet. Grâce était

« Gee » ou « Gracie » et Isabelle « Izzay, » ou, pour Luke : « Isabo. »

Le lendemain, c'était Thanksgiving. On a dîné à l'hôpital, très mal – mauvais café, air recyclé par la climatisation, nourriture réchauffée –, mais peu nous importait, on était fatigués et heureux. Le jour suivant on a ramené les filles à la maison et on a mis en place un nouvel emploi du temps autour du double allaitement. Luke s'est tout de suite montré un frère chaleureux, protecteur, et impatient de jouer avec les deux bébés. J'ai embauché une infirmière de nuit pour éviter à Kik de trop se fatiguer. L'infirmière amenait les filles en pleine nuit pour la tétée et les reprenait ensuite pour laisser Kik dormir.

Un matin, une semaine environ après leur naissance, alors que Kik et moi profitions d'un moment de tranquillité à deux, on a frappé à la porte de la maison. On s'est regardés, contrariés ; il était tout juste sept heures du matin, les enfants dormaient, et on buvait notre café en robe de chambre. On a entendu d'autres coups à la porte et le chien s'est mis à aboyer. Nous avions tous deux envie de tuer l'intrus.

Kik est allée ouvrir.

– Contrôle antidopage, a dit la femme.

– Mais il est sept heures du matin ! a rétorqué, vivement, Kik qui n'en revenait pas.

La femme s'est contentée de sortir sa paperasse.

Je me suis avancé.

– Que faites-vous-là ? ai-je demandé.

– Contrôle surprise, a répondu la femme.

– A l'aveugle ? Où est la surprise là-dedans ? Vous voulez rire !

Kik tremblait de fureur contenue. Elle était toujours

agacée par le manque de cordialité des contrôleurs, la façon dont ils entraient chez nous et donnaient des ordres. « Si seulement ils disaient “Bonjour” », se plaignait-elle. Mais nous surprendre en robe de chambre, avec des nouveau-nés dans la maison, c’était une violation de la vie privée ! Ils avaient vu Kik sur le point d’accoucher une semaine auparavant, la presse, à Austin, avait largement couvert notre sortie de l’hôpital avec les jumelles, et ils savaient parfaitement ce qu’un tel contrôle pouvait avoir de déplaisant à un moment pareil. J’étais tout à fait d’accord avec le contrôle à l’aveugle, mais là, on allait trop loin.

Quant à Kik, ce n’était vraiment pas un moment où elle avait envie de trouver un étranger à la porte. Tout en elle voulait protéger ces bébés, et cette intrusion était la goutte qui faisait déborder le vase. Vraiment, il y avait ce jour-là quelque chose qui rendait insupportable leur présence dans notre living-room.

Le test achevé, les papiers remplis, Kik les a reconduits à la porte. Elle s’est arrêtée en levant un bras pour leur barrer le passage au moment où ils allaient franchir le seuil. Puis elle s’est penchée à l’oreille de la femme et lui a dit entre ses dents : « Je ne veux plus jamais que vous veniez d’aussi bonne heure et que vous dérangiez à nouveau notre famille. » Mais nous savions tous deux qu’ils reviendraient.

On a refermé la porte et on a tenté de reprendre le cours de cette matinée tranquille. Mais le charme était rompu, et personne ne pouvait savoir combien ces moments nous étaient comptés.

Quand on y pense aujourd'hui, cet épisode est caractéristique. La vie était une succession ininterrompue de petits tracas, d'interruptions, de coupures de ligne.

J'essayais de superviser la rénovation de notre nouvelle habitation à Gérone et le déménagement de France en Espagne, et je dirigeais une fondation contre le cancer, tout en poursuivant une carrière de coureur cycliste international. Mais surtout, nous étions les jeunes parents de deux jumelles, tout juste nées, et d'un garçon de deux ans.

On vivait dans la précipitation – une précipitation concentrée, certes, mais une précipitation tout de même – et il nous arrivait d'oublier les choses les plus élémentaires, avec des conséquences parfois drolatiques. Un jour, par exemple, j'ai apporté à Kik une tenue complète de cycliste, y compris les chaussures de haute performance qui se clippaient sur les pédales. Elle est aussitôt allée au gymnase pour s'inscrire à une randonnée cycliste. Dûment clippée à son vélo, elle s'est lancée. Ensuite, elle a posé son vélo – et n'a jamais pu retirer les chaussures. Elle est restée à regarder sans rien y comprendre les boucles et les lanières.

Il a donc fallu qu'elle ressorte et traverse le parking clopin-clopant devant tout le monde. Elle a repris sa voiture pour rentrer à la maison avec ses chaussures de cycliste. Assis dans la cuisine devant un bol de céréales, j'ai entendu le « cling-cling-cling » caractéristique dans le couloir.

– Que fais-tu avec ces chaussures de cycliste ?

– Il faut que tu m'aides à les retirer.

J'avais oublié de lui montrer comment ça marchait. J'ai bien ri.

Le lendemain, Kik retourne au gymnase et tombe sur College qui venait s'entraîner. Elle met ses chaussures de cycliste et enfourche un vélo fixe. College achève son entraînement et s'approche de Kik.

– Je veux seulement savoir si je dois attendre une demi-heure pour t'aider à te déchausser.

Mais ils nous arrivait aussi d'oublier des choses importantes. Par exemple, de dîner au calme, en tête à tête. On allait et venait à travers la maison, on échangeait au passage un baiser, un câlin rapide, et il y avait toujours quelque chose à faire, un bébé qui appelait ou un coup de fil important.

Même dans l'inter-saison je devais voyager, plus souvent que je ne l'aurais souhaité, pour la fondation ou pour honorer mes contrats. Je m'efforçais toujours d'être chez nous à l'heure du dîner, mais c'était parfois impossible. Une semaine normale : je vais en Europe, où je dois participer à une manifestation publique, pour quarante-huit heures. Je rentre de Paris à New York avec le Concorde, change d'avion pour rejoindre Austin et file directement en voiture à un rendez-vous pour des photos. De là, je vais signer des livres, des maillots, et fais trente-cinq minutes de vélo. Je me douche, me change une nouvelle fois, et passe un moment avec Kik et les enfants. Puis je me rechange et on se rend à un gala de collecte de fonds pour la fondation.

Pendant ce temps, Kik mettait tout autant d'énergie dans la maternité – et de perfectionnisme, aussi. Elle ne prenait pas les chemins faciles. Elle se refusait, par exemple, à acheter des aliments pour bébés ; elle voulait pour les enfants de vrais légumes plutôt que des produits tout préparés. Elle cuisait et moulinait des légumes frais.

On avait de l'aide, grâce à une nounou de neuf heures à dix-sept heures et à une gouvernante, mais on s'agitait toujours avec une longueur de retard. Je prenais des avions privés pour rentrer à la fin de la journée et rater le moins possible les bagarres et les moments les plus intéressants.

A mon retour, Luke se jetait contre mon ventre, et je sentais un regain d'énergie. Je scrutais les visages de Grace et d'Isabelle avec une profonde curiosité : chacune changeait d'un jour à l'autre. Grace n'a pas tardé à dépasser Isabelle, et je me suis demandé avec un pincement au cœur ce qui s'était passé sans moi.

Luke a reçu un vélo de chez Trek, et s'est mis à hurler, au comble de l'excitation : « Vélo neuf ! Vélo neuf ! » Puis il l'a enfourché pour tourner à toute vitesse dans la maison, en évitant adroitement le mobilier. J'ai regardé Kik et j'ai dit : « Ça fait peur. »

A sa première sortie, il est tombé comme son père. Kik l'avait emmené dans un quartier sans voitures, aux rues pavées. Luke était si excité qu'il avait gardé son casque sur la tête pendant tout le trajet en voiture. Il a vite sauté sur son vélo et il est parti à toute vitesse, Kik à ses trousses. Mais elle n'a pas été assez rapide. Il a brusquement tourné à gauche pour se lancer dans une ruelle pavée, et en pente. Il a rebondi sur les pavés bombés et a plongé la tête en avant pour atterrir sur la figure. Il s'est relevé meurtri, écorché et en pleurs... mais s'est hâté d'essuyer son nez sur l'épaule de Kik et de remonter sur son vélo. Tout comme son père.

J'étais très curieux du métier de parent, et je me

voulais un père exemplaire. Je ne fuyais pas mes responsabilités. J'avais du respect et de l'admiration pour les bons pères, en particulier mon beau-père Dave. J'espérais y arriver et me sentais prêt à m'y dévouer – même quand je ne savais pas très bien comment m'y prendre. J'adorais m'occuper des petites choses que font les pères : câliner les filles, conduire Luke à l'école pour parler avec ses maîtres... Le moindre de ces gestes me semblait très symbolique, et vital.

Les jumelles me fascinaient, et la réalité la plus banale, celle qui consistait à jongler avec trois enfants en même temps tout en assumant d'autres responsabilités, même cette réalité-là était tour à tour joyeuse, chaotique et bouleversante. Avec tous ces petits corps qui demandaient des soins, tous ces besoins à satisfaire, je n'avais même plus le temps d'aller aux toilettes.

Un matin, alors que les filles étaient encore toutes neuves, Kik s'épuisait à tenir trois enfants avec deux mains. J'étais parti faire du vélo, la laissant seule. Les jumelles pleuraient à l'unisson, et Luke courait partout avec son exubérance habituelle.

Kik ne pouvait pas poser un bébé assez longtemps pour répondre au téléphone, ni s'habiller. Soudain, on frappe à la porte. Kik va ouvrir, toujours en pyjama, un bébé sur chaque bras. C'était son père, Dave.

– Bonjour, ma chérie, dit-il. Je t'ai appelée, puis j'ai essayé sur le portable, et comme rien ne répondait je me suis dit, j'y passe, elle a peut-être besoin d'un coup de main.

– Béni sois-tu, a dit Kik. Tiens, prends un bébé.

Un après-midi, alors que je roulais à vélo, mon portable a sonné. C'était mon ami David Millar, le jeune et grand champion britannique, qui appelait de Paris. Après avoir pris quelques verres, il avait décidé de me faire signe.

– Je t'en prie, Lance, ne me dis pas que tu étais sur ton vélo !

– Je suis sur mon vélo.

– Non ! Salaud ! On est le 1er décembre ! Ça fait longtemps que tu roules ?

– Trois heures et demie.

– Quel salaud !

A ceux qui voulaient savoir quand je commençais à me préparer pour le prochain Tour, je répondais : « Demain matin. » Dans mon esprit, le Tour ne se gagne pas en juillet, il se gagne pendant l'hiver et le printemps, en roulant quand d'autres n'en ont pas envie.

Autrement dit, il n'y avait guère d'inter-saison. Je passais quatre mois à Austin, chez moi, de l'automne à Noël, et même là, parce que je n'étais pas souvent aux Etats-Unis, il y avait toujours trop de choses à faire, de gens à voir, de demandes à satisfaire. J'accueillais d'ailleurs avec soulagement la reprise de la saison et notre retour en Europe à partir de février.

Dès ce moment, je m'entraînais avec une sorte de concentration méditative. Ça m'isolait, mais c'était aussi une échappatoire, loin de tout ce qui pouvait me distraire et loin des problèmes potentiels. Ça simplifiait tout.

Cette année-là, j'ai attendu avec impatience de retourner en Europe et d'y vivre tranquillement avec les miens, puisque les travaux étaient terminés dans notre maison de Gérone.

Le résultat était stupéfiant. De ces quelques pièces délabrées on avait fait naître un petit palais. Les hautes portes-fenêtres donnant sur les balcons étaient drapées de bleu magenta et les colonnes étaient redorées. Dans le petit jardin clos, une fontaine gazouillait sous les arches de pierre et les corniches du douzième siècle. Mon ami et architecte Ryan Street avait aménagé un logement familial de quatre chambres avec tout le confort moderne en préservant l'atmosphère et l'esthétique de l'habitation ancienne. La chapelle était splendide, et on y avait même restauré une série de vitraux sous les voûtes gothiques. Au-dessus de l'autel se trouvait la magnifique œuvre d'art religieux que j'avais trouvée pour Kik, une mise en croix, peinte sur bois, datant du quinzième siècle.

Il avait fallu des passeports pour les filles. Luke en avait déjà un, avec sa photo tout bébé. Comme il pleurait au moment où l'on l'avait prise, son visage n'était qu'un « O » rouge. Les plus sourcilleux des douaniers français souriaient en voyant ça.

Comme je tenais à ce que Kik voyage dans les meilleures conditions possibles avec les enfants et toute la ménagerie, chien chat, etc., j'ai loué un avion particulier. Au lieu de changer de vol et de s'escrimer à passer des contrôles douaniers avec une poussette double, comme elle le faisait d'habitude, Kik s'est rendue avec les enfants dans une salle d'attente particulière pour un vol direct Austin Gérone d'un peu plus de huit heures. C'était ce que je pouvais faire de mieux en la circonstance.

J'étais déjà amoureux de Gérone, ville jadis

conquise par Charlemagne puis récupérée par les Maures. Je ne me suis jamais lassé de traîner sous les élégantes arcades, le long des entrées voûtées, de m'arrêter devant la cathédrale gothique, derrière laquelle on trouvait des ruines et un improbable jardin planté au fil des époques.

En faisant le tour de la maison, Kik a vu que toutes nos affaires étaient arrivées de France et que chaque meuble, chaque assiette était à sa place. Sa réaction a été celle que j'attendais : après avoir parcouru les vastes pièces sous leurs hauts plafonds, elle a prononcé le mot de « palais ». On était loin de son premier déménagement, quelques années auparavant, avec un matelas sur le toit d'une Renault.

Kik a adoré le centre historique de Gérone, avec ses portes cochères et ses rues pavées. Elle n'avait jamais vécu dans une ville, et c'était pour elle une expérience nouvelle que de prendre un ascenseur privé pour le rez-de-chaussée et d'aller faire ses courses à pied dans le quartier. Elle se promenait sur les Ramblas, à la découverte des boutiques qui ne vendaient que du pain, du thé, des fruits de mer... Ou elle passait commande par Internet et on nous livrait l'épicerie à domicile.

Au printemps on a baptisé Grace et Isabelle, âgées de six mois, dans la cathédrale de Gérone. On s'est rassemblés avec les parents de Kik et quelques amis devant les anciens fonts baptismaux. Le prêtre a célébré le rite en espagnol. A un moment, comme il faisait un geste, Luke a cru qu'il voulait qu'on lui serre la main. Il s'est donc avancé et lui a donné une poignée de main au beau milieu de la cérémonie. On a tous ri, y compris le prêtre.

Comme on habitait près des Ramblas, principal lieu de promenade pour les piétons, Kik sortait facilement pour rejoindre les petites rues du centre où la poussette double avançait en dansant sur les pavés. On avait offert à Luke un petit skateboard qui se fixait à l'arrière pour qu'il puisse rouler avec les filles. Luke a vite été chez lui en Espagne, comme on pouvait s'y attendre. Il disait « *¡ hola !* », « *gracias* » et « *hasta luego* » à tout le monde, récupérant au charme gâteaux et autres petits cadeaux. Mais il était indubitablement américain avec ses fringues Nike et sa casquette UNIVERSITY OF TEXAS portée à l'envers.

Une journée comme les autres : je me levais vers sept heures, buvais un café, lisais le journal, et si quelque chose interrompait le rituel, ça me rendait grognon. Puis je m'occupais des e-mails et autres messages reçus depuis la veille. Bill Stapleton, en arrivant à son bureau à neuf heures, trouvait parfois une vingtaine de mes e-mails. Le menu du petit déjeuner dépendait de mon entraînement et de la quantité de calories que j'allais brûler ce jour-là : parfois des fruits, parfois du muesli, ou des blancs d'œufs avec du pain frais. Puis je partais à vélo pour m'entraîner entre trois et sept heures d'affilée.

De retour à la maison, je prenais une douche, avalais quelques pâtes, répondais à quelques nouveaux e-mails et appels téléphoniques, puis m'allongeais pour faire un somme. Pendant que je dormais, Kik préparait le dîner, le plus souvent de la volaille ou du poisson et des légumes cuits à la vapeur. A mon réveil, je jouais avec les enfants et je dînais. Le soir, on lisait ou on regardait la télévision, et on était tous au lit à vingt-deux heures. C'était comme ça. Et on l'a fait tous les jours, pendant des mois.

Extérieurement, Kik semblait satisfaite de la vie qu'on menait. Quand je rentrais et posais mon vélo, il y avait de la *pasta* ou de la soupe sur le feu, les enfants étaient adorables et pleins de joie de vivre, et elle disait toujours qu'elle avait passé une bonne journée. Elle se plaignait rarement de mon entraînement intensif ou de sa solitude en Europe, loin de ses parents et de ses amis. Si je disais : « il faut que je mange des crudités pour dîner et que je sois au lit à six heures, » elle répondait : « Très bien », et m'aidait. Elle avait un caractère heureux et éloignait de la maison les vibrations négatives. On ne se disputait presque jamais.

Mais à y repenser, je me dis que nous aurions peut-être mieux fait. Les premières années passées ensemble avaient été une aventure, on avait vécu la vie des coureurs cyclistes européens. Mais avec le temps, c'était de moins en moins une aventure et, désormais, avec l'arrivée des enfants, on passait de longs moments chacun de son côté. Se déplacer avec trois gamins en bas âge, c'était vraiment trop dur, et on ne voulait pas les laisser à une nounou.

On ne bougeait plus ensemble comme avant. En mars, je suis parti pour disputer la course Milan-San Remo, qui durait une journée. Elle m'y avait toujours accompagné jusque-là. Mais cette fois elle est restée chez nous, à Gérone. J'ai pris seul l'avion pour Milan, j'ai couru les trois cents kilomètres, puis je me suis changé et j'ai foncé à l'aéroport. J'étais de retour pour le dîner. Mort de fatigue, mais chez moi.

C'était à cause de la pluie que Floyd Landis avait bu treize cappuccinos.

Ce n'était pas parce qu'il trouvait cette idée bonne. Floyd et Dave Zabriskie, un autre équipier de l'U.S. Postal, partageaient un appartement à Gérone pendant ce printemps 2002, et il pleuvait sans discontinuer depuis des semaines. Ils n'avaient pas grand-chose à faire, en dehors du vélo, d'où une certaine tendance à se laisser aller. Ce matin-là, en voyant le ciel gris et les pavés humides qui annonçaient un nouveau jour de pluie, Floyd a dit à Dave : « Merde, ne roulons pas aujourd'hui. Allons traîner au café. »

Ils sont descendus en ville et se sont assis à une terrasse. Ils ont regardé passer les gens, et Floyd a commandé un café. On le lui a apporté, mousseux et parfumé. Un moment est passé, et il en a commandé un autre. Puis encore un. « Tu vas en boire combien ? » a demandé Zabriskie. Floyd a haussé les épaules. Zabriskie l'a donc rejoint en commandant un autre café. Et ainsi de suite. Floyd et Dave ont passé trois heures à se prélasser à cette terrasse en sifflant des cappuccinos et en riant de plus en plus. Quand l'addition est arrivée, Floyd a compté. Il en avait bu treize tasses.

L'histoire m'est revenue le lendemain. J'avais déjà observé Floyd avec attention. C'était un garçon intéressant, nouveau dans l'équipe, aussi espiègle que talentueux. Agé de vingt-six ans, il était né dans une famille de mennonites à Lancaster, Pennsylvanie, d'où il était parti pour faire de la compétition à moto en montagne, avant de s'orienter vers la course cycliste. Il promettait beaucoup, mais il avait manqué de chance, et on voyait bien aussi qu'il n'avait pas encore compris ce qu'être un professionnel voulait dire. Il avait une grande gueule, un côté Monsieur Je-sais-tout et il aimait chanter à tue-tête les airs de ZZ Top, ce qui, ajouté à ses tenues d'entraînement fantaisistes, le faisait passer pour un glandeur irrespectueux aux yeux des plus anciens de l'équipe, tous très sérieux en matière de vêtements. S'il se croyait autorisé à sécher l'entraînement et à s'empoisonner à la caféine, il lui restait pas mal de choses à apprendre. Il était surtout bien jeune.

Je l'ai convoqué.

– Floyd, que fais-tu demain ?

– Bah, je vais rouler deux heures avec les autres.

– Non. Tu vas venir cinq heures avec moi, et on discutera un peu.

Il est venu me chercher le lendemain matin, on est partis sur les hauteurs qui dominent Gérone et je l'ai averti que je savais ce qu'il avait fait la veille.

– Bon sang, tu ne *peux pas* te conduire de cette façon, ai-je dit. Tu ne peux pas traiter ton corps comme ça, tu ne peux pas t'entraîner comme ça, tu ne peux pas traiter tes coéquipiers comme ça.

Floyd était très ouvert, et il s'est excusé.

– Ecoute, mon vieux, il faut être logique, lui ai-je dit. Tu as besoin d'un minimum d'équilibre. Tu n'es pas un professionnel-né. Il faut que tu le deviennes. Tu dois faire ce qu'il faut pour ça. Te nourrir correctement. Dormir correctement.

Je savais que Floyd passait une année difficile. Son équipe précédente, Mercury, avait fait faillite après son lâchage par un sponsor, on ne lui avait payé que la moitié de ce qui lui était dû, et il ne courait plus depuis huit mois. Il avait finalement trouvé le culot de prendre contact avec l'U.S. Postal pour demander si on voulait de lui, et on lui avait répondu bien sûr. Il faisait désormais partie des vingt coureurs de l'équipe et avait une chance d'être sélectionné par Johan pour disputer le Tour avec moi – à condition de travailler dur.

Mais Floyd avait du mal à se concentrer. Il était couvert de dettes pour avoir usé de ses cartes de crédit après la déconfiture de son équipe. Il devait des factures de soins dentaires et de soins médicaux, et se battait pour nourrir sa femme Amber et Ryan, sa petite fille de six ans. Il ne savait pas ce qu'il pouvait attendre de sa nouvelle équipe, ni ce qu'on attendait de lui en échange, ou même s'il avait un avenir comme coureur cycliste.

– Ecoute, mon garçon, ai-je dit. Il faut que tu comprennes. Ecoute bien et fais ce que je te dis.

J'ai fait les comptes : Floyd touchait un salaire annuel de soixante mille dollars, mais s'il s'y mettait sérieusement et intégrait le groupe de neuf coureurs qui disputerait le Tour, et si on gagnait, il en aurait cinquante mille de plus. « Et j'ajouterai une prime de la maison Armstrong, ai-je dit. Mais pour y parvenir, il faut que tu te concentres et que tu cesses de t'inquiéter de tout ce qui est étranger à cet objectif. »

C'était plus facile à dire qu'à faire, a observé Floyd.

– Oublie tout le reste, ai-je répété. Pédale, un point, c'est tout.

Mais derrière ce conseil donné à Floyd – se concentrer sur la course à l'exclusion de tout le reste – se cachait le principal de mes problèmes, celui qui me tracassait le plus. Je réfléchissais sans cesse à ce que coûtent, pour une vie de famille, les exigences d'une carrière de coureur cycliste. Comment trouver un équilibre entre les deux ? L'une des façons d'être un bon père comme je le voulais était de gagner ma vie le mieux possible, en tirant le maximum de cette brève opportunité qui m'était offerte en tant qu'athlète de rang international. Or, la réussite professionnelle pouvait se transformer en échec personnel si le cyclisme empiétait trop sur la vie de famille.

Mais dans le cas de Floyd, le choix s'imposait. Ils ne sont pas si nombreux dans une existence, ces moments décisifs, mais il s'en présente à l'occasion, et on se retrouve devant un choix à faire. On peut continuer comme avant ou prendre une meilleure décision. Il faut être capable de reconnaître ces moments et d'agir pour ne pas se dire plus tard : « C'est à partir de là que tout aurait pu être différent. » Si on est résolu à faire le choix le plus difficile, il faut repenser sa vie. C'était le moment pour Floyd, celui où il pouvait tout changer pour lui-même, et je tenais à ce qu'il le comprenne.

Il s'est contenté de hocher la tête et on s'est entraînés ensemble pendant plusieurs semaines. Il est venu avec moi à Saint-Moritz pour rouler en altitude. On a fait des reconnaissances sur les étapes du Tour. On a roulé des heures et des heures et il a compris, au fil des jours, ce que je voulais dire. Il a cultivé la concentration, l'aptitude à ne pas se laisser distraire, à ne pas gaspiller ses forces. Il a appris la détermination. Les autres voient parfois mieux que vous vos capacités. J'avais été un jeune cycliste comme Floyd, bagarreur et talentueux, qui ignorait à quel point il aurait pu être meilleur. Ce qui était vrai pour lui l'avait été pour moi : j'étais ambitieux mais désordonné, avec, moi aussi, un côté Américain grande gueule.

Je n'ai jamais pensé au Tour de France comme à une course que je pourrais gagner jusqu'au jour où Johan Bruyneel me l'a dit. C'était en 1998, je m'en souviens très bien. Johan venait d'être nommé directeur de l'U.S. Postal et moi capitaine de l'équipe. J'avais amorcé mon retour après la maladie, mais je n'étais encore qu'un coureur à l'essai. J'étais récemment arrivé quatrième en Espagne, après trois semaines de course, et Johan m'avait observé de près.

Alors que je m'apprêtais à disputer les championnats du Monde en Hollande, Johan est venu me trouver dans ma chambre d'hôtel. Il s'est tout de suite mis à parler des ambitions qu'il nourrissait pour moi et l'U.S. Postal.

– Bon, a-t-il dit, tu viens de faire quatrième en Espagne sans préparation particulière, sans t'être entraîné pour cette course. Tu es venu, tu ne comptais même pas être dans les cinq premiers, et tu as fini quatrième. Donc, je pense que l'an prochain il nous faut travailler en vue du Tour de France.

– D'accord, ai-je répondu. Je peux gagner quelques étapes.

– Non, non, tu peux gagner tout court, a dit Johan.

Je l'ai regardé, incrédule. J'étais content d'être là, d'avoir un vélo et de gagner à nouveau ma vie. J'ai dit :

– Bon, bon, très bien. Ecoute, pour le moment je pense aux championnats du Monde. On parlera de ça plus tard.

Johan n'a pas insisté sur le moment, mais il est revenu à la charge deux jours après. Traditionnellement, le champion du monde porte pendant toute l'année un maillot arc-en-ciel. Juste avant la course, Johan m'a adressé un e-mail : « Bonne chance. Je pense que tu seras superbe avec ton maillot arc-en-ciel au départ du Tour de France. » Je n'ai pas remporté les championnats du Monde – j'ai été cinquième. Mais l'idée de remporter le Tour de France a commencé à faire son chemin.

Johan me connaissait avant tout de réputation : un grand talent qui ne tirait pas de lui-même ce qu'il aurait dû. De temps en temps, je réussissais une belle course : à vingt et un ans, j'avais créé la surprise en remportant les Mondiaux, puis une étape du Tour de France. Mais je courais le reste du temps avec des résultats honnêtes plutôt qu'exceptionnels, et je méritais tout juste d'entrer dans la catégorie des « professionnels ».

A cette époque, je croyais faire tout ce que je pouvais. Après le cancer, je me suis rendu compte que je fonctionnais, en gros, à 50 % de mes capacités. A vrai dire, je ne m'étais jamais entraîné aussi intensément que je l'aurais pu, je n'avais jamais surveillé mon régime avec toute l'attention dont j'étais capable, je ne m'étais jamais concentré au maximum, je n'avais jamais été aussi patient que je l'aurais dû.

Pour commencer, je déplaçais alors entre sept et dix kilos de trop, une partie sous forme de rondeurs superflues, le reste en margaritas et en tortillas chips. Je pesais désormais dix kilos de moins, grâce au cancer.

Je me suis mis à m'entraîner sérieusement, j'ai perdu du poids, et j'ai constaté une énorme différence en montagne, où on a son corps comme principal adversaire. La perte de poids me faisait gagner de dix à douze minutes sur une étape de montagne ; j'ai estimé que je mettais trois minutes de moins à atteindre chaque col.

J'ai entrepris, aussi, d'améliorer mon efficacité. Jusque-là, le jeune coureur que j'étais se contentait de foncer tête baissée de la ligne de départ à la ligne d'arrivée. Je ne savais pas vraiment courir – j'écrasais de grands braquets et je fonçais, dans une très mauvaise position. J'allais désormais, avec Johan et Chris Carmichael, étudier le meilleur positionnement aérodynamique et rechercher la meilleure cadence. Plutôt que de forcer sur un grand braquet sans habileté technique, mieux valait enclencher une vitesse inférieure et pédaler à une cadence plus rapide pour monter les côtes. J'ai acquis une excellente technique, l'athlète devenant un coureur entraîné et conscient.

Il n'y avait pas de mystère, pas de drogue miraculeuse qui m'aurait aidé à remporter ce Tour de France 1999, ai-je expliqué à Floyd. Simplement, je n'avais pas laissé passer le moment. Je m'étais mieux entraîné et j'avais travaillé la technique, tandis que mon expérience du cancer et la détermination face aux sacrifices qu'elle m'avait donné faisaient le reste. Il n'y avait pas d'autre explication. Pour réussir quelque chose de difficile, il faut une forte volonté et une grande attention aux détails. Si on y réfléchit, on s'aperçoit que ceux qui réussissent sont parfois des personnages charismatiques et parfois non, certains sont grands, d'autres petits, certains sont gros et d'autres maigres. Mais leur commun dénominateur, c'est qu'ils sont tous capables de se concentrer sur la durée.

Depuis, je concentrais de plus en plus mes efforts

sur le Tour de France. C'était un défi que je me lançais à moi-même, et un objectif prioritaire. Il s'agissait moins de battre les autres que de gagner cette compétition avec moi-même. Je n'avais plus qu'une idée en tête : faire un peu mieux qu'avant, un peu mieux que l'année ou le mois précédents, ou même que la veille.

Le Tour, c'est d'abord un problème de mathématiques, une course de plus de trois mille kilomètres qui se gagne parfois avec une marge d'une minute, ou moins. Comment se propulser soi-même dans l'espace, à vélo, sur des pentes parfois très raides, à une vitesse supportable pendant trois semaines ? Chaque seconde compte.

Il ne fallait pas craindre d'examiner chaque partie de son corps et de son vélo pour trouver de possibles gains de temps, ai-je dit à Floyd ; traquer des fractions de secondes jusque dans les plis de son maillot. « Quand on atteint un certain niveau, tout le monde est fort, et tout le monde travaille dur pour s'entraîner. » L'avantage revient alors au plus méticuleux, à celui qui cherche les plus petits gains de temps, et tandis qu'on prend de l'âge et de l'expérience, ces gains de temps se font de plus en plus minimes.

Il fallait se faire esclave des chiffres, des indicateurs de performance comme la cadence de pédalage, l'énergie produite en watts. On mesure littéralement chaque battement de cœur, chaque quantité d'aliment absorbée, chaque cuillerée de céréales. Il ne faut pas craindre de ressembler à un vampire, avec un pourcentage de graisse inférieur à trois ou quatre pour cent, si ça vous permet d'aller plus vite. Quand on est trop léger, on manque de puissance pour générer de la vitesse. Si on pèse trop, le corps devient un fardeau. Tout est dans le rapport poids-puissance.

Qui se serait douté qu'on trouverait encore une petite marge dans une soufflerie, en plein décembre, lors d'un essai de matériel ? On peut gagner une autre fraction de seconde grâce à sa position sur le vélo, ou dans la forme d'un casque, ou dans l'alliage d'une roue. Les lois de l'aérodynamique jouent différemment selon le type de route, selon que la pente est douce ou raide. J'avais donc travaillé à renforcer mes muscles fléchisseurs des cuisses et ceux du bas du dos pour être capable de tenir certaines positions – parce que les plus petites choses, comme un déplacement des mains sur le guidon, peuvent vous coûter trois secondes sur quarante kilomètres. J'avais travaillé les changements de rythme, les accélérations.

Lors des essais de matériel, je rendais fous les responsables de chez Trek avec ma manie de chercher des fractions de seconde. Je voulais un vélo plus léger, je le voulais plus rapide, je voulais de meilleures roues. J'ai essayé un jeu de roues fabriqué par un technicien allemand. Je pouvais soulever d'une main un cadre en fibre de carbone, mais je disais : « Vous ne pourriez pas le faire plus léger ? » Le poids et le mode de fabrication d'un vélo pouvaient me faire gagner de dix à quinze secondes dans un contre-la-montre de quarante kilomètres. On a fait de la conception assistée par ordinateur, on a recouru à des matériaux utilisés dans la construction aérospatiale. On a installé un système d'hydratation pour me permettre d'absorber du liquide sans abandonner ma position aérodynamique sur la selle – de quoi gagner peut-être une autre poignée de secondes.

Je ne cessais de modifier mon vélo. Il fallait changer la hauteur de la selle, ou celle du guidon, un peu plus bas, un peu plus haut. A force de discuter avec les techniciens, je connaissais le moindre segment de tube. Je faisais si bien corps avec la machine que, telle la Princesse au petit pois, je percevais la plus infime modification.

Un mécanicien changeait d'un micron l'inclinaison de la selle.

– Qui a trafiqué mon vélo ? demandais-je aussitôt.

*Quand j'étais en rémission, j'ai fait un tour d'Europe en voiture avec College. On a loué une Renault, et je conduisais si vite et si brutalement que j'ai abîmé le moteur. Quand j'accélérais à fond, on entendait un bruit suraigu. Whiiiiiiii...*

*Finalement, entre la Suisse et l'Italie, je me suis senti fatigué. J'ai abandonné le volant à College, à une condition : qu'il roule vite.*

– *Pied au plancher, ai-je insisté.*

*Je me suis assoupi sur le siège du passager. Une fois certain que je dormais, College a ralenti. Le Whiiiiiiii s'est transformé en Waaaaaaaah.*

*J'ai ouvert les yeux. « Pied au plancher ! » ai-je dit.*

« Pour gagner il faut être attentif aux détails. Ce sont eux qui vous poussent en tête. Et dans la course, si on n'est pas en tête, on a vite fait de reculer », disais-je à Floyd.

Les analyses, les chiffres, les détails vous confortent psychologiquement, pas seulement physiquement. Quand je grimpais deux fois une côte, je me disais que je faisais là quelque chose que personne n'avait fait ; que personne dans le Tour n'avait souffert et travaillé comme moi. C'est ce qui vous donne un surcroît d'énergie, une meilleure aptitude au risque et à l'attaque. J'ai vu des types qui développaient de la puissance et n'allaient jamais jusqu'au bout d'eux-mêmes – ils finissaient quatrième.

« Si on s'entraîne par mauvais temps, disais-je encore à Floyd, c'est parce qu'on n'annule jamais une course sous prétexte qu'il fait froid ou qu'il neige. Si on n'a jamais roulé par ces temps, on ne sait pas ce que c'est, on ne comprend pas la sensation de froid qui vous prend les jambes et les raidit. Ces choses-là, les mesures et les chiffres ne vous les apprennent pas – il faut les vivre. »

J'ai passé presque tout le mois de mai à m'entraîner en montagne, à des altitudes telles que je me retrouvais parfois sous la neige.

Un jour où je m'entraînais, Johan m'a rattrapé en voiture et m'a dit :

– Il y a de la neige six kilomètres avant le sommet. Tu ne pourras pas franchir le col.

– Quelle quantité de neige ? ai-je demandé.

– Beaucoup. Il y a eu une avalanche. Et il pleut.

– Si je continuais ?

– Tu ne le peux pas.

– Qu'en sais-tu ?

Voilà ce qu'il fallait pour remporter le Tour de France.

Un jour, je suis monté très haut jusqu'à la station de La Plagne. J'ai atteint le sommet en six heures et demi, puis je suis redescendu. Une fois en bas, j'ai fait demi-tour pour remonter. J'ai roulé plus de huit heures ce jour-là. Il faisait nuit quand je suis descendu de mon vélo.

Personne ne peut mettre un athlète en confiance

hormis lui-même. Ce n'est pas quelque chose qui se cultive par un régime alimentaire, la motivation ou l'inspiration. On y parvient grâce à tout ce qu'on fait pour se préparer à la compétition, si bien qu'au jour J on regarde les autres champions et on se dit : « Je suis prêt. J'en ai fait plus qu'eux. Allons-y ! »

Mais tout ça ne facilitait pas toujours la vie de ceux qui travaillaient avec moi. Johan Bruyneel et Chris Carmichael recevaient tout de moi et moi j'attendais tout d'eux. J'appelais Johan quatre ou cinq fois par jour, et je lui disais toujours la même chose : « Voyons les chiffres. »

Il m'est arrivé de réveiller Chris Carmichael à une heure du matin pour lui dire : « Que fais-tu, bon sang ? » S'il ne m'avait pas adressé par e-mail mon dernier programme d'entraînement, il fallait que je sache pourquoi.

– Que se passe-t-il ? Tu m'avais dit que c'était prêt.

– J'ai oublié.

– Tu as oublié ? Et si j'oubliais, moi, de prendre le départ du Tour de France ?

– Je m'en occupe, disait Chris.

Il se levait pendant que j'attendais au téléphone, et branchait son ordinateur.

– Ecoute, disais-je. L'an passé à cette époque, ma cadence était de quatre-vingt-treize. Elle est maintenant de quatre-vingt-dix, mais je produis toujours le même nombre de watts. Comment expliquer ça ? Il faut qu'on y regarde de plus près, qu'on étudie mes douze derniers tests, et qu'on compare avec les chiffres d'il y a deux ans...

Remporter une course cycliste est une forme de réussite impressionnante et relativement facile. Les mathématiques offraient une certaine sécurité : je savais d'avance avec une quasi-certitude ce que serait ma performance, puisque tout avait été mesuré. Je faisais entièrement confiance aux chiffres.

Mais d'autres choses, comme le mariage, les déménagements, le métier de père, s'avéraient infiniment plus compliquées et ambiguës qu'une victoire sportive. En mai, Kik et moi avons fêté notre quatrième anniversaire de mariage. On s'est offert un bon dîner à Gérone, en tête à tête. Ces sorties à deux devenaient rares, elles étaient réservées à nos anniversaires.

C'était l'occasion d'évoquer des souvenirs. Nous nous étions connus alors que je me remettais du cancer sans savoir ce que j'allais faire du reste de ma vie, ni même ce qu'il me restait de temps à vivre. Elle travaillait pour une agence chargée de la promotion de la fondation, et me harcelait parce que je n'en faisais pas assez, selon elle, pour décrocher un gros contrat de sponsoring. On avait pris un verre ensemble pour faire la paix – et à partir de là on ne s'était plus quittés. J'avais connu des filles intelligentes, ou jolies, ou drôles, mais aucune, jusqu'à Kik, n'avait été tout ça à la fois.

Aucun des petits amis de Kik n'avait jamais trouvé grâce aux yeux de Dave Richard. Il les descendait en flammes dès qu'ils apparaissaient. Elle avait fini par lui dire : « Papa, crois-tu que je trouverai un jour quelqu'un à ton goût ? » et Dave avait compris qu'il lui faudrait faire un effort pour le prochain. « Je suis à court de munitions », disait-il à sa femme. Kik m'a invité chez ses parents à Noël. Je songeais déjà à lui proposer le mariage, avec l'espoir qu'elle accepte, et ils devaient s'en douter. Après ces vacances, j'ai envoyé à Ethel, la mère de Kik, un e-mail pour la remercier. J'ai ajouté : « Vous avez une fille formidable. » Ethel m'a répondu : « Merci pour votre aimable compliment, mais n'est-ce pas du lèche-bottes ? » Et j'ai aussitôt rétorqué : « Si ça marche, vive le lèche-bottes ! » Il ne m'a pas fallu plus de quatre mois pour demander à Kik de m'épouser.

On s'est rendu compte de tout ce qu'on avait fait depuis : quatre déménagements et trois enfants, une kyrielle de chutes et d'accidents de vélo et autres examens médicaux, et trois Tours. Le tout, très vite. On s'était vite aimés, vite mariés, on avait vite fait des enfants, vite réussi, et vite fait d'autres enfants. Mais on risquait d'avoir vite des problèmes.

Vu de l'extérieur, ça semblait idyllique – une belle histoire de vie dorée sur tranche, et c'était souvent le cas. Mais il y avait une tension grandissante sous les apparences, entre ce que chacun voyait de nous et ce que nous ressentions. Le soir venu, nous étions comme tout le monde. Les enfants étaient fatigués et ils avaient faim, les adultes aussi. Quand je franchissais le seuil de la maison, j'étais vanné. Kik l'était aussi, après une journée passée à s'occuper de trois marmots de moins de trois ans. Et, ce qui n'arrangeait rien, on ne voulait ni l'un ni l'autre reconnaître ces problèmes, la fatigue, les risques de dérapage. On ne souffre pas du train-train quotidien quand on est aussi gâté par l'existence. Aucun de nous n'était capable de dire à l'autre : « Il y a quelque chose qui cloche. » On continuait, donc, en faisant de notre mieux.

Pour tester votre endurance, la course à vélo n'est

rien comparée à la gestion des incidents du quotidien, au mal qu'il faut se donner pour piloter son existence. On pense généralement que les leçons de la compétition sportive sont applicables dans la vie de tous les jours. En fait, il arrive qu'elles le soient, mais aussi qu'elles ne le soient pas.

A quelle mesure faire appel pour vérifier si on est un bon compagnon et un père ou une mère dignes de ces noms ? Si certaines formes de réussite sont moins évidentes que la victoire dans une course cycliste, franchement, elles sont aussi plus difficiles à atteindre. Elles ne se mesurent pas avec des chiffres. Pas plus que la satisfaction qu'on en retire.

# 6

# Le Train Bleu

Imaginez : deux cents coureurs qui dévalent sur une route étroite à plus de soixante-dix kilomètres-heure, chacun essayant d'être le premier, et qui se heurtent, se poussent, se coupent mutuellement la route, échangent des coups et sautent même des virages pour passer en tête. Certains vous imprimeraient la marque de leurs pneus sur le dos si on les laissait faire. Ce n'est, pour le Tour, qu'une façon parmi d'autres d'imiter la vie réelle.

Il faut huit coureurs de l'U.S. Postal pour m'amener entier à la ligne d'arrivée, et premier qui plus est. Le public ne sait pas à quel point le cyclisme est un sport d'équipe, et je suis toujours gêné de me voir sur le podium du Tour de France comme si j'y étais arrivé tout seul. Je ne suis pas là après avoir roulé presque trois mille kilomètres pour dire : « Salut, regardez ce que j'ai fait ! » De ce maillot jaune que je porte, j'estime ne mériter que la fermeture Eclair. Le reste, chaque manche, le devant, le derrière, tout revient à ceux de l'équipe.

Le Tour de France pose une question intéressante au sujet du travail d'équipe : pourquoi huit coureurs suent-ils sang et eau trois semaines durant alors que c'est moi, le neuvième, qui vais remporter le trophée ? Il y faut un extrême degré de sacrifice – anormal, peut-être. Mais l'athlète intelligent sait que si le sacrifice est dur, un comportement égoïste est pire. Il pourrit une équipe ; on se retrouve avec un groupe d'individus qui n'ont plus en commun que leur maillot.

Une grande équipe, c'est mystérieux, c'est difficile à faire exister, encore plus à copier, et il y a de par le monde beaucoup plus de mauvaises équipes que de bonnes. Regardez autour de vous. Nombre de groupes qui galèrent ensemble ne sont pas *unis*. Il suffit pour s'en convaincre d'observer la Fédération américaine de football, l'Association nationale de basket-ball et l'Amérique des entreprises. Les gens n'ont à la bouche que le travail d'équipe, le terme est galvaudé, usé, des spécialistes s'efforcent de le définir, des charlatans en font un sujet de livres, mais rares sont ceux qui le comprennent.

Et ce n'est pas étonnant : être un équipier, c'est cultiver un rapport bizarre, quelque part entre la simple relation et le lien familial. Mais je prétends que les gens sont faits pour travailler ensemble, pas seuls, et qu'une certaine dose de sacrifice n'est pas anormale, mais naturelle. Réfléchissez : de tout temps les hommes se sont regroupés pour unir leurs efforts.

Si on s'investit sincèrement dans une équipe, on bénéficie d'un retour sur investissement, et c'est un énorme avantage dans la compétition face à des équipes moins soudées. Au sein de l'U.S. Postal Service, chacun investit dans les efforts des autres – si bien que nous avons souvent l'impression de courir contre des équipes dont chaque membre s'efforce de battre les autres. Qui est le plus malin ? Celui qui investit ou celui qui dépense ? L'investissement suppose qu'on s'implique sur la durée ; il n'est ni futile ni éphémère ; il est durable et suggère un retour à long terme.

A une certaine époque, j'ai quasiment partagé ma valise avec George Hincapie. On roulait sur des routes de montagne pendant des semaines, on se retrouvait dans de petites chambres d'hôtel, à partager jusqu'à la moindre écorchure, la souffrance et les repas. A ce rythme, on finit par savoir un tas de choses de l'autre, y compris celles qu'on préférerait ignorer.

Je sais par exemple que George est pourvu d'une barbe si drue qu'il doit se raser toutes les heures ou presque. Je l'ai appris pendant ce mois d'août passé à s'entraîner ensemble. Un matin, alors qu'il se trouvait dans la salle de bains de la chambre d'hôtel, je l'ai entendu crier.

– Bon Dieu ! Encore ça !

Je me suis précipité vers la salle de bains.

– Qu'y a-t-il ?

Il est apparu, rasé de près, rayonnant.

– Je suis mieux comme ça, c'est tout, a-t-il dit.

On peut toujours dire ce qui fait une bonne équipe – mais il suffit de la voir pour le savoir, car les membres d'une équipe s'aiment bien les uns les autres. Il nous arrive de loger dans un hôtel en même temps que deux ou trois autres équipes et de nous retrouver tous ensemble dans la salle à manger. Ceux de l'U.S. Postal rient et mangent d'un joyeux appétit, puis prolongent le repas devant leurs assiettes vides, pour le plaisir de rester ensemble. Non loin de là dîne une équipe de coureurs sous contrat temporaire, au sein de laquelle personne ne fait vraiment d'effort pour personne. Ils ont le nez dans leur assiette, ne parlent pas et rejoignent leur chambre la dernière bouchée avalée. Eh bien, dans un sprint pour la ligne d'arrivée, un coureur isolé, sans alliés ni quiconque pour l'aider, se fatigue et perd.

L'U.S. Postal engagée dans le Tour 2002 était l'une des meilleures équipes qui aient jamais roulé. Qu'est-ce qui a permis à neuf individus différents de se fondre en une seule et heureuse entité ? La réciprocité. Trop de gens (en particulier les patrons) exigent ou tentent d'imposer un travail d'équipe sans en saisir l'aspect le plus crucial : une équipe n'est qu'une forme de communauté. Les mêmes principes s'appliquent à toute entreprise collective, qu'il s'agisse d'entretenir un jardin, d'assurer une garde ou de faire la course tout autour de la France : si on veut quelque chose, il faut d'abord donner. Investir.

Pour ne pas m'isoler de mes coéquipiers, je dois leur faire sentir que quand je gagne, ils gagnent aussi. L'un des moyens d'y parvenir est de courir pour eux plusieurs fois chaque année. Je passe une partie du printemps comme assistant pour aider mes coéquipiers à remporter des courses. Je fais fonction de domestique, je leur coupe le vent, je les protège dans le peloton, je porte leurs bidons – et c'est l'un des moments de la saison que je préfère. Savez-vous pourquoi ? Parce que ça fait du bien. Ce n'est pas simplement pour qu'ils me rendent la pareille dans le Tour de France. Je le fais aussi parce que c'est mieux que la solitude, c'est plus gratifiant que de courir seul. On se soutient réciproquement.

Il y avait dans l'U.S. Postal 2002 une communauté

d'esprit. Je ne veux pas dire que nous étions du même avis en politique ou en musique. On partageait la même éthique, c'est tout. Pour la simple raison que Johan et moi-même avions passé cinq ans à repérer, recruter et garder sous contrat des garçons avec lesquels nous avions envie de travailler. Le cyclisme est un univers de contractuels : on y trouve une foule de coureurs capables de s'économiser en douce et de courir pour eux-mêmes plutôt que pour leur équipe, avec leurs propres contrats pour unique souci. Il n'y avait pas place chez nous pour ceux-là. S'il nous arrivait de détecter cette mentalité chez des membres de l'équipe, ils n'y restaient pas longtemps.

Au fil des années, des coureurs sont venus et repartis parce qu'ils étaient bons, tout simplement, et recevaient des propositions plus alléchantes. Ce système de contrats rend difficile la formation d'une équipe cohérente, car les hommes ne cessent de changer d'une année sur l'autre, et 2002 n'y faisait pas exception : Tyler Hamilton, qui m'avait aidé à remporter trois victoires successives dans le Tour, nous avait été enlevé pour être le leader d'une équipe danoise. (Il est resté un bon ami et un proche voisin.) Mais tous nos coureurs sont heureusement du même type, dévoués à la stratégie de l'équipe et attentifs aux détails.

A l'ouverture de chaque saison on attaquait l'entraînement avec vingt coureurs de l'U.S. Postal venus des quatre coins de la planète. Divers facteurs intervenaient dans la sélection des neuf coéquipiers appelés à prendre le départ du Tour, parmi lesquels leur condition physique à ce moment-là et les rôles qu'ils pouvaient jouer – il nous fallait des grimpeurs, des coureurs de plat et des domestiques – mais il s'agissait de savoir jusqu'où ils étaient prêts à consentir des sacrifices. Si on ne pensait pas « équipe » mieux valait rentrer chez soi. C'était aussi simple que ça.

On appelait ça les Dead Man's Rules*. Si on trahissait l'éthique, si on n'observait pas les règles, on s'excluait de l'équipe. S'engager dans le Tour, c'était renoncer à son intérêt personnel. On courait pour l'équipe, à l'exclusion de tout le reste. Celui qui pensait différemment, nous n'en voulions pas, même si c'était l'un des meilleurs coureurs au monde, parce que ça ne présentait aucun intérêt pour nous. Ça ne nous valait pas toujours la sympathie des gens extérieurs à notre organisation – on me considérait comme un tyran sans cœur, notamment parce que je ne parlais pas beaucoup aux autres coureurs. Disons que je ne perdais pas mon temps en mondanités avec ceux qui ne faisaient pas partie de l'U.S. Postal.

Nous voulions des coureurs agressifs à 100 %, et qui s'amusent. La formule de l'U.S. Postal pour préparer le Tour était simple : peser le cycliste, son vélo et mesurer la force de ses jambes. Réduire le poids et augmenter la force. On surveillait son régime alimentaire, on choisissait avec soin ses tenues d'entraînement et on partait reconnaître chaque centimètre du circuit. (On pourrait croire que toute équipe le fait, mais il n'en est rien.) On n'acceptait pas le laisser-aller – chacun doit savoir que les autres travaillent aussi dur – mais on faisait la part belle à l'humour, qui est un important facteur de cohésion au sein d'une équipe de cyclistes et un excellent antidouleur. Quand

---

* Les règles de l'homme mort.

on travaille dur, on a besoin de rire, et il faut qu'on puisse se taquiner les uns les autres sans prendre la mouche, car assumer ses propres faiblesses et les corriger fait aussi partie de l'éthique.

Deux semaines avant le Tour, Johan a donné les noms de ceux qui seraient sur la ligne de départ. Chaque coureur avait un rôle précis à jouer et devait répondre à divers besoins aux différentes étapes de la course. Mais la tâche principale consistait à écarter tout le monde sauf moi de la place du vainqueur.

L'équipe :

George Hincapie était un homme à l'humour tranchant et le meilleur coureur américain de l'U.S. Postal. Et il était pour moi comme un frère, solide et prenant toujours au sérieux ses responsabilités professionnelles. George ne se laissait jamais démonter par quoi que ce soit, et de se départait jamais de sa bonne humeur, même dans les plus dures étapes du Tour.

J'ai employé à propos de George l'expression « les doigts dans le nez ». On voyait des coureurs haleter, la bouche ouverte, dans un effort désespéré pour inhaler par les oreilles, les yeux, tous les pores de leur peau. Mais chez George, même dans les sprints les plus furieux, on ne voyait pas palpiter une narine. On avait l'impression qu'il ne respirait pas, n'avait que faire de son nez. Tel était George, les doigts dans le nez.

Victor Peña (Colombie), Pavel Padrenos (République tchèque) et Benoit Joachim (Belgique) étaient des domestiques chevronnés du Tour, des cyclistes professionnels capables de remporter des courses dans le monde entier, et qui ne s'en privaient pas, mais qui, pendant trois semaines, allaient consacrer tous leurs efforts à ce travail particulier sur la plus longue des courses à étapes, simplement parce qu'ils y voyaient un honneur. Leur musculature, leurs mines impassibles les rendaient impressionnants, au point que certains n'osaient pas leur adresser la parole, mais c'étaient en réalité trois gros ours qui donnaient jour après jour le maximum d'eux-mêmes et cherchaient toujours à se rendre utiles. Ils me protégeaient des deux cents autres coureurs désireux de me battre, m'évitaient les chutes et les coups d'épaule, donnaient la chasse aux fugitifs, m'apportaient à boire et à manger, m'abritaient du vent. Plus ils restaient longtemps devant moi, meilleures étaient mes jambes pour le final. Je disais souvent de mon vieil ami Ekimov, le champion olympique, qu'il était dur comme le fer. Il ne se plaignait jamais, ne gémissait jamais, ne faisait jamais défaut. Je préférais avoir dans l'équipe quelqu'un comme lui, avec son éthique, plutôt qu'un champion à un million de dollars qui ne fait d'effort que quand ça lui chante.

Ekimov s'était retiré à la fin de la saison 2001, mais la course lui manquait. Il a appelé Johan en février, alors qu'on s'entraînait en Europe, pour lui dire qu'il avait envie de courir à nouveau et lui demander s'il restait une place pour lui dans l'équipe. « Pour toi, il y aura toujours une place », a répondu Johan. Eki a repris l'entraînement, mais nous pensions tous qu'il ne serait pas au point pour le Tour. Il est arrivé début mai, fin prêt pour la course – de nous tous, c'était lui le plus en forme.

Après l'avoir observé pendant quelques jours, Johan lui a dit :

– Eki, que penses-tu du Tour de France, cette année ?

– Comment, ce que j'en pense ?

– Tu n'aimerais pas le faire ?

– Mais si, j'adorerais le faire.

– Eh bien, tu n'as pas le choix. Il va falloir que tu le fasses. On a besoin de toi.

Dès lors, Eki s'est montré l'un de nos coureurs les plus dynamiques. Il avait une mentalité de junior, excité de se trouver là à nouveau, heureux chaque fois qu'il enfourchait son vélo.

Roberto Heras et José Luis (Chechu) Rubira, ces jeunes Espagnols aux manières raffinées, escaladaient les montagnes avec une énergie à vous couper les jambes. Heras est plutôt frêle et d'un caractère réservé, mais quand il se lançait à l'assaut d'un col il semblait animé de la même force cinétique qui fait battre les ailes d'un oiseau-mouche. J'avais parfois du mal à rester dans sa roue. Chechu a le rire facile, et c'était l'un des plus populaires auprès des autres coureurs de l'équipe, mais il avait aussi un côté sérieux. Elève ingénieur, il potassait ses manuels dans le car de l'équipe. Ces deux garçons se donnaient à fond dans chaque course, ignorant la fatigue et la souffrance. Ils n'étaient jamais en arrière, jamais dans un mauvais jour – ni de mauvaise humeur.

Et il y avait Floyd Landis. Un après-midi où on roulait ensemble, je lui ai dit :

– Qui doit-on prendre pour le Tour, à ton avis ?

– Ma foi, si tu me le demandes, évidemment, je te répondrai moi.

Je me suis mis à rire. Puis j'ai nommé nos sept meilleurs coureurs. J'ai fini par : « et toi, évidemment ».

La dernière grande course de mise en jambes avant le Tour était celle du *Dauphiné libéré.* Je l'ai remportée, et Floyd a fini second. C'était la première fois qu'il se distinguait dans une course en Europe, il avait réalisé une performance remarquable et on avait sans aucun doute fait le bon choix en le sélectionnant pour le Tour. Je me suis mentalement administré une tape dans le dos pour me féliciter d'avoir découvert son talent avant qu'il ne le découvre lui-même. Il était bien bâti, bon grimpeur, capable de courir contre la montre et de tenir sa place dans le peloton sans se laisser impressionner par les bousculades à grande vitesse. Et surtout, il ne renonçait jamais ; il était têtu comme une mule.

Avec toutes ces langues différentes dans l'équipe, on finissait par se parler dans une sorte de sabir. On échangeait des phrases et des expressions familières, et des plaisanteries bien à nous. J'avais appris à Chechu l'expression « *to raise the roof* », qui signifie faire un boucan monstre. Il était si sérieux et si appliqué qu'il en devenait doublement drôle quand il se lâchait, et nous faisait hurler de rire en soulevant le toit.

– Où est-il, ce toit, Chechu ? demandions-nous.

Le plus sûr moyen de dérider la troupe au dîner ou dans le car, c'était d'apprendre quelque bon américanisme à des garçons aussi bien éduqués que Pavel ou Eki. Ils parlaient très bien l'anglais, mais restaient perplexes devant certaines de nos expressions les plus courantes.

– C'est quoi, George, ce truc que vous dites tout le temps : « *How you doing ?* »

Pavel était l'un des coureurs les plus calmes, qui faisait son boulot et n'ouvrait pas souvent la bouche. On n'entendait presque jamais sa voix dans nos échanges radio. Un jour, en pleine course, il demande un mécanicien parce que quelque chose ne marche pas sur son vélo. Johan lui envoie quelqu'un, et on l'entend demander.

– Alors, Pavel, ça va mieux ?

– Moins ou plus, répond Pavel.

Eclat de rire général. Je tente de lui expliquer pourquoi :

– C'est plus ou moins qu'il faut dire.

– Bon, mais c'est pareil.

– Non. Ce n'est pas pareil.

– Pourquoi ce serait différent ? s'étonne Pavel. Moins ou plus, plus ou moins ? Qu'est-ce que ça peut faire ?

Il a fallu discuter longtemps.

On se charriait mutuellement, sans méchanceté, à propos de nos nationalités respectives, de nos caractères, de nos habitudes. Et on échangeait, surtout, des plaisanteries qu'on était seuls à comprendre.

J'allais chaque jour à la salle de gymnastique avec George, et on pédalait côte à côte sur les vélos fixes.

Un jour, George me dit :

– Tu n'aurais pas du ruban adhésif ?

– Pourquoi ?

– Parce que je me suis fait une déchirure, répond George, en montrant son biceps.

Avec le rire, on oubliait la souffrance de l'entraînement. Nos plaisanteries étaient douteuses, irrévérencieuses et infantiles, mais au sein de l'équipe, entre neuf personnes qui partageaient la même affection et la même confiance mutuelle, les coups de gueule étaient un rituel quotidien pour se fortifier le moral.

– Donnez-moi un putain de tricycle, et vous verrez ! disais-je.

On improvisait sur nos vélos. Floyd venait rouler à côté de moi, et se mettait à chanter : « *Somebody's going to be my bitch today**. » Aussitôt, derrière, les autres commençaient à hurler « Aaaaaaaaaaaaaa ! » et à s'exciter.

George avait une façon bien à lui de dire qu'il se sentait vraiment bien : « *No chain.* » La chaîne qui entraîne les roues du vélo et crée la tension dans les jambes quand on avance. Mais supposons qu'il n'y ait pas de chaîne. On ne déplacerait rien, de l'air seulement, et ce serait tellement plus facile... George et moi, on se comprenait là-dessus.

– Dis-donc, tu peux vérifier quelque chose pour moi ? demandais-je.

– Quoi ?

– Je ne sens pas de chaîne. Il y a une chaîne sur ce vélo ?

– Pas de chaîne, pas de chaîne !

Au départ du Tour de France, j'avais opté pour un maillot bleu uni, indiscernable parmi ceux de mes coéquipiers. Je voulais donner le ton de toute la course : traditionnellement, le vainqueur du Tour précédent prenait le départ avec son maillot jaune, mais je ne voulais pas me distinguer et on n'avait encore

* « Je vais trouver quelqu'un contre qui râler aujourd'hui. »

rien fait pour mériter le jaune dans ce Tour 2002. J'ai dit à Johan : « Gagnons-le d'abord. »

Pour le prologue, on devait sprinter sur une boucle de sept kilomètres à travers les avenues majestueuses de Luxembourg. J'avais perdu deux contre-la-montre dans des courses de préparation et, comme chaque fois, on murmurait dans le peloton que j'étais en baisse de forme ; tous les coureurs allaient en guetter les signes pour savoir si je n'étais plus imbattable. Je tenais à leur enlever très vite cette idée de l'esprit. Une victoire dans le prologue serait un message. « Eh, les gars, je suis là, on est dans le Tour, pas dans une petite mise en jambes, et ce n'est pas la même chose. »

L'enjeu, en outre, était historique ; je voulais devenir le quatrième coureur à remporter quatre Tours consécutifs, et ajouter mon nom à une liste prestigieuse : Jacques Anquetil, Eddy Merckx, Miguel Indurain. Mais la chose s'annonçait difficile : cent quatre-vingt-neuf coureurs allaient s'efforcer de me battre du début à la fin, et il fallait compter aussi avec cet éternel adversaire : la course proprement dite. Elle serait de trois mille deux cent soixante-douze kilomètres, avec quatre étapes de montagne cruciales au cours des huit derniers jours. Trois jours avant l'arrivée à Paris, nous serions encore en montagne. Ce qui signifiait qu'en cas de mauvaise forme pendant une journée, on risquait un retard irrattrapable sur le peu de jours restants. Nous avions devant nous trois semaines de longues ascensions, de vent, de pluie, de chaleur, sans compter les impondérables comme les chutes et les crevaisons.

Les organisateurs du Tour avaient sensiblement modifié le parcours : il était plus court, mais plus dur.

On avait voulu, de toute évidence, une course plus difficile pour moi tout spécialement. J'avais si bien couru les étapes de montagne avant mes précédentes victoires dans le Tour qu'on avait trouvé les dernières étapes ennuyeuses du fait de ma trop grande avance. Cette fois, tout était fait pour réserver le dénouement le plus longtemps possible, avec quatre étapes de montagne dans l'ultime semaine. Et plus que trois jours jusqu'à Paris...

Enfin de compte, le coureur le plus résistant serait celui qui avait la meilleure équipe, celle qui aurait réussi à garder un leader en bonne forme. J'étais convaincu que l'U.S. Postal était l'équipe la plus forte et la meilleure, surtout quand j'observais l'ensemble des coureurs parmi lesquels ne figuraient pas Jan Ullrich et son équipe Deutsche Telekom. Il venait de traverser une année difficile, avec une blessure au genou, puis un accident de voiture après une sortie nocturne, et il était absent.

Le jour du prologue, Kik est allée à la cathédrale allumer les cierges traditionnels, puis elle a amené les trois enfants pour qu'ils me voient avant le départ. Entraînée par la foule, elle s'est retrouvée du mauvais côté, au milieu des vélos et des voitures suiveuses. Elle a dû demander aux agents de police de l'aider à franchir la barrière pour traverser l'avenue. Elle portait Luke tandis que des spectateurs obligeants brandissaient la poussette au-dessus de leur tête avec les jumelles dedans, comme dans un concert. Quand ils sont enfin parvenus à traverser, la foule les a acclamés.

J'étais sur un vélo fixe en train de m'échauffer. Luke a bu mon Gatorade et a inspecté les roues et toutes les parties mécaniques du vélo avec les mécaniciens de l'équipe. Les jumelles, installées face à moi dans leur poussette, ne perdaient rien du spectacle pendant que Kik les nourrissait à la petite cuillère.

Le moment d'y aller est arrivé. J'ai embrassé tout le monde, puis j'ai enfourché mon vélo pour me placer sur la ligne de départ. J'ai attendu que tous les autres coureurs aient pris le départ à une minute d'intervalle avant de m'élancer à mon tour. C'était une course serrée, très technique, qui demandait de la précision, et Johan ne cessait de parler et de me donner des instructions par radio. Je regardais droit devant moi, sans m'occuper des spectateurs qui se pressaient derrière les barrières. « Excellent, Lance, excellent, excellent ! » répétait Johan en relevant mes temps de passage.

Puis il m'a informé que le Français Laurent Jalabert, grand favori cette année-là, était en tête. J'ai foncé sur les dernières boucles pour rattraper l'avance de « Jaja ». J'y suis parvenu et j'ai gagné l'étape en le battant de 2 secondes sur la ligne d'arrivée. Kik et Luke étaient là, et ils criaient : « Go yo-yo Daddy ! »

On avait le maillot jaune. Je savais qu'on le rendrait vite – on ne peut pas défendre le maillot jaune du début à la fin de la course. Mieux valait le céder pour quelques jours, économiser ses forces et le reprendre avant d'arriver à Paris. Mais c'était tout de même rassurant de le porter pour une journée. « C'est toujours bon de savoir que je l'ai récupéré », ai-je dit à Bill Stapleton.

Après le prologue, je suis allé voir ma petite famille à l'hôtel où logeait l'équipe. C'était notre dernier moment de détente tous ensemble avant trois semaines. J'ai pris les filles dans mes bras pour les embrasser, une fois, deux fois, et j'ai demandé à mon fils qui allait gagner ce Tour de France.

– Que va faire Daddy ?

– Il va les faire souffrir dans la montagne, a répondu Luke.

Mais il fallait d'abord y arriver.

Les journées étaient longues comme le ruban de bitume qui se déroulait devant nous. Reims, Epernay... on a traversé à grande vitesse la Champagne plate. On chantait chaque matin la chanson de ZZ Top dans le car, pour rester éveillés et se stimuler.

ZZ Top était l'une des contributions de Floyd Landis à l'équipe, et elle devait laisser une marque indélébile. Floyd assurait une présence comique permanente dans le car et ses tentatives pour expliquer à Heras, Rubiera ou Eki qui était ZZ Top à travers des imitations de chanteurs de rock déchaînés étaient pour nous une source d'hilarité inépuisable. Jusqu'au moment où Roberto Heras, si calme et si courtois, tentait de reprendre pied. « Plus de ZZ Top, implorait-il. Plus de ZZ Top ! »

Mais qu'on l'aime ou pas, ZZ Top faisait partie du rite, comme nos retrouvailles matinales dans ce car. On commençait par discuter de la stratégie et recevoir nos instructions de Johan, puis la réunion dégénérait et on se mettait à faire les idiots. Comme on s'était aperçus que les vitres teintées étaient assez sombres pour empêcher de voir ceux qui se trouvaient à l'intérieur, on se montrait en riant comme des fous la bousculade des chasseurs d'autographes, hurluberlus en tenues carnavalesques et autres resquilleurs. Mon copain Robin Williams montait parfois avec nous et nous faisait rire avec quelques sketches. Il imitait un Français exaspéré buvant du Pernod en fumant des Gitanes, quand il ne me tombait pas dessus en m'appelant « *The Uniballer* » ou « *The Big Zipper** ».

Un matin où on était particulièrement lancés, on a décidé de tester l'efficacité de ces vitres teintées, à tout hasard. On a demandé à Johan de sortir pour regarder à l'intérieur, et on a tous baissé notre pantalon. Il ne l'a jamais su.

C'était puéril, mais c'était notre façon de faire diminuer la tension et de rompre la monotonie des étapes. On tenait à se garder en forme jusqu'aux étapes de montagne, mais ces étapes de plat étaient rapides et dangereuses, avec le vent qui soufflait fort, les attaques incessantes qui partaient du peloton, et le risque de chute. L'équipe roulait vite, mais c'était usant pour tous, et en particulier pour Floyd à qui on demandait beaucoup. Il s'était fait une telle réputation de crack après son sprint dans le Dauphiné que le peloton avait un œil sur lui. On lui demandait de foncer, le peloton se lançait à sa poursuite et se fatiguait.

Floyd ne se plaignait pas. Il écoutait, fonçait, s'instruisait auprès des anciens et ne renonçait jamais. Mais il avait une faiblesse : sa jeunesse. Le Tour n'est pas tendre quand on est jeune, et peut s'avérer impitoyable pour les bleus qui ne sont pas encore suffisamment endurcis et conditionnés pour une course de trois semaines.

Floyd était anxieux. Il dormait mal et souffrait de

* *Uniballer* : N'a-qu'une-boule. *Big Zipper* : littéralement : la Grande Fermeture Eclair. Allusion à la vitesse.

palpitations la nuit. Il s'inquiétait de sa condition physique, craignait de nous faire défaut. Un matin où on était tout seuls dans le car, on a discuté. Il me regardait avec de grands yeux.

– Ecoute, ai-je dit, j'ai besoin de toi.

– Je sais, je sais, je sais.

– Ça suffit, Floyd. Cesse de te faire peur. Tu es bon. Cesse de t'inquiéter pour l'équipe. On est bons.

– Mais, Lance, j'ai des palpitations...

– Je ne veux pas en entendre parler. Tu as peur. De quoi ? Tu penses à ton contrat avec l'équipe ?

– Non.

– Moi, je crois que oui. Il faut que tu cesses de penser à ça. Ne pense plus qu'à une chose : pourquoi tu es là.

– D'accord. D'accord.

– Cesse de déconner. Je ne veux pas d'excuses. Tu vas assurer, d'accord ?

Mais il n'y avait pas que Floyd qui soit tendu et fatigué. On l'était tous. On ne savait plus quel jour de la semaine on était, ni même quelle étape on disputait. On se réveillait, certains matins, avec l'impression d'être passés sous un camion. Puis on enfourchait les vélos et, au bout d'une heure, on se sentait mieux. Quand on était bien endurcis, on parvenait à un état second. A partir d'un certain point, on n'avait plus qu'un but dans la vie, et il prenait toute notre énergie. Il n'en restait même plus pour un coup de téléphone. On était passés dans une autre dimension et on pédalait, puis on allait se coucher jusqu'au moment de se lever pour recommencer.

Outre le vent et les bousculades dans le peloton surpeuplé, on devait faire face à une foule de petits problèmes mécaniques. Il arrivait que deux coureurs soient obligés de rejoindre la voiture pour une réparation, et ça nous rendait nerveux.

Un matin, je décide de détendre un peu l'atmosphère. J'appelle Johan par radio.

– Johan, il faut que je vienne à la voiture.

– Pour quoi faire ?

– J'ai un problème. Je veux que tu jettes un coup d'œil à mon vélo.

Il y a un silence, dans lequel je perçois l'inquiétude de Johan. Il va falloir réorganiser l'équipe pour me ramener à la voiture.

– Johan, tu m'entends ?

Johan se met à lancer des ordres.

– Bon. Floyd, Chechu, Eki et Pavel, vous allez avec Lance. Il revient à la voiture. Il faut nous le ramener.

– Non, non, dis-je. Je n'ai pas besoin de ça. Je veux simplement qu'on me confirme quelque chose

– Quoi ?

– J'ai besoin de savoir s'il y a une chaîne à ce vélo. Parce que je ne la sens pas.

Un nouveau silence, puis la voix de Johan dans mon oreillette.

– Espèce de salopard !

– Je ne plaisante pas. Est-ce qu'il y a une chaîne ?

La quatrième étape, un contre-la-montre par équipes, nous a emmenés à travers la campagne d'Epernay. C'était un test pour notre capacité à rouler en groupe, et aussi une sorte de mise à l'épreuve de notre loyauté, car il fallait amener au moins six coureurs ensemble sur la ligne d'arrivée si on voulait éviter une pénalité. C'était plus facile à dire qu'à faire, quand on sait tout ce qui peut arriver quand on roule à grande vitesse : crevaisons, chutes, coureurs incapables de tenir l'allure. On nous chronométrait collectivement, et notre temps en tant qu'équipe dépendait du temps réalisé par chacun. Autrement dit, si les hommes de l'U.S. Postal ne roulaient pas assez vite, je pouvais y laisser tout espoir de remporter le tour.

L'équipe Once, conduite par quelques magnifiques spécialistes du contre-la-montre, était traditionnellement favorite ; aucune équipe américaine n'avait jamais brillé dans les contre-la-montre, et c'était considéré comme un point faible de l'U.S. Postal. Mais cette fois, on se sentait capables de défier les puissances européennes. On s'est présentés dans nos tenues bleues sur des Trek de contre-la-montre en carbone noir, au design agressif. On a foncé sur la route, à une moyenne proche de cinquante-cinq kilomètres-heure, avec des pointes à quatre-vingts dans certaines parties de l'étape. On avait organisé une rotation, les coureurs prenant tour à tour la tête de notre groupe pour tirer les autres, et laissant leur place quand ils étaient fatigués. Il n'y a eu ni erreurs ni catastrophes. Tout le monde a tenu.

On a franchi la ligne d'arrivée ensemble, tous les neuf, avec un temps de 1 heure, 20 minutes, 5 secondes, à seize petites secondes de Once, et deuxième équipe sur le podium ce jour-là.

De toute la semaine, nous avons eu qu'un incident : a un ou deux kilomètres de l'arrivée de la septième étape, Roberto et moi nous sommes accrochés. On roulait au milieu d'un peloton serré, en essayant d'éviter la bousculade vers l'arrivée. Roberto, qui était chargé de me protéger à l'arrière, se trouvait juste derrière moi. Quelqu'un a accroché sa roue et il est tombé. Le guidon de son vélo s'est pris dans la roue arrière du mien. La roue s'est bloquée – et je me suis arrêté.

J'ai mis pied à terre et j'ai tiré sur le guidon de Roberto, pour le dégager de mes rayons. Il m'a fallu une minute pour y parvenir, et remettre ma roue en place à coups de pied. Eki m'a poussé pour m'aider à accélérer et à disputer le final. L'incident n'a pas été trop coûteux, mais m'a tout de même fait rétrograder de la troisième à la huitième place. Ça aurait pu être pire.

Pourtant, il s'est passé quelque chose de plus grave. La neuvième étape était une course individuelle contre la montre, autour de Rouen et de son port cher aux Impressionnistes. Le contre-la-montre représente un rite du Tour, on le considère comme « l'épreuve de vérité », parce que c'est, en terrain plat, un corps-à-corps de chacun avec la route et le chrono. C'est une discipline intéressante pour un bon technicien capable de faire une belle course en solo, de prendre des risques calculés pour éviter la chute, et on me considérait comme le numéro un mondial dans cette spécialité. Je n'avais pas perdu un seul contre-la-montre depuis bientôt neuf ans que je disputais le Tour.

Tout en m'échauffant avant le départ, je taquinais Jean-Marc Vandenberghe, l'un de nos mécaniciens. Son père construisait des routes, et c'était entre nous l'objet d'une vieille plaisanterie. Quand je me sentais en forme, je disais : « Tu ferais bien d'appeler ton papa, parce que cette route, je vais la défoncer. »

La plaisanterie était tellement éculée qu'il n'avait même plus à me demander comment je me sentais. Il lui suffisait de dire : « J'appelle mon père ? »

Ce matin-là, je n'ai pas attendu qu'il me le demande. J'ai dit : « Ecoute, Jean-Marc, tu ferais bien d'appeler ton père car cette route va être fichue après mon passage. »

Mais je n'ai pas défoncé la route. Il y a des jours où on fait tout bien, d'autres où on fait tout mal. J'étais dans l'un de ceux-là. Le trajet ne me convenait pas spécialement et ma technique n'était pas bonne. Je suis parti sur une mauvaise cadence, trop élevée, que je n'ai pas pu corriger. Je savais que quelque chose clochait, mais je n'ai pas réussi à comprendre ce que c'était.

Je suis arrivé deuxième derrière Santiago Botero, un autre grand champion du contre-la-montre qui faisait une saison brillante. Deuxième, c'était encore une belle performance, mais comme on m'avait donné favori, cette deuxième place a eu l'effet d'un choc et a suscité des rumeurs dans le peloton : je n'étais plus tout à fait l'Armstrong que j'avais été. Igor Gonzalez de Galdeano, qui avait porté le maillot jaune dans les étapes de plat, a laissé entendre que je ne dominais plus la course. « Le Tour a changé », annonçait-il aux journalistes.

J'ai regagné mon hôtel avec le moral au plus bas et assez inquiet. Si d'autres s'interrogeaient à mon sujet, je m'interrogeais aussi. Je m'en voulais terriblement de m'être vanté auprès de Jean-Marc.

Une famille m'attendait devant l'hôtel, avec un petit garçon qui avait eu un cancer. Son père était chef cuisinier à Lyon, la capitale mondiale de la gastronomie, et ils avaient fait le trajet Lyon-Lorient en voiture dans le seul but de me rencontrer. Ils avaient même apporté l'édition française de mon livre *Il n'y a pas que le vélo dans la vie.* Je me suis assis dans l'herbe, sur une butte, pour discuter avec eux. Pendant qu'on parlait, le soleil descendait sur l'horizon et les événements de la journée s'estompaient de mon esprit. Ils ne pouvaient pas savoir à quel point le fait de parler du cancer était bon pour moi.

Mes rencontres avec des gens qui luttent contre le cancer sont souvent mal interprétées : je ne le fais pas seulement pour aider les autres. Je le fais pour m'aider moi-même. Ce soir-là, ma conversation avec ce petit garçon et ses parents m'a remis d'aplomb. Tandis que l'équipe allait dîner, je suis resté sur la pelouse de l'hôtel pour parler avec eux, essayer du moins, dans mon mauvais franco-texan, et j'ai appris tout ce que ce gamin avait enduré. Il était resté deux fois cinq semaines dans une bulle stérile parce que son système immunitaire était complètement détruit. Mais il était délivré du cancer depuis un an. Ses souffrances me semblaient inimaginables. *Donnez-moi cinquante millions de fois le cancer, mais ne le donnez pas à mes enfants,* ai-je pensé.

Je me sentais apaisé, simplement heureux de savoir que ce gamin allait bien, et moi aussi. J'ai entouré ses épaules de mon bras. On a un peu chahuté, je lui ai tapé dans le dos et je lui ai tiré les oreilles, pour établir le contact. Puis je les ai remerciés d'être venus et je suis allé rejoindre les autres pour dîner. Mais j'avais retrouvé une conscience claire de ce qui est juste et réel dans le monde ; avec le sentiment qu'il existait une communauté plus vaste à laquelle j'appartenais, et qui serait toujours là pour me secourir dans les moments difficiles.

Le lendemain, je suis resté obstinément muet.

J'étais gêné d'avoir trop parlé avant le contre-la-montre et décidé à ne pas dire un mot tant que je ne me serais pas racheté. « Je ne dirai plus rien », ai-je annoncé à George. Et George m'a répondu : « Pourquoi ? On aime bien t'entendre parler comme ça. »

George m'a fait comprendre quelque chose. Ce qui peut arriver de pire à une équipe, c'est de douter d'elle-même. Personne n'a envie de travailler avec quelqu'un qui n'est pas sûr de lui, parce que ça revient à gaspiller les efforts de tous. Mes coéquipiers avaient souffert pendant des heures et des heures sur leur vélo parce qu'ils croyaient le faire pour un gagnant, ils s'étaient entraînés avec moi dans les Alpes et avaient sacrifié leur vie personnelle parce qu'il était entendu qu'on resterait ensemble. Cette confiance mutuelle nous donnait de l'énergie, elle nous propulsait sur les routes, à l'assaut des cols. Ils ne voulaient pas entendre, au beau milieu de l'épreuve, que je ne me sentais pas dans mon assiette.

En arrivant au pied des montagnes rocheuses et déchiquetées des Pyrénées, j'ai repris confiance en moi. « On va attaquer et rattraper ce retard », ai-je annoncé. La onzième étape était celle de La Mongie, un village placé à mi-hauteur sur la route du célèbre col du Tourmalet, et je savais exactement ce qui nous attendait et combien ce serait difficile. Je savais autre chose, aussi, qui me rassurait. Je ne serais pas seul. On allait se charger ensemble de cette montagne, tous les neuf, et on verrait d'autres coureurs lâcher prise. « Ils vont craquer », ai-je promis à l'équipe.

On a fait ce jour-là trois ascensions monstrueuses. D'abord, celle du col d'Aubisque, une montée pleine de pièges d'une vingtaine de kilomètres qui vous emmène à près de mille deux cents mètres d'altitude. En approchant de l'Aubisque, j'ai dit par radio : « Il est temps d'y aller. »

Dans une ascension, le travail d'équipe est crucial : je pouvais économiser jusqu'à 40 % de mon effort en roulant dans la roue d'un coéquipier et être frais pour le sprint final sur la ligne d'arrivée. L'idée était de les utiliser l'un après l'autre, jusqu'à ce qu'ils soient fatigués. Je devenais une fusée propulsée par une série de moteurs auxiliaires.

Laurent Jalabert a franchi le col de l'Aubisque à la tête d'une échappée qui a soulevé l'enthousiasme de ses admirateurs massés sur les bas-côtés – mais l'U.S. Postal s'est lancée à sa poursuite dans la descente. On était comme un grand chasse-neige bleu filant à toute vitesse, Ekimov et Hincapie en tête.

Mais en arrivant au bas de la côte, Floyd Landis a eu tout loisir de comprendre pourquoi le Tour est l'une des plus dures épreuves qui soient. Sa roue avant a attaqué la montée et a flanché. Comme si son vélo avait décidé de s'arrêter et de repartir en sens inverse. Il était vaincu par la sévérité de la côte ; il ne pouvait plus suivre. Il s'est laissé distancer. Ce coureur flamboyant qui en avait remontré à tant d'autres s'est retrouvé seul à lutter sur une route de montagne, et son visage disait sa stupéfaction.

On a continué sans lui. Quand on est arrivés au pied du Tourmalet, George roulait toujours en tête. George, en principe, n'était pas un grimpeur, mais ce jour-là on comptait sur lui, surtout maintenant que Floyd était en difficulté. Il y avait tout de même un problème : le col du Tourmalet était celui qu'il redoutait le plus, je le savais. Je lui ai dit : « George, contente-toi de nous tirer sur les quatre ou cinq premiers kilomètres, fais simplement ce que tu pourras. » George m'a lancé un regard sceptique. Il n'était pas certain d'y survivre, et encore moins de pouvoir aider quiconque. « Tu en es capable », ai-je ajouté.

Je me suis mis dans sa roue et il a tiré jusqu'au moment où il a senti son cœur près d'exploser. Il tirait, tirait, et commençait à souffrir pour de bon. C'était une montée interminable. Au bout de vingt minutes George était toujours devant. On voyait presque son cœur battre à travers l'étoffe du maillot. Pour une fois, il avait la bouche ouverte et luttait pour respirer. Il essayait de se concentrer.

J'ai décidé de l'aider à oublier la douleur en le taquinant un peu. J'ai appelé Johan par radio et je lui ai dit :

– Eh, Johan. George me demande si tu peux lui dire quand la montée commence.

– Ce n'est pas le moment, a répondu George.

Finalement, il a lâché prise. Je voulais dire quelque chose, mais un coup d'œil m'a suffi et je me suis tu. Il était cuit – mais il avait fait un effort inoubliable.

Chechu et Roberto l'ont remplacé – et quelques minutes plus tard ils faisaient exploser le Tour. Ils ont imposé une telle allure que tout le monde ou presque en a eu les jambes coupées.

Ils ont roulé si vite que tout le peloton s'est laissé distancer. On s'élevait toujours plus haut, sur des routes sans garde-fous, et le soleil nous brûlait. Il n'y avait plus qu'une dizaine de coureurs pour tenir l'allure. Le reste était loin derrière. On a dépassé Jalabert.

Chechu portait sa casquette à l'envers pour éponger

la sueur. J'avais si chaud que j'ai retiré la mienne et l'ai jetée à la foule.

Chechu est repassé derrière, épuisé. Roberto a pris sa place. Il écrasait ses pédales avec une telle fureur qu'il a réduit notre groupe à trois : lui, moi, et le seul coureur qui allait se révéler un véritable adversaire pendant la semaine à venir, Joseba Beloki.

Je roulais juste derrière Roberto, le regard sur sa tête bouclée tandis qu'il se balançait sur son vélo. Puis j'ai jeté un coup d'œil par-dessus mon épaule. Le reste du peloton s'étirait en contrebas dans un désordre multicolore.

Mais Roberto avait pris une telle allure que j'en souffrais moi-même. De l'extérieur, j'avais l'air d'aller bien. Je ne voulais pas que quiconque me voie souffrir, ni les directeurs de course qui m'observaient sur des écrans dans leur voiture, ni surtout Beloki. J'essayais donc de ne pas me crisper et de garder un visage impassible. Mais j'ai dit à Roberto : « *Tranquilo, tranquilo.* » Il a un peu ralenti, à mon grand soulagement. J'avais si bien caché ma détresse que Johan, qui me regardait dans le car de l'équipe, a cru que tout allait bien. Il pensait qu'on tenait une occasion de prendre une véritable avance sur le peloton et n'a pas compris pourquoi on ralentissait. Prenant sa radio, il a dit : « Roberto, *venga, venga !* » Plus vite, plus vite !

Roberto a accéléré. Et j'ai répété : « Roberto, *tranquilo !* » Il a ralenti à nouveau. Mais Johan, à la radio, ne comprenait toujours pas et ne voulait pas en démordre : « *Venga,* Roberto ! *Venga, venga, venga !* »

Finalement, j'ai pris ma radio à mon tour. « Bon Dieu, Johan, dis-lui d'aller moins vite ! Je souffre ! »

Johan a répercuté le message, et Roberto est revenu à une allure plus confortable pour moi.

Beloki restait obstinément dans ma roue. Je savais qu'il espérait nous prendre la victoire d'étape. Je l'ai laissé se glisser entre Roberto et moi, et on l'y a maintenu quelques minutes.

J'ai vu à sa position sur son vélo qu'il souffrait plus que moi. Il avait la bouche ouverte et les yeux à demi fermés.

Brusquement, alors qu'il ne nous restait plus que deux cents mètres, j'ai dépassé Beloki. Debout sur mes pédales, j'ai foncé vers la ligne d'arrivée. Il n'a pas pu réagir.

J'avais pris sept secondes à Beloki en moins de soixante mètres, et je devenais le leader du Tour. On avait reconquis le maillot jaune. Tout le monde avait craqué sauf moi, grâce à l'équipe. Comme s'ils avaient ouvert la porte et s'étaient effacés pour me laisser entrer.

Après l'étape, je suis allé trouver Johan.

– Mec, qu'est-ce qui t'a pris ? lui ai-je demandé. Je disais à Roberto de ralentir et toi tu le faisais accélérer !

– Tu souffrais ?

– Si je souffrais ? J'étais à l'agonie !

– Eh bien, à l'écran, tu n'avais même pas l'air de forcer.

– Vraiment ?

Le soir, Floyd nous a rejoints dans le car. Il était vidé, physiquement, après cette dure étape. Il s'est laissé choir sur une banquette.

– Je suis vraiment désolé, tu sais, m'a-t-il dit.

– Tu avais ton phare de marche arrière allumé, ai-je répondu.

Quelqu'un s'est mis à faire « Bip-bip-bip » pour imiter les tracteurs quand ils reculent.

Une tempête de rires a secoué le car.

On n'était pas déçus par Floyd. On était tous passés par là à un moment ou à un autre, et si on riait, on avait aussi de la peine pour lui, sachant que la première étape de montagne du Tour est pour tout coureur un rite de passage. Floyd devait apprendre qu'il n'y avait rien de catastrophique à être en difficulté, à souffrir, à craquer dans une ascension.

Il était aussi en train de découvrir que le Tour allait lui prendre tout ce qu'il avait à donner ; il ne pouvait pas y avoir d'autres préoccupations dans sa vie, hormis celle de remonter sur son vélo. Tout passait là-dedans. Il ne restait pas une once d'énergie pour un appel téléphonique, ni pour la plus petite anxiété. On ne pouvait espérer qu'une chose : se battre contre chaque douleur, relever les défis au fur et à mesure qu'ils se présentaient, et tenir malgré l'épuisement qui, jour après jour, se faisait tel que même s'asseoir vous demandait un effort.

Etre un bleu dans le Tour n'était pas chose facile, et il s'y ajoutait le fait de courir avec une équipe car on devait rouler chaque jour en tête. Si Floyd était surpris et flatté de se trouver dans l'équipe du Tour pour sa première année chez nous, il était aussi terrorisé et gêné, parce qu'il savait avec quel soin nous sélectionnions mes coéquipiers. Il craignait de nous retarder.

Je l'ai rassuré en lui disant qu'il faisait du bon travail : son rôle consistait à se sacrifier pour les autres, et il n'y avait pas failli. Seuls des coureurs plus âgés et plus expérimentés pouvaient espérer réussir chaque étape.

Floyd n'en revenait pas. Il avait peine à croire que neuf individus, soumis à la même tension et à la même fatigue, pouvaient être aussi peu attentifs à leurs performances respectives. Mais c'était justement ce qui faisait la force d'une équipe. On se stimulait les uns les autres, et on se provoquait. Tantôt on réussissait au-delà de toute espérance, tantôt on faisait moins bien, mais on cherchait toujours à savoir si on avait encore quelque chose à donner. Permettre à un coureur de se découvrir des capacités qu'il ignorait jusque-là, voilà à quoi servait le Tour.

Tard dans la soirée, on a passé des extraits de la course filmés en vidéo. Je suis allé les regarder dans la chambre de Roberto. On voyait le Train Bleu, comme nous appelaient les commentateurs, monter la route en lacet, George en tête. On était tous deux sidérés par la force de notre équipe. C'était un sacré spectacle.

– Ah, regarde-moi ça, a dit George. C'est vraiment beau à voir !

L'équipe, ce n'était pas seulement les coureurs. C'était aussi les mécaniciens, les masseurs, les cuisiniers, les soigneurs, et les médecins. Mais le plus important de tous était peut-être notre kinésithérapeute.

Le Tour a mille et une façons de vous faire mal. On avait tous mal partout. A la nuque, aux genoux, aux jarrets. Les tendinites étaient monnaie courante. On tombait ou on roulait dans la même position plusieurs heures d'affilée, et on y avait droit. On se réveillait un matin et c'était l'épaule ou le genou.

On avait des plaies. Permettez-moi de vous expliquer ce que c'est. On a une plaie quand on tombe à quarante kilomètres-heure et qu'on « glisse » sur le bitume. On ne se contente pas de s'écorcher le genou dans ces cas-là. C'est au bitume rugueux du nord de la France qu'on se frotte, et qu'on se laboure tout le corps, derrière comme devant. On a ensuite des plaques à vif – parfois jusqu'à l'os – et qui deviennent croûteuses. 1 : ça fait mal ; 2 : ça fait mal pendant des jours et des jours ; 3 : ça empêche de dormir. Dès qu'on veut se retourner dans son lit, et même au seul contact du drap, on se réveille en gémissant. Aïe ! Il suffit d'une chute et d'une sale plaie pour vous gâcher le Tour.

Celui qui nous remettait tous d'aplomb, c'était Jeff Spencer, notre kiné. Jeff m'accompagnait depuis ma première victoire en 1999. Il n'avait qu'un contrat de dix jours cette année-là, mais, au troisième jour de course, j'ai appelé l'un des patrons de l'U.S. Postal et je lui ai dit : « Vous voyez ce type, là-bas ? Il n'est pas question qu'il s'en aille. On a besoin de lui. »

Jeff était un peu guérisseur, un peu gourou, un peu médecin. Il avait toutes sortes de trucs, de rituels et de traitements, un remède pour chaque cas. Il faisait des choses auxquelles on ne comprenait rien – mais apparemment, ça marchait. Ses méthodes allaient des étirements classiques et des massages à la haute technologie des lasers, en passant par des enveloppements bizarres, des teintures et des bandages. En cas de plaie grave, il vous faisait un enveloppement à l'argent, et vous passait au laser. George jurait qu'avec les lasers de Jeff les plaies cicatrisaient deux fois plus vite.

Mais Jeff avait quelque chose en plus, quelque chose qui valait tous les lasers, enveloppements et autres massages. Il avait *le sparadrap*. C'était un sparadrap rose spécial, destiné aux sportifs, qui venait du Japon et semblait doté de pouvoirs particuliers.

George avait un problème de dos. Jeff lui demanda de se tourner et commença à lui mettre du sparadrap rose. George pensait : « Quel effet ça peut bien avoir ? » Mais le lendemain la douleur lombaire avait disparu – elle était partie.

On ne jurait plus que par le sparadrap de Jeff. Il faisait merveille en toute circonstance. Vous aviez un genou qui craquait ? Sparadrap. Un début de tendinite ? « Ne t'en fais pas. On va mettre du sparadrap. » On avait du sparadrap rose sur les jambes. Chaque matin avant le départ, il nous en mettait à tous, sur toutes les parties du corps. Sur le dos de George. Sur les genoux de Chechu. Certains jours, on était tellement couverts de sparadrap rose qu'on avait l'air de poupées – une bande de poupées brisées.

Un jour, Johan va le trouver et lui dit :

– Ce sparadrap est trop voyant. Les gens le remarquent, et ils pensent qu'on est tous mal en point.

– Que voulez-vous que j'y fasse ? demande Jeff.

– Il faudrait que ce sparadrap soit moins rose. Vous ne pouvez pas l'avoir en gris ?

Mais le sparadrap rose marchait et on l'a gardé. Ce type savait vous soigner. Il savait vraiment vous soigner.

En fin de journée, les coureurs formaient une file d'attente pour voir Jeff, car on le croyait capable de régler tous nos problèmes. Les garçons, parfois, n'étaient pas vraiment blessés, mais simplement fatigués, quand ce n'était à bout, mentalement ou émotionnellement. Peña était fatigué, Pavel était fatigué, et même Roberto était fatigué. Jeff pouvait réparer ça aussi. Tout en soignant le physique, il vous remontait le moral. Il disait :

– Sais-tu que tu es beaucoup mieux aujourd'hui ?

– Vraiment ?

– Oui. Je le vois à ta tête.

Si on devait évaluer quel est l'homme le plus important au sein de l'U.S. Postal au nombre de personnes qui entrent chez lui et qui en ressortent, alors ce serait Jeff. Sans lui, nous le savions, nous ne serions jamais arrivés jusqu'à Paris.

Le Train Bleu fonçait toujours. Les autres coureurs avaient désormais peur de nous et, quand ils nous voyaient arriver, ils s'écartaient. On surgissait en tête de peloton, et ils disaient : « S'il vous plaît, vous ne pourriez pas rouler un peu moins vite ? » Et on entendait crier, en queue de peloton : « Allez-y doucement, s'il vous plaît, allez-y doucement ! » On fonçait jusqu'à ce qu'ils s'affaissent sur leur guidon, jusqu'au moment où on voyait les têtes retomber comme des tulipes qui se fanent.

Il ne s'agissait pas de torturer les gens, mais de leur mener la vie assez dure pour les empêcher de suivre l'allure et, à fortiori, d'attaquer. On roulait comme un seul homme, les épaules et les cuisses dans la même position, sans un balancement inutile sur nos vélos, et on semblait respirer au même rythme, pédaler à la même cadence.

On a remporté une deuxième étape de montagne le lendemain de La Mongie, cette fois jusqu'au plateau de Beille. Cette étape comportait cinq ascensions difficiles, et la dernière nous a amenés à une station de sports d'hiver située au sommet d'une montée hors catégorie. Cette journée a été si dure que six coureurs ont abandonné le Tour. Mais je me sentais en pleine forme. Alors que d'autres étaient mal en point, j'ai roulé derrière le Train Bleu pour arriver frais et dispos au pied de la dernière côte.

On a grimpé à mille deux cents mètres en un peu plus de quinze kilomètres. Chechu et Roberto ont, une fois encore, mis tout le monde hors course excepté Beloki et moi – et on n'était pas à fond. On tenait maintenant une occasion d'imposer notre autorité sur toute la course. Roberto s'est collé à la roue de Beloki tandis que je le dépassais. J'ai pris une avance confortable, puis j'ai regardé derrière moi ; j'espérais que Beloki flanche, pour donner la victoire d'étape à Roberto. Mais Beloki a repris du poil de la bête et s'est accroché. A l'arrivée, j'ai fait un grand salut des deux bras, car je savais que nous venions de poser les fondations de la victoire finale.

Pendant le reste de la course, on s'est contentés d'user nos adversaires en prenant jour après jour un peu plus d'avance sur chacun d'eux. La quatorzième étape nous a conduits au sommet de mon vieil ami le mont Ventoux, qu'on voit de toute la Provence. A la fin de la journée on avait pratiquement la victoire assurée, après avoir grimpé à travers ce désert de pierres en ajoutant presque 2 minutes à notre avance sur

Beloki et porté à 4 minutes et 21 secondes mon avance au classement général. On est censé freiner quand on redescend, mais on ne freine pas dans les montées. Ce jour-là, on grimpait si vite qu'il nous arrivait de serrer les freins, et on devait ralentir dans certains virages. Beloki a renoncé à gagner le Tour. « Je cours pour la deuxième place, a-t-il déclaré. Aujourd'hui on est allés sur la Lune et on a vu l'astronaute. »

La dernière épreuve était un contre-la-montre à Mâcon. Un soleil implacable brillait sur le circuit qui serpentait entre les vignobles, et les spectateurs étaient massés de chaque côté de la route. Je voulais absolument gagner – pour prouver que je restais le plus fort et faire oublier le premier contre-la-montre que j'avais perdu au début du Tour. Cette fois, je me sentais d'attaque, tout s'est bien passé et j'ai défoncé la route.

Jusqu'à Paris, on s'est appliqués à rouler sans risque, et on s'est abandonnés au plaisir de notre réussite. L'équipe était infaillible, tous ses membres d'une force égale. Pavel roulait à un bon tempo en plaine, Roberto et Chechu étaient impressionnants dans les ascensions. Floyd souffrait comme un damné, mais il s'en sortait bien et avait pris de la bouteille. George et Eki fonctionnaient comme des ailiers, comme une paire de gardes du corps personnels qui ne me lâchaient pas, me protégeant du vent et de la foule.

La course n'était pas terminée, mais j'ai dit à Bill : « Pour toi, désormais, la priorité des priorités consiste à garder chacun de ces garçons dans l'équipe. » Il était certain que Chechu allait recevoir d'autres propositions, et je devinais son inquiétude car il était aussi heureux d'être dans cette équipe que nous l'étions de l'y avoir. J'ai eu une discussion avec lui, je lui ai donné l'assurance qu'on était prêts à y mettre le prix. Il a dit : « Je ne bougerai pas. »

Juste avant l'arrivée à Paris, une jeune Hollandaise atteinte d'un cancer est venue à notre hôtel. J'ai retrouvé l'impression de paix et de remise en perspective que me procuraient toujours ces rencontres fraternelles. Je l'ai invitée à la salle à manger, on a pris une table proche de celle de l'U.S. Postal et on a discuté pendant trois quarts d'heure. Elle en avait bavé : traitement, rechute, traitement à nouveau. On a parlé un moment de la nature de son traitement, et elle s'est montrée curieuse de ce qui se faisait aux Etats-Unis.

– Comment les choses se sont-elles passées pour vous ? m'a-t-elle demandé.

– On m'a soigné, je me suis battu comme un diable, et ça s'est arrangé.

On a parlé des traitements en vigueur aux Etats-Unis, et des hôpitaux américains. Elle m'a demandé ce que je mangeais, et si je faisais de l'exercice. Je lui ai dit la vérité.

– J'ai commencé par manger des quantités d'épinards et, vers la fin, je ne tolérais plus que les beignets aux pommes.

Je lui ai dit que je m'étais forcé à faire du vélo le plus souvent possible, au point qu'un jour je m'étais évanoui.

Elle m'a fait un cadeau. Elle avait apporté des sabots, d'authentiques sabots hollandais pour moi et les miens. Il y en avait cinq paires, dont deux paires minuscules pour les jumelles. Je les garde précieusement en souvenir ; elle n'est plus de ce monde.

Quelques jours plus tard, le Train Bleu m'amenait à Paris et je franchissais la ligne d'arrivée avec 7 minutes et 17 secondes d'avance, et un temps de 87 heures, 5 minutes et 12 secondes. Il n'y a pas de mots pour exprimer la fierté que j'ai ressentie ce jour-là. Nous n'avions pas commis la plus petite erreur tactique. Pas une seule. Nous étions devenus de plus en plus forts au fil de la course, plus confiants dans notre savoir-faire, plus patients. J'avais, grâce à la magnifique performance de l'équipe, et comme jamais lors des Tours précédents, le sentiment d'avoir réussi quelque chose.

Et je n'étais apparemment pas le seul. A Paris, pour la première fois, les gros titres semblaient exprimer de la sympathie à notre égard. *Le Parisien,* à sa une, nous saluait, Jalabert et moi, dans une même phrase : MERCI JAJA... BRAVO ARMSTRONG* ! J'ai apprécié le compliment. Un Français, négociant en vins, était cité dans l'article : « Ce qui fait la valeur d'un homme, c'est son courage, pas son pays. » Et, soudain, les Français avaient un surnom pour moi : le Boss.

A l'arrivée, je me suis adressé aux journalistes en français : « J'aime la France. » Les gens comprenaient peut-être, enfin, ce que j'avais toujours voulu exprimer, que ce soit en français ou en anglais : les coureurs de l'U.S. Postal n'étaient pas des robots, ni une bande d'hommes d'affaires américains froids et indifférents. Nous étions, plutôt, en quête de la course parfaite, de l'excellence en matière de technique, nous n'y mettions ni froideur ni indifférence mais, au contraire, de l'amour. « Ceci n'est pas du spectacle, c'est du sport, ai-je dit. Je crois en la performance et en la beauté de la course. »

Mais, au-delà de tout ça, je croyais en mes coéqui-

* En français dans le texte.

piers – et je voulais faire quelque chose pour eux. Chaque année, l'U.S. Postal célébrait la victoire au cours d'une grande soirée au musée d'Orsay avec quelques trois cents invités. C'était une fête brillante, mais l'équipe était dispersée entre les tables. Je souhaitais quelque chose de plus intime pour le groupe des neuf. Des semaines durant, ils s'étaient échinés, avaient subi des tendinites et des blessures, avaient dormi, perclus de douleurs, dans des chambres d'hôtel minuscules. Mais je voulais qu'ils se sentent ce soir-là comme des rock-stars, car c'était ainsi que je les voyais. Je voulais qu'ils se sentent vainqueurs par toutes les fibres de leur corps.

Nous avions travaillé année après année pour améliorer la qualité de l'équipe, de l'ensemble des collaborateurs et du matériel et, cette fois, on s'était approchés de la perfection. Ces neuf coéquipiers m'avaient rendu la course presque facile. Ma plus grande difficulté, je l'avais rencontrée au col de La Mongie, dans la roue de mon propre compagnon.

Kik m'a aidé à réserver un salon particulier à l'hôtel Crillon, où j'avais coutume de loger parce que le drapeau du Texas y flottait à chaque arrivée du Tour (ils se sont gagné avec ça un client à vie). Quatre Mercedes-S sont venues chercher les garçons pour les conduire à l'hôtel. Les autres équipes disposaient de cars pour se rendre à leurs soirées respectives, mais pour ceux de notre équipe, c'étaient des Mercedes.

Les voitures les ont donc amenés, avec leur famille, à l'hôtel Crillon où un banquet les attendait. On s'est serré la main et j'ai remis à chacun une enveloppe qu'il a fourrée dans sa poche pour l'ouvrir plus tard.

On a passé la soirée à boire et à manger (un buffet

était dressé) en se racontant des histoires et en échangeant des plaisanteries. On a bien ri en essayant de traduire les paroles de ZZ Top. Kik, venue nous rejoindre, a fait une entrée de mannequin vedette, en pantalon noir et chemisier blanc, un rang de perles au cou. L'équipe a aussitôt entonné à tue-tête et d'une seule voix la chanson de ZZ Top : *She Wore a Pearl Neck-lace !*

Puis on s'est séparés et les garçons nous ont quittés pour une tournée des boîtes de nuit parisiennes. En repartant dans les limousines, quelques-uns ont décacheté leur enveloppe. Traditionnellement, et parce que c'était justice, le vainqueur du Tour offrait les cinq cent mille euros de son prix à ses coéquipiers, et ils s'attendaient à trouver leur chèque dans l'enveloppe. Ils ne savaient pas que j'avais doublé la somme pour les remercier en mon nom personnel. Ils se sont mis à m'appeler de leurs voitures, en poussant des exclamations. J'ai entendu en arrière-fond un bruit de papier déchiré et une voix qui s'écriait : « C'est une erreur, ou quoi ? Il a mis un zéro de trop ! »

On s'est dispersés à travers Paris jusqu'à des heures avancées de la nuit ; je ne sais pas où ils ont tous fini. Certains, comme George, ne se sont pas couchés. Floyd s'est mis au lit avant tout le monde. Il n'avait pas vu sa femme depuis deux mois, et ils sont partis à minuit. Il était tellement fatigué qu'il n'avait même plus de mots pour le dire. Le simple fait de prendre une douche lui demandait un gros effort.

Il s'est écroulé sur son lit et s'est réveillé le lendemain à quatre heures de l'après-midi. Il est resté éveillé le temps de s'alimenter, puis s'est rendormi jusqu'au lendemain matin à dix heures. Il lui faudrait un mois pour retrouver son état normal.

Mais il nous avait aidés à gagner et, du même coup, s'était aidé lui-même. Il a réglé toutes ses dettes et a signé pour deux ans avec l'U.S. Postal un nouveau contrat grâce auquel il faisait plus que doubler son salaire. « Je n'avais jamais eu un contrat de deux ans pour quoi que ce soit », s'est-il étonné.

Pourquoi s'engager dans un effort collectif plutôt qu'individuel, même quand on se demande : « Qu'y a-t-il là-dedans d'intéressant pour moi ? » L'intérêt personnel isole. Quand on travaille en collaboration, on est responsables les uns des autres, et donc beaucoup moins enclins à esquiver nos propres responsabilités ou à tromper notre partenaire. Non seulement ça améliore nos performances, mais ça nous rassure. On n'est jamais seul, et qu'on ait dix kilomètres à grimper dans les Alpes avec une meute d'attaquants à nos trousses ou un cycle de chimio à affronter, c'est extrêmement rassurant.

Les athlètes professionnels disent sans cesse « mon match ». Mais le match ne vous appartient pas quand vous faites partie d'une équipe, ce n'est pas *mon* match, mais seulement *le* match. Vos efforts appartiennent à vos coéquipiers et ils vous appartiennent, et on ne peut pas les dissocier. C'est vrai chaque fois que des gens se rassemblent quelque part, quel que soit leur objectif.

Pour moi, une équipe se définit comme un groupe d'individus qui partagent le même objectif, la même expérience, et les mêmes valeurs. L'alliance de ceux qui luttent contre le cancer entre dans le cadre de cette définition et constitue aussi mon équipe. Ils sont toujours présents à mon esprit et je continue à rencontrer des gens qui ont connu la peur et me rappellent sans cesse que j'ai été malade, que j'ai guéri et qu'ils me suivent des yeux.

On croit que c'est fini, mais non. Ce n'est jamais fini.

Le lendemain de l'arrivée à Paris, Bart est venu me voir à l'hôtel Crillon. Alors que je me trouvais dans une suite où je donnais des interviews, en luttant contre le sommeil et une légère gueule de bois, je l'ai aperçu dans le couloir, pâle et les yeux rougis. Bill l'a accueilli à la porte, l'a regardé, et a dit :

– Que se passe-t-il ?

Bart avait du mal à parler. Il avait reçu le matin même, d'Austin, un coup de fil affolé : David, son jeune frère, venait de découvrir qu'il était atteint d'une forme de cancer horriblement agressive et se trouvait à l'hôpital Saint Davis pour une transfusion sanguine.

Je suis sorti à mon tour.

– Qu'y a-t-il ?

Bill m'a mis au courant.

J'ai regardé Bart une seconde.

– Très bien. On va s'en occuper.

Je l'ai pris par les épaules, Bill par la taille et on l'a fait entrer dans la suite pour qu'il se calme. Ma chambre était un champ de bataille : on essayait de faire les bagages, les enfants couraient partout et des journalistes ne cessaient d'entrer et de sortir. Bill leur a demandé de nous laisser.

Lentement, Bart nous a dit ce qu'il en était. David, son jeune frère, s'était blessé au gros orteil en jouant au basket pendant le week-end. L'orteil avait beaucoup enflé, mais David avait pensé à une simple fracture. Le lendemain, il avait été pris d'un saignement de nez que rien de pouvait arrêter. Le sang coulait à flots et on avait dû le conduire aux urgences. Le médecin de service avait diagnostiqué une leucémie et l'avait fait admettre à l'hôpital pour le transfuser. Le lendemain, il se trouvait dans un état grave, et on craignait pour sa vie.

David Knaggs avait trente et un ans. Rhiannon, sa femme, attendait leur premier enfant.

C'était le milieu de la nuit aux Etats-Unis, mais je ne m'en suis pas inquiété. J'ai aussitôt lancé une série d'appels téléphoniques et d'e-mails à tous les spécialistes du cancer que je connaissais. J'ai joint à Forth Worth le Dr Jeff Murray, pédiatre et cancérologue qui avait soigné Kelly Davidson. J'ai également appelé Steve Wolf, chef des études de cancérologie à Vanderbilt, que j'avais consulté sur mon propre cas et qui m'avait dirigé vers les meilleurs spécialistes. Le Dr Wolf, que j'avais réveillé, m'a tout de suite proposé d'amener David en consultation. Il nous a recommandé de faire le nécessaire pour qu'il soit admis dans un centre de soins anticancéreux.

– Il faut faire transférer ton frère, ai-je annoncé à Bart.

Il s'est contenté de hocher la tête, car il était encore sous le choc. « Ecoute, lui ai-je dit. Je suis avec toi. Il ne faut pas que tu craques. Il faut qu'on agisse, et vite. »

On a organisé une véritable chaîne humaine pour aider Bart à rejoindre Austin. J'ai contacté Jim Ochowicz, qui se trouvait encore à Paris, afin qu'il récupère Bart à l'aéroport et l'escorte jusqu'à son avion. Och lui a donné rendez-vous à l'angle d'une rue et l'a conduit à l'aéroport où il l'a aidé à enregistrer ses bagages, lui a fait changer son billet pour qu'il voyage en première et lui a littéralement tenu la main jusqu'au dernier moment.

A l'instant où Bart s'apprêtait à embarquer, Jeff Wolf a appelé, avec des nouvelles alarmantes. Le bilan sanguin de David indiquait une masse de 177 000 globules blancs, alors que ce chiffre aurait dû se situer entre 4 000 et 7 000 pour un homme de son âge. « Il en a presque trente fois trop, ce qui indique un stade avancé de la maladie, a dit le Dr Wolf. « Celle-ci semble très agressive. » Il y avait, a-t-il ajouté, un danger immédiat d'épaississement du sang qui pouvait entraîner la mort. « Il est dans un état critique », a-t-il conclu. Il demandait que David soit transféré, le plus rapidement possible, dans un centre équipé pour la lutte contre les leucémies foudroyantes. « Il faut qu'il fasse très vite des progrès contre la maladie. »

Bart est monté dans son avion, mort d'inquiétude. Och l'accompagnait et Bart n'a pas fermé l'œil jusqu'à l'arrivée. Une fois à Chicago, et en attendant le vol pour Austin, Bart a eu de nouveau Steve Wolf au téléphone. On s'apprêtait à conduire David en ambulance au Centre anticancéreux Anderson de Houston, où un spécialiste l'attendait pour procéder à son admission.

A Austin, Bart a pris une voiture, a récupéré sa mère au passage et s'est mis en route pour Houston. Il était si fatigué que sa mère a été obligée de chanter pour le maintenir éveillé. Ils sont arrivés au Centre Anderson à quatre heures du matin et ont pu voir Archie Bleier, le cancérologue qui avait pris David en charge. La suite est une ode au pouvoir de la science.

A sept heures du matin on avait fait une biopsie osseuse et identifié le type de cancer dont souffrait

David. On a ensuite mis en place une procédure destinée à réduire son taux de globules blancs dangereusement élevé. On lui a progressivement retiré tout son sang, par un prélèvement à la face interne de la cuisse, pour en extraire les globules blancs. Le sang, après passage dans une centrifugeuse, lui a été réinjecté. A midi, l'opération était achevée et le taux de globules blancs était retombé autour de 10 000.

La dernière fois que Bart avait vu son frère, c'était un garçon robuste, en pleine santé et heureux de vivre – l'un de ces nombreux jeunes Austiniens qui tapent sur un clavier d'ordinateur pendant la journée et vont chaque soir jouer au basket ou courir sur les rives du lac. Bart avait quitté un David confiant dans son avenir et décidé à fonder une famille. Mais en l'espace de vingt-quatre heures, le corps de David s'était couvert de marques bleues : les vaisseaux capillaires éclataient à cause du manque de plaquettes. La masse qui lui oppressait la poitrine l'empêchait de respirer.

Son état stabilisé, David a été soumis à un protocole de soins accessible dans les seuls centres anticancéreux. Le 1er août, il recevait les produits toxiques et subissait les rigueurs de la chimiothérapie. On lui donnait une chance de se battre et d'en réchapper.

Je parlais tous les jours avec Bart et j'envoyais régulièrement de petits mots manuscrits à David. « J'ai confiance en toi, lui disais-je. Je sais que ce que tu endures est encore plus dur que ce que j'ai connu. Je le comprends à ce que me dit ton frère. Mais je sais que tu es fort, et il est fort lui aussi. Je ne suis qu'un type qui a eu le cancer comme beaucoup d'autres, et qui sait que tu es capable de t'en sortir. »

David a fait des progrès jusqu'en septembre, puis sa

santé s'est dégradée. Il a perdu l'usage de ses mains et de ses pieds à cause des dégâts subis par son système nerveux. Il pouvait bouger un pouce. Rien d'autre. Les médecins ont commencé à parler d'une greffe de moelle et se sont mis à la recherche d'un donneur. Ils ont fait des tests sur les membres de la famille dans l'espoir d'en trouver un dont la moelle serait compatible avec elle de David.

Rhiannon, la femme de David, a dormi pendant la plus grande partie de sa grossesse sur un lit d'appoint du Centre médical Anderson. Un matin, alors qu'elle venait de quitter l'hôpital pour aller prendre une douche et un petit déjeuner à son hôtel, elle a senti les premières contractions. Elle s'est précipitée au Texas Women's Hospital et, entre deux contractions, a appelé David. Celui-ci n'a cessé de lui parler et de la rassurer pendant qu'elle était en salle de travail. Il a suivi au téléphone la venue au monde de son premier enfant, Isabella Knaggs, le 24 novembre 2002.

A Noël, on a trouvé un donneur parfaitement compatible pour effectuer une greffe de moelle osseuse sur David : son frère Bart.

Le lendemain de Noël, à l'âge de trente-six ans, mon meilleur ami s'est rendu à Houston pour y subir un prélèvement de moelle en vue d'une transplantation sur son frère. Après une série d'analyses destinées à s'assurer que le donneur était en parfait état de santé, les médecins ont mis Bart sous Neuprogène, le produit activateur du sang qu'on m'avait administré dans le cadre de ma propre chimiothérapie. Il a eu droit également à une série de piqûres pour fortifier les cellules de sa moelle épinière : deux fois par jour pendant cinq jours de suite, il a reçu des injections dans le ventre à l'aide d'une longue seringue.

Les piqûres et les médicaments lui provoquaient d'épouvantables douleurs osseuses. Il se plaignait de souffrir sans cesse. Je ne savais que trop de quoi il parlait : ces névralgies sont connues de tous les patients soumis à la chimiothérapie. On est dans son lit, on ne va pas trop mal, et d'une seconde à l'autre la douleur éclate au cœur même de vos os, de vos muscles, là où il semble qu'aucun analgésique ne pourra jamais l'atteindre.

Je taquinais Bart, pour tenter de dédramatiser la situation, mais je souffrais de voir que mon meilleur ami, en définitive, vivait et comprenait à son tour l'expérience du cancer. « Eh bien, lui disais-je, te voilà dans la grande famille des souffre-douleur... »

Le jour de l'an, on a retiré tout son sang à Bart par le bras gauche, et on l'a passé à la centrifugeuse avant de le lui réinjecter par le bras droit. On en avait séparé le plasma. On avait du mal à croire que ce qui en restait, un petit sachet de matière et de liquide jaunâtre, était constitué de cellules de la moelle épinière de Bart et représentait la meilleure chance de survie de son frère. La greffe a eu lieu : un peu de la vie de Bart est passé chez David.

Il a fallu attendre cent jours pour savoir si la greffe avait pris. Les jours passaient, Bart était plein d'espoir et je suivais l'affaire de loin, envoyant des messages, des présents, des e-mails au gré de mes déplacements. « Tu en as la force, écrivais-je. Tu dois y croire, c'est tout. »

Un jour, début mai, Bart m'a appelé. Sa voix tremblait : « David va bien, il rentre chez lui. »

Le 6 mai 2003, David était de retour à Austin. Sa leucémie était guérie, sa formule sanguine à nouveau normale. Il prenait encore dix-huit médicaments pour lutter contre les douleurs nerveuses, et avait perdu vingt-cinq kilos – le cancer dévore votre masse musculaire. Il avait perdu sa situation, le corps avec lequel il avait vécu jusque-là, et il avait devant lui une longue période de rééducation. Mais il entrait dans la phase de survivance.

Je n'étais pas là pour assister à son retour car je me trouvais alors en Europe, mais je lui avais envoyé un cadeau. C'était un vélo, un Trek noir de grimpeur, une superbe machine que Bart a montée sur des rouleaux dans le living-room de son frère. David l'enfourche quotidiennement, pour se rééduquer. Il suit à la télé les matches des Cubs, l'équipe de base-ball de Chicago, tout en pédalant. Les forces lui reviennent jour après jour et il se sent de mieux en mieux. *Ma maison a brûlé, mais je vois le ciel.*

On ne fait rien tout seul – aucun d'entre nous. Il est clair que je n'ai pas lutté seul contre le cancer et que je n'ai pas recouvré la santé au prix de formidables efforts solitaires. J'ai survécu avec l'aide de six médecins, quatre cycles de chimiothérapie, trois chirurgiens, une mère dévouée, des dizaines d'amis attentifs et qui ne ménageaient pas leur peine, et plusieurs infirmières habituées à s'entendre traiter de tous les noms, parmi lesquelles LaTrice Haney, mon infirmière cancérologue. Il faut souligner, car c'est fondamental, qu'il n'y a jamais eu de différends ni de conflits entre les uns et les autres. Mes amis s'étaient organisés pour assurer une présence permanente auprès de moi, et aucun de mes médecins n'a fait opposition chaque fois qu'il s'est agi de solliciter un autre avis ou une consultation. Ils ont, au contraire, uni leurs efforts pour m'amener à la guérison.

En disputant le Tour 1999, et en le remportant, je savais que toute l'équipe médicale suivait mes progrès. Je pensais chaque jour au pavillon du Centre médical universitaire d'Indianapolis où LaTrice allumait la télé et me regardait courir, pleine d'inquiétude, en se demandant si ma capacité respiratoire n'allait pas se révéler insuffisante sur les routes de montagne. Tout en travaillant, LaTrice montrait l'écran du doigt et disait à son patient du moment : « Il a été soigné ici ! » Et je sais que ça continue.

Chaque fois que je franchis la ligne d'arrivée, elle fait des bonds dans son service en serrant dans ses bras les infirmières, les médecins et les patients. Elle m'a dit un jour : « Vous nous sentez, n'est-ce pas ? Je sais que vous nous sentez. » Et c'est vrai.

Pourquoi voudrait-on être seul quand on a tant à recevoir ? Celui qui se croit capable de lutter en solitaire finit par ne plus avoir autour de lui que des rivaux et non des compagnons. C'est un fait : si vous voulez gagner, il faut que d'autres le veuillent pour vous. Personne ne gagne jamais seul.

## 7

# Mon banc dans le jardin public

Je vais être franc avec vous. Je ne me réveille pas chaque matin en pensant : « Aujourd'hui je veux être une source d'inspiration pour quelqu'un. » Il y a des jours où je n'ai même pas envie de mettre mes chaussures. J'ai seulement envie de me promener pieds nus en laissant traîner les revers de mon jean dans l'herbe du Texas et en me demandant tout au plus si je vais jouer au golf ou boire une bière. En général, je décide de boire une bière pour chaque trou que *j'aurais pu* jouer.

Après avoir remporté le Tour pour la quatrième fois, j'ai cessé pendant quelque temps de me raser. En me levant, je me regardais dans le miroir et je pensais, à quoi bon ? Qui s'en soucie ? J'avais des touffes de poils hirsutes sur les joues et le menton, et mes amis m'appelaient « Chewbacca », ou « Grizzly Adams ».

– Pourquoi fais-tu ça ? me demandait College.

Je le faisais parce que la bière et la barbe en friche représentaient pour moi le comble de l'excès et du laisser-aller.

– C'est tout ce que j'ai, disais-je.

Mais j'ai fini par m'en lasser. J'ai beau essayer, le

laisser-aller ne me convient pas. On a tous besoin de faire quelque chose de nos journées, d'occuper notre esprit et de dépenser notre énergie, et c'est particulièrement vrai dans mon cas. Si je me laisse aller trop loin et trop longtemps, il y a toujours un moment où je me regarde dans ce miroir, mal à l'aise, et où je dis : « Pauvre sac à patates ! » Puis je remonte sur mon vélo.

Mais je ne pourrai pas éternellement courir le Tour de France, et il me faudra bien trouver quelque chose à faire. Je me vois mal tenter une deuxième carrière dans la diplomatie. Et à propos de la retraite, je ne dois pas oublier que si j'ai connu dans la côte de Joux-Plane ma pire journée de cycliste, c'était tout de même moins difficile pour moi que de faire un discours en public.

Un jour, que ça me plaise ou non, je serai confronté à l'inévitable déclin de ma carrière – et alors ? Que ferai-je quand mes muscles et mes tendons ne répondront plus aux ordres de mon cerveau, quand je ne me sentirai plus imbattable et ne pourrai plus enchaîner les victoires d'étape comme j'en avais l'habitude ? Ou bien le jour où je ne parviendrai plus à récupérer après une mauvaise chute ? Autant de raisons qui peuvent décider de l'arrêt de ma carrière.

J'ai l'intention de continuer à courir en 2004 et, au-delà, pour tenter de battre le record des cinq victoires consécutives. Quant à savoir si j'en suis capable, c'est une autre paire de manches : on me parle sans cesse de ce record, mais je suis superstitieux, et je connais trop bien la course, les accidents toujours possibles et les défaillances du corps humain, pour promettre que je le battrai.

Les grands champions vous diront que leur cinquième Tour a été dur et le sixième, impossible. En un siècle, personne n'a gagné six fois, et les meilleurs s'y sont essayés. C'est comme s'il y avait une barrière invisible. Indurain a gagné cinq fois d'affilée entre 1991 et 1995, et a fait une tentative courageuse en 1996, mais dans l'ascension du col des Arcs, au cours de la septième étape, son corps a flanché. C'est le Danois Bjarne Riis qui a remporté le Tour cette année-là. Jacques Anquetil a obtenu sa cinquième victoire en 1964, puis a complètement disparu des podiums. Le grand Eddy Merckx disputait son sixième Tour en 1975 et semblait en bonne position pour l'emporter quand un dément surgi de la foule l'a frappé au ventre de toutes ses forces. Deux jours plus tard, il souffrait encore et peinait sur son vélo, et il a dû céder la victoire à Bernard Thévenet dans une étape de montagne.

Bernard Hinault disputait son cinquième Tour, en 1985, quand il a été victime d'une chute catastrophique. L'un de ses coéquipiers l'a fait tomber lors d'un sprint d'arrivée. Il saignait du nez en franchissant la ligne pour battre de justesse Greg LeMond. L'année suivante, le même Greg LeMond l'empêchait de remporter un sixième titre.

Il faut se faire à l'idée qu'on finira un jour par flancher ou par tomber de son vélo. Dans le Tour, la seule chose pour laquelle on ne peut se préparer, c'est la chute. Il faut faire avec. Ce jour-là, je resterai à terre, puis je me relèverai pour aller à la plage et je dirai : « C'est bon. Qu'on m'apporte une crème solaire, et des margaritas. »

Il y a toujours l'éventualité d'une fin de carrière provoquée par une chute ou un accident stupide. A moins qu'un malade mental ne m'attende au bord de la route pour se jeter sur moi, comme c'est arrivé à Eddy Merckx – le risque est infime, mais je sais qu'il existe. Le Tour est un spectacle gratuit ouvert à tout le monde, et c'est aussi ce qui fait son intérêt. On n'a pas à franchir un tourniquet pour assister à la course ; il suffit de se poster sur le bas-côté et on voit passer les coureurs. La présence de la foule a toujours fait partie de la compétition, et il arrive qu'elle y joue un rôle actif ; les spectateurs poussent les coureurs dans les côtes, leur donnent des claques dans le dos, les applaudissent, leur offrent à boire et à manger. Ces gens qui crient et gesticulent font partie de l'ambiance, qu'ils soient furieux, déments ou emportés par leur enthousiasme. Je n'en tiens pas compte, car de tels incidents se produisent par centaines sur chaque Tour. J'essaie de ne pas penser que l'un d'eux peut à tout moment s'en prendre à moi et ne pas se contenter d'une mimique menaçante.

Un jour, pendant une étape contre la montre à Chamrousse, un type surgi de nulle part s'est lancé à ma poursuite en brandissant un stylo et un magazine. « Je peux avoir un autographe, je peux avoir un autographe ? »

Je l'ai regardé et j'ai dit, d'un ton sarcastique : « Ecoute. Laisse-moi finir ce que je suis en train de faire, et je te retrouverai ensuite. »

George, à qui je le racontais le soir, a éclaté de rire. « C'est pas possible que tu lui aies dit ça ! »

Je préfère croire à la bienveillance fondamentale de la foule, et je suis beaucoup plus préoccupé par le risque d'accident. Celui dont a été victime Andrei Kirilev au printemps 2003 est venu rappeler à tous les coureurs que le cyclisme est un sport dangereux. Kirilev est mort d'une fracture du crâne après sa chute dans la deuxième étape de la course Paris-Nice. C'était un coureur magnifique, un formidable attaquant, qu'on retrouvait en tête dès qu'on approchait de la montagne. J'aimais beaucoup courir avec lui parce que lorsqu'il était là et qu'on arrivait sur les premières pentes on savait qu'il ne lâcherait pas. Quel attaquant ! C'était dans les épreuves les plus dures qu'il semblait donner le meilleur de lui-même, comme il nous l'avait montré en arrachant une quatrième place à l'arrivée du Tour 2001.

Andrei est mort en laissant derrière lui sa jeune femme et un bébé de six mois. Je me souviendrai toujours de lui comme d'un gentleman, d'un ami et d'un adversaire face auquel chacun devait faire preuve de toutes ses qualités.

J'espère que j'achèverai ma carrière entier et en bonne santé et saurai me montrer assez lucide et intelligent pour me retirer quand le moment sera venu. Il se pourrait même que j'arrête tout beaucoup plus tôt qu'on ne s'y attend ; qu'un beau matin, en me levant, je décide que je ne veux plus rien faire de plus fatiguant que de jouer avec mes gamins.

Je ne tiens pas à prolonger ma carrière si je dois y perdre la face. Je ne veux pas finir en queue de peloton. Non seulement ça ne me ressemble pas, mais je n'en serais pas capable. C'est quand on ne fait pas la course en tête qu'on souffre le plus, en profondeur, là où le muscle s'attache à l'os, et c'est une autre souffrance, plus proche du désespoir. Celui qui mène n'échappe pas à la douleur, mais il la supporte mieux parce qu'il a une chance de gagner. Quand on est derrière, on souffre sans grand espoir de récompense. On n'aspire plus qu'à finir l'étape, pour l'honneur.

Je me demande souvent ce que je ferais si quelqu'un me dépassait dans une côte et prenait une grosse avance sur moi, comme je l'ai fait avec d'autres coureurs. Le jour où ils pourront coller à ma roue, ils ne me rateront pas. Je veux arrêter avant d'en arriver là. J'espère que je le saurai, que ceux qui m'entourent le sauront, et que je serai capable de me retirer, tout simplement.

Je n'ai pas l'obsession de remporter un certain nombre de Tours, car le seul record qui compte à mes yeux, je l'ai déjà battu : on n'a jamais vu un rescapé du cancer gagner ne serait-ce qu'un seul Tour de France. Si, après avoir subi les épreuves physiques, mentales et émotionnelles de la chimio, j'avais perdu un petit 2 % de mes capacités, je ne vaudrais plus rien pour la compétition. Je ne crois pas que quiconque, à commencer par moi-même, s'attendait à un tel rétablissement. Je n'avais pas prévu que le cancer, en se retirant, me laisserait avec une force de concentration accrue et une vision nouvelle, aussi claire, de mes priorités. Remporter le Tour est devenu après le cancer une façon de dire à la maladie : « Tu ne m'as pas eu, et tu ne m'auras pas. »

Ce n'est pas un record qui déterminera la durée de ma carrière. Elle va se jouer année après année, et ce n'est pas un chiffre qui me maintiendra sur ma selle, mais le bonheur que j'en retire. Ma façon de courir dépend depuis toujours de ce simple fait : je suis bien sur mon vélo. Autrement, ce serait trop dur. Combien de temps aimerai-je la compétition de niveau international ? Pour le savoir, je dois le vérifier régulièrement.

Je ne peux pas donner de réponse définitive à cette question, ni promettre quoi que ce soit.

Dans le sport, on tient en permanence le compte de ce qu'on a fait, de ce qu'on a dit, de la façon dont on s'est comporté. Tout est mesuré, filmé, chronométré. Tout est noté, classé, enregistré. Chacun a accès à ces informations. Mais il n'existe pas d'instrument de mesure pour me dire si je suis heureux, avec ou sans mon vélo. Je sais seulement que pour chaque minute gagnée sur moi-même, sur mes capacités physiques, il y a des jours où une moindre motivation me fait reculer de quarante-cinq secondes, et je comprends mieux de quoi je suis capable ou non en tant que personne, et ce qu'il en coûte.

Ce n'est donc pas à moi de spéculer sur ce que sera ma place dans l'histoire du cyclisme, de me demander si on m'oubliera ou si on se souviendra de moi, car – sans manquer de respect à quiconque – je ne me soucierai plus dans dix ans de savoir qui détient le record du plus grand nombre de victoires dans le Tour de France.

J'espère simplement être satisfait le jour où j'arrêterai. En quoi ce que l'on fait entre vingt ans et trente ans devrait-il être le point culminant de toute une existence ? On voit tous les jours, au Texas, des gens qui se réunissent pour célébrer leur exploit dans quelque lointain tournoi inter-scolaire. Mais chaque individu est un tout et l'athlète n'en est qu'une partie ; il y a aussi, dans mon cas, l'homme qui défend la cause des cancéreux et le père qui conduit ses enfants à l'école.

Je crois qu'il y a, entre autres pièges qui guettent un athlète de premier plan, l'accoutumance à de fortes montées d'adrénaline et au fait d'être un objet d'attention, ce qui peut poser de sérieux problèmes par la suite. On se réveille un beau matin avec un désir d'émotions fortes. Mais la célébrité n'a plus de surprise pour moi, et j'ai surtout appris qu'elle n'apportait rien de bon. Quand j'en aurai fini avec le cyclisme, je disparaîtrai. Je n'ai pas signé de contrat qui m'oblige à paraître à la télévision ou à faire des déclarations à la presse. J'attends le moment où j'aurai plus de temps pour réfléchir et pour écouter. Je n'aime pas beaucoup donner des interviews et prendre la parole en public ; ce sont pour moi des choses compliquées, et la vie est trop courte pour être compliquée.

Si j'aime autant Gérone, c'est notamment parce que dans la rue où j'habite je ne suis qu'un voisin parmi d'autres. Il y a ce petit café sous mes fenêtres, avec de profonds fauteuils en rotin sur le trottoir. J'adore m'y laisser choir pour boire un café et lire le journal.

Quand je me serai retiré de la compétition, j'aimerais passer trois mois en Europe et y emmener les enfants. On habitera à Gérone, on ira à toutes les courses, en spectateurs, et je leur expliquerai combien le monde est beau vu d'un vélo. J'aimerais leur montrer que l'Espagne est un paradis. On y apprend le style et la beauté, qui se révèlent à chaque pas : des *plazas* conduisent à des patios, où des fontaines invisibles susurrent et où des fougères tombent en cascade sur de vieux murs. Les ruelles dégringolent vers des *plazas* plus vastes et des *ramblas*, au-dessus de plages en forme de croissant et de ports hérissés de mâts où l'on entend tinter les gréements des yachtes qui appareillent.

A vélo, on ne sait jamais ce qui se trouve au-delà du prochain virage, à quel moment un panorama va se déployer, ou les Alpes se dresser au-dessus de la mer. Il est probable qu'à cinquante ans je roulerai encore et par tous les temps. Couvert comme un saint Georges, je roulerai pour le plaisir du vélo, et des paysages.

La bicyclette est le moyen de transport rêvé pour tous ceux d'entre nous qui ont le goût de l'évasion au cœur. Avec sa première bicyclette on saute les bordures de trottoir, on s'éclate dans les flaques d'eau ; adieu surveillance, sorties groupées et couvre-feux. C'est l'occasion bénie d'échapper à la dépendance des parents, de se rendre tout seul au cinéma ou chez un copain. C'est, à vrai dire, la première fois qu'on est libre de choisir sa direction.

C'est aussi la première machine qu'il nous est donné de diriger seul, ce qui explique peut-être l'affection qu'on porte à son vélo, et les souvenirs précis que l'on conserve de chacun des vélos qu'on a possédés. A ce jour, j'en ai eu moi-même une centaine, mais ils sont toujours là, comme de vieux amis. Aucun autre véhicule, quels que soient ses agréments, ne suscite la familiarité physique qu'on acquiert avec un vélo. Par moments, je jurerais que le vélo n'est que le prolongement de mes bras et de mes jambes. Après tant d'années, je me souviens, comme si j'y étais, des sensations éprouvées sur mon premier vélo, de la façon dont les poignées en caoutchouc du guidon épousaient la forme de mes paumes, et dont les semelles de mes tennis se plantaient dans le métal dentelé des pédales.

Même dans les moments les plus durs, la tension et la douleur n'effacent pas le soulagement et le plaisir que j'éprouve à être encore capable de courir. Je cours pour prouver qu'à une époque dominée par la science et fortement mécanisée le corps humain reste quelque chose de merveilleux. Dans le sport cycliste, il n'y a pas de carapace de métal pour vous protéger des éléments. Le mince tissu qui nous recouvre en fait un sport aussi sensuel qu'impitoyable. Le coureur cycliste découvre la beauté de vues sublimes, et l'euphorie des descentes sur les routes de montagne, mais il y a aussi un châtiment pour le corps, une rançon physique à payer pour la beauté du voyage, qui rappelle aux coureurs qu'ils sont des êtres humains.

Un vélo, aussi perfectionnés que soient sa technologie où l'alliage dont il est fait, est toujours dirigé par le corps. Et il y a dans cette machine quelque chose de fondamental : un cadre, un disque cranté, une chaîne et deux roues mues uniquement par mes jambes. A vélo, on est sous son propre pouvoir, dirigé par sa propre main. On est à soi-même sa roue et son moteur.

Mais, pour le moment, je reste dans la compétition. Je comprends que chacun d'entre nous ne dispose que d'un nombre limité de chances, et que c'est peut-être ma seule chance de gagner... encore.

Un sportif doit chercher à enrichir ceux qui l'entourent, pas seulement lui-même, sinon, il ne sert à rien.

J'en suis toujours à me demander ce que je peux et ne peux pas faire pour les autres. Je peux être un chanceux, un exemple porteur d'espoir, un compagnon de souffrance, un conseiller, et quelqu'un qui sait écouter. Je peux tenter de remporter encore et encore le Tour de France, et ce faisant terrasser définitivement cette maladie. Je peux dire aux gens la seule chose dont je suis certain au sujet du cancer : à savoir qu'ils ne sont pas seuls. La maladie est si forte, si répandue et si commune, qu'elle touche pratiquement tout le monde – amis, parents, collègues, camarades de classe. Surtout, je peux simplement m'efforcer d'être utile.

Mais, parfois, je ne le suis guère. Il m'arrive de ne pas trouver les mots face à quelqu'un qui subit les ravages du cancer. En septembre 2002, je suis allé à la Maison-Blanche pour promouvoir la recherche sur le cancer et demander des aides et des ressources supplémentaires. Avant ma présentation, un membre du service de presse m'a fait rencontrer un garçon du nom de Paul de la Garza qui souffrait de la maladie de Hodgkin. Journaliste au *St. Petersburg Times*, il en était à sa deuxième chimiothérapie. Après l'annonce du diagnostic, un ami lui avait offert mon premier livre, *Il n'y a pas que le vélo dans la vie*, et il avait suivi le Tour. En apprenant ma venue, il avait demandé à me voir. Il devait écrire à la suite de notre rencontre : « Qui, pensais-je, pouvait mieux me remonter le moral ou me faire la morale qu'un rescapé du cancer ? »

Mais je ne suis pas quelqu'un d'exceptionnel, je suis comme tout le monde, et je ne peux pas grand-chose si on me prend au mauvais moment. On nous a fait entrer, de la Garza et moi, dans une petite antichambre proche de la Salle Bleue pour nous permettre de discuter. Mais à la Maison-Blanche on ne plaisante pas avec l'horaire et le protocole était très clair. Je ne disposais pas de beaucoup de temps et j'étais tendu à la perspective de rencontrer le Président. Je me suis efforcé d'écouter pendant qu'on me passait des affiches et des magazines à signer.

Il s'est mis à me poser des questions très précises

sur son cancer, sur ce qu'il devait faire, ou ne pas faire. Je lui répondais comme je le pouvais. Je n'avais pas la réponse à mille dollars pour chaque question sur le cancer, mais je lui ai donné celle que j'utilisais toujours parce que j'y croyais du fond du cœur : trouvez les meilleurs médecins que vous pourrez et fiez-vous à eux aveuglément.

– Comment m'en sortir ? m'a-t-il demandé.

J'ai répondu, en toute franchise :

– Ecoutez vos médecins. Trouvez le meilleur traitement.

Mais ce conseil, comme il devait l'écrire dans son article, « n'a pas été tout à fait une révélation ».

Il avait mal au bras gauche, une sensation de brûlure dans les veines, et d'autres parties de son corps se rebellaient contre le traitement. Mais la révolte était avant tout dans son esprit. Il avait encore devant lui sept cycles de chimio et s'affaiblissait chaque fois un peu plus. Je savais exactement ce qu'il endurait – la nausée, et ce goût de métal dans bouche. Je le sentais encore moi-même. Démoralisé, il était venu à moi plein d'espoir.

– Comment tenir le coup, alors que je ne supporte même plus l'idée d'une seringue intraveineuse dans mon bras ? m'a-t-il demandé.

– La souffrance fait partie du processus, ai-je répondu. Vous devez l'accepter.

Voilà ce que je voulais dire : la souffrance soigne. Il faut s'y accrocher, car c'est ce qui peut vous sauver. On peut agir par l'esprit sur n'importe quelle expérience – c'est à nous de décider de la qualité de chaque instant. La chimio, même la chimio, peut se transformer en quelque chose de positif à force de foi et de concentration. Ça ne s'apprend pas en un jour, mais c'est possible. Je me disais, quand je vomissais ou que je me brûlais en urinant, que la douleur représentait le cancer qui sortait de mon corps. Je le pissais, je le dégueulais, je le toussais. Pas question de me demander si j'étais en train de mourir. Il y avait, dans le milieu médical et à l'extérieur, ceux qui pensaient que je *risquais* de mourir – mais j'avais décidé de me ranger au côté de ceux qui pensaient que je *pouvais* m'en sortir.

LaTrice Haney, mon infirmière du service de cancérologie, m'a aidé. Un jour où je touchais le fond, en pleine chimiothérapie, je lui ai demandé si je sortirais jamais de cet hôpital et elle m'a répondu :

– Lance, chaque fois que vous entrerez ici, vous en ressortirez. Et un jour vous ne reviendrez pas, parce que vous serez guéri.

– Vous croyez vraiment que je vais guérir ? ai-je demandé.

– Oui, parce que vous en avez la volonté.

J'aurais dû raconter tout ça à Paul de la Garza. Ou j'aurais peut-être mieux fait de compatir à son malheur, de lui dire cette simple vérité : eh oui, le cancer est ce qui m'est arrivé de meilleur – mais je ne tiens pas à le revivre.

Mais je n'ai trouvé qu'à lui dire : « Après le traitement, on récupère vite. C'est ce qui s'est passé pour moi, en tout cas. »

Un membre de l'entourage présidentiel est venu mettre fin à notre conversation et on m'a conduit dans la Salle Bleue pour un bref entretien avec le Président. De la Garza est resté dans l'antichambre, visiblement déçu.

« Ce fut tout, écrivit-il. Notre rencontre avait peut-être duré cinq minutes. Je lui étais reconnaissant de m'avoir consacré un peu de son temps – j'ai appris par la suite que c'était son trente et unième anniversaire – et j'étais impressionné par le décorum de la Maison-Blanche, mais il ne m'avait rien dit de bouleversant, ne m'avait pas apporté la lueur que j'espérais apercevoir au bout du tunnel. Cette entrevue m'a aidé, cependant, en ce qu'elle m'a permis de comprendre autre chose. Dans la voiture qui me ramenait chez moi la veille au soir, j'avais bel et bien les larmes aux yeux à la perspective de notre rencontre. J'attendais de lui je ne sais quelle révélation qui ferait que tout irait mieux pour moi. Connaissant son histoire, je m'adressais à lui comme s'il avait détenu le secret de ma guérison. Mais j'ai compris presque tout de suite, avant même de quitter la Maison-Blanche, que je ne devais pas compter sur les gens riches et célèbres, sur les héros du sport, pour me délivrer de l'angoisse, de la dépression et de la peur des lendemains. Mes héros sont devant moi, ce sont des gens ordinaires qui m'aident à mieux vivre chaque jour. Je place en tête de liste ma femme, mes gosses... ma famille, mes amis, mes compagnons de travail, mes infirmières, mes médecins. »

Il avait raison ; il n'y a pas d'héroïsme possible – la barre est trop haute. À ceux qui attendent une révélation, je ne suis pas en mesure de répondre. Un héros est, de toute façon, dans la plupart des cas, quelqu'un qui agit sans réfléchir. S'il plaît à dix personnes, ou à un million, de vous traiter de héros, vous ne pouvez que dire merci, poursuivre votre chemin et comprendre que tenter d'être un héros n'est pas ce que vous avez à faire de plus utile.

Le plus utile, pour moi, consiste à dire à ceux qui souffrent qu'être malade constitue une expérience humaine de la plus haute importance qui peut changer votre vie, et changer aussi d'autres vies.

Je réussis parfois à faire passer ce message, d'autres fois non. Je n'ai pas réussi avec de la Garza. Mais peu de temps après j'ai fait la connaissance d'une femme qui était malade et avait perdu ses cheveux. Ses médecins étaient les seuls à l'avoir vue sans sa perruque, mais quand je suis venu la trouver, elle l'a retirée. On s'est fait photographier ensemble. Je ne me lasserai jamais de venir en aide à des gens comme cette femme, et de dire : « Approchez-vous, venez à côté de moi. »

Ce n'est pas une charge, c'est une chance, et je le ferai aussi longtemps qu'on me le demandera. Je tomberai peut-être un jour sur une gamine de quinze ans qui ne saura pas ou se moquera de savoir qui je suis, et à qui quelqu'un d'autre viendra apporter l'espoir. Jusque-là, je m'efforcerai de répondre à tous les appels, à chaque personne qui aura besoin d'aide.

J'aimerais, aussi, apprendre à user de mon influence pour faire avancer la réflexion sur le cancer de manière plus globale. Je pourrai peut-être aider à une meilleure prise de conscience, à l'élaboration d'une politique, et à l'emploi des fonds consacrés à la lutte contre le cancer. Après la Maison-Blanche, j'ai enchaîné avec une visite au Capitole pour promouvoir la recherche et demander des fonds supplémentaires. J'ai rencontré, dans l'ordre, les sénateurs démocrates

Ted Kennedy du Massachusetts et Diane Fenstein de Californie, ainsi que le sénateur conservateur Sam Brownback du Kansas. Ces rencontres ont parfaitement illustré notre communauté de vues sur la question du cancer.

Le fils du sénateur Kennedy, Teddy Junior, a perdu une jambe dans sa jeunesse à cause du cancer. Après m'avoir fait entrer dans son bureau, le sénateur m'a montré les photographies de ses frères et de ses sœurs disparus. Puis il s'est tourné vers une autre photographie, celle de son fils. « Quand il avait le cancer, j'ai tout essayé pour le distraire, m'a-t-il dit. Mais il n'y avait que les matches des Celtic-Lakers pour l'empêcher de penser à la maladie. Je prenais donc des places chaque fois que je le pouvais, on y allait, et pendant deux heures il n'y pensait plus. »

Il m'a montré une autre photo : Teddy Junior sur une piste de ski avec sa jambe artificielle. Teddy levait les bras en un geste de triomphe. Il venait de remporter une médaille d'or aux Jeux olympiques pour handicapés. J'ai vu en me retournant vers le sénateur des larmes couler sur son visage.

Nous avons ensuite rencontré dans son bureau le sénateur Brownback. J'avais entendu parler de lui car il était sorti vainqueur de son combat contre le cancer, tout comme moi. Le sénateur était certain que la maladie avait changé sa vision de l'existence, et de l'au-delà. Il était devenu évangéliste. On s'est assis sur un canapé.

– Dites-moi en quoi le cancer a transformé votre vie spirituelle ? a-t-il interrogé aussitôt.

La question délicate souvent entendue... Je me suis demandé comment expliquer au sénateur que ma spiritualité m'appartenait, à moi seul. Mais mon ami Jeff Garvey, directeur de ma fondation pour le cancer, a senti mon embarras. « Kristin, la femme de Lance, est catholique, a-t-il répondu, sans me laisser le temps d'ouvrir la bouche. Et il a une chapelle dans sa maison. »

J'ai été reconnaissant à Jeff qui avait volé à mon secours, mais j'ai décidé d'être franc. J'ai donc répondu en toute honnêteté : « J'ai fait confiance à mes médecins et j'ai mis tous mes espoirs dans la science et la médecine. » J'ai ajouté que j'avais compté sur ma propre responsabilité et sur ma capacité à m'éduquer moi-même pour lutter contre la maladie.

Le sénateur, qui mène contre le cancer un combat acharné, a dit : « Fixons une date, et décidons que dans les dix ans qui viennent nous aurons un traitement. » C'était le genre de discours volontariste que je tenais souvent. Mais nous étions tous deux conscients de la réalité, à savoir que le cancer n'est pas une maladie mais deux cent cinquante maladies, avec pour chacune des symptômes, des traitements et des chances de guérison spécifiques. Nous ne parlions donc pas d'un traitement, mais de deux cent cinquante. Nous nous sommes serré la main en nous promettant de nous revoir.

Ma dernière visite, la plus gaie, a été pour le sénateur Feinstein. Diane Feinstein est une femme charmante, dépourvue de toute prétention. La discussion, dans son bureau, a porté sur la nécessité de donner plus de moyens à la recherche sur le cancer et d'améliorer l'information du public.

Puis elle a dit :

– Permettez-moi de vous poser une question.

– Allez-y.

– Je fais du vélo, moi aussi. N'avez-vous jamais mal aux fesses ?

J'ai éclaté de rire.

– Oh, que si ! ai-je répondu. Voilà pourquoi mes fonds de culotte sont rembourrés !

Avant de quitter Washington, j'ai dû répondre à d'autres questions liées à mon statut d'athlète. Les champions sportifs comme moi sont des personnages publics, mais ils ont tendance à penser qu'ils n'ont pas à prendre parti en matière de politique ou sur les grands problèmes de leur époque parce qu'on leur demande seulement d'être excellents avec leur corps. Pour moi, ce n'est pas tout à fait suffisant. Il n'y a pas que le vélo dans la vie. Cela n'a jamais été le cas. Il y a des causes à défendre. J'estime que chacun devrait en avoir une.

J'en suis toujours à me demander s'il m'incombe, ou pas, de faire des déclarations publiques. Ainsi, par exemple, quand l'éventualité d'une guerre en Irak s'est précisée, les journalistes américains et étrangers, sachant que j'entretenais de bonnes relations avec le président Bush, ont voulu connaître ma position. J'ai répondu que je n'étais pas partisan d'une guerre – qui le serait ? – mais que je soutenais mon président, et nos troupes. Et comme on insistait : « Vous le désapprouvez, donc ? » j'ai dit : « Ce qui est bien, en Amérique, c'est qu'on peut désapprouver un ami. »

Mais mon ami Lee Walker a répondu à cette question d'une façon beaucoup plus significative. Un après-midi où j'étais chez lui, je lui ai demandé ce qu'il pensait de cette affaire irakienne.

« Je vais te dire deux choses, m'a répondu Lee.

D'abord, je ne suis pas certain de ce que j'en pense, mais je suis américain, et je suis derrière mon président. Là où il va, je vais. Ensuite, c'est un vaste problème et je n'y peux rien changer. Je ne peux rien faire au sujet de l'Irak, et Saddam Hussein n'a jamais entendu parler de moi. Mais voici ce que je peux faire. Je peux aller jusqu'au coin de la rue et rendre cet endroit un peu plus agréable. Ça, c'est possible. Je peux changer quelque chose dans le jardin public. Je peux changer quelque chose à cet arrêt d'autobus. Je peux installer un banc, là-bas, et la vie de quelqu'un en sera meilleure pour une minute, pour un jour ou pour plus longtemps. »

Lee a montré du doigt le banc qui se trouvait sur le trottoir, devant sa maison. Il l'avait bel et bien acheté et placé là, pour contribuer à l'amélioration de l'environnement. Il y a dans son quartier beaucoup de personnes âgées qui font leurs courses à pied. Lee s'était dit qu'un banc serait le bienvenu pour leur permettre de faire une pause. Si vous passez devant chez lui, vous y verrez des gens assis sur un banc, leurs paquets à leurs pieds.

Lee dit qu'il faut fractionner les problèmes jusqu'à leurs aspects les plus modestes, jusqu'à l'adulte ou à l'enfant directement concernés, et travailler à partir de là. « Il y a un tas de choses auxquelles on ne peut rien, explique-t-il. Mais on peut changer celles qui sont devant nous, à notre portée, et les améliorer du mieux qu'on peut. »

C'est ce que je voudrais faire moi aussi. Installer des bancs dans les jardins publics. Mon banc à moi, c'est le cancer. Ce sont les enfants que je serre dans mes bras.

Il n'y a pas de différence entre celui qui n'a aucun pouvoir et celui qui en a, mais ne s'en sert pas. C'est ce que j'en suis venu à penser au sujet des sportifs et de leur participation à la vie de la cité. Si j'étais croyant, je dirais que la cause du cancer m'a été confiée par Dieu, mais je ne le suis pas. Je me contente donc de dire que l'occasion m'a été donnée de m'y consacrer et que j'en suis capable.

Quand un livre s'achève, on se demande toujours ce qui s'est passé ensuite. Est-il mort ou a-t-il vécu, a-t-il gagné ou perdu, est-il heureux ou malheureux ? Qu'est-il devenu ?

Voici donc, brièvement résumé, ce qui s'est passé après l'été 2002. Le 2 septembre, l'enquête sur le dopage lancée par les Français s'est enfin officiellement achevée. Bill Stapleton avait raison, tout s'est conclu pour le mieux. Après vingt-neuf mois, les enquêteurs ont admis qu'ils n'avaient pas trouvé l'ombre d'un indice, dans un communiqué aussi bref que discourtois publié par le cabinet du Procureur de la République. L'affaire était close, donc, faute de preuves.

On a fait une fête à Milagro pour célébrer le sixième anniversaire de mon diagnostic, et, dans la foulée, mes trente et un ans. Il y avait des enfants qui couraient partout. Les jumelles crapahutaient sur la pelouse pendant que je promenais Luke dans un 4X4. On a mangé autour d'un barbecue, expédié quelques caisses de bières et partagé deux gâteaux. Sur l'un on lisait CARPE, et sur l'autre DIEM.

Les filles ont appris à marcher, et Kik leur a mis du

verni à ongles rose sur les orteils. A l'automne, Luke est entré à la maternelle. C'était déjà un voyageur aguerri et son arrivée à l'école ne lui a pas posé de problème. Il s'est engouffré dans la classe en nous faisant un petit signe de la main, et nous avons entendu d'excellentes appréciations dès la première rencontre parents-enseignants : il était plein de vitalité et jouait bien avec les autres gamins. « Il participe, et ne craint pas de se mettre en avant, nous a dit la maîtresse. Il est le leader de la classe, ami avec tout le monde. Et il adore les filles. »

En grandissant, Luke pose de plus en plus de questions, et je m'efforce de lui donner les bonnes réponses. Mais il y en a auxquelles j'ai du mal à répondre pour moi-même, et plus encore pour Luke et ses petites sœurs.

En février 2003, Kristin Richard et moi avons décidé d'un commun accord de nous séparer et entamé une série d'entretiens avec un conseiller conjugal. J'ai transporté mes pénates dans la pièce unique de ma cabane de Milagro, sur le petit ranch où j'avais défriché le terrain pour y semer du gazon. Assis sur la véranda dans mon rocking-chair, j'ai cherché à comprendre les raisons de nos difficultés conjugales, mais elles n'étaient pas claires à mes yeux. Je comprenais seulement qu'à vouloir tout faire nous avions oublié le plus important. Nous avions oublié d'être mariés. Comme lorsqu'un courant vous emporte sans qu'on s'en rende compte et qu'on s'aperçoit un beau jour qu'on est loin de ses repères, de tous ses points de référence.

On vous prévient que le mariage n'est pas une chose facile, mais vous n'écoutez pas. On parle de la jolie robe de la mariée, mais pas de ce qui va se passer ensuite ; on ne sait pas combien il sera difficile de durer, ou de reconstruire. Personne ne vous dit qu'il y aura des jours difficiles, et pas seulement des jours mais des semaines, voire des années.

En février je suis reparti seul en Europe pour m'y entraîner, et Kik est restée à Austin. Mais on a continué à discuter pour reconstruire notre relation sur de meilleures bases. Kik est venue en Europe est on est allés à Nice, où l'on avait vécu avant notre mariage. C'était la première fois en quatre ans qu'on était vraiment seuls, sans les enfants.

Comme pour ce livre, nous ne savions pas de quoi notre avenir serait fait, mais nous savions une chose : nous voulions mettre dans cette entreprise de refondation la même volonté et la même rigueur que nous avions mises dans le reste de nos existences. Quels que soient les défauts de chacun, et quoi qu'il advienne demain, notre mariage est une réussite : il nous a rapporté trois magnifiques trophées.

Et il y a autre chose : je sais aussi que la mentalité au jour le jour héritée de la maladie ne me sert pas toujours. Il était trop facile, quand j'étais aux prises avec le mal, de rejeter tous les problèmes qui semblaient ardus ou trop pesants, de les traiter comme une perte de temps – ce temps si précieux – et de passer à des choses plus immédiates. Mais certaines choses demandent de la patience.

La question, pour moi, n'est plus comment réchapper du cancer, mais comment vivre après le cancer ? Survivre, ce n'est pas très différent de la compétition ; ce sont deux choses compliquées sur le plan émotionnel, et aucune n'apporte nécessairement des réponses simples et rassurantes, comme on aimerait à le croire. Dans un cas comme dans l'autre, on doit sans cesse se demander quels sont les véritables enseignements à retenir pour le reste de son existence.

Mais le cancer et la compétition m'ont donné une grande, une incontestable leçon dont je pense qu'elle vaut pour chacun d'entre nous, que l'on soit malade ou bien portant, sportif ou pas, croyant ou athée : le bien-être personnel ne peut être notre unique objectif.

Qu'il s'agisse de course cycliste ou de cancer, ou simplement de vie quotidienne, la recherche du bien-être, du confort personnel ne nous mène pas très loin. Depuis quand la possession de draps bien tissés, d'une machine à café ou d'une brosse à dents électrique est-elle un but en soi et mérite-t-elle qu'on y consacre tous ses efforts ? Cette recherche du bien-être fait trop souvent obstacle à la réflexion personnelle.

Ainsi, aucune équation ne pourra vous dire pourquoi certains disputent le Tour de France quand d'autres ne s'y risquent jamais et que d'autres encore s'y engagent, mais ne prennent pas de risques. J'ai connu des garçons qui n'arrivaient jamais à donner tout ce qu'ils avaient dans le ventre... et perdaient. Il suffit d'une minute, après un mois de souffrance, pour décider de celui qui va gagner. Autrement dit, le vainqueur est celui qui est prêt à souffrir plus que les autres. Le jeu en vaut-il la chandelle ? Tout dépend de votre désir de gagner. J'ai assez de volonté pour souffrir. Sans aucun doute.

Toute performance humaine comporte des inconnues ou des impondérables, lorsqu'on en vient à se dire : la douleur, l'échec, et après ? Comment obtienton cela de soi-même ? En se répétant qu'on a une obligation à remplir, celle de donner le meilleur, et que toute réussite repose sur le sacrifice.

L'expérience de la souffrance est semblable à une exploration, elle mène à la découverte de quelque chose d'inattendu et de révélateur. Au-delà des limites extrêmes de la douleur, de la peur, de l'incertitude, on accède à un sentiment de plénitude, d'expansion de ses propres capacités.

La souffrance est bonne en ce qu'elle pousse l'âme et le corps à s'améliorer. C'est un peu comme si l'inconscient disait : « Je n'oublierai pas ceci, je saurai combien c'est douloureux, et je vais accroître mes capacités pour que, la prochaine fois, ça ne fasse plus aussi mal. » Le corps se développe sur nos expériences, littéralement, et un organisme qui a enduré un premier Tour de France sera mieux armé l'année suivante, grâce à ce souvenir. C'est peut-être la même chose dans la vie en général.

Celui qui vit sans se poser de questions court le risque de se cogner à un mur. Certaines barrières sont invisibles jusqu'au moment du choc. Il faut donc rechercher ce mur en soi-même pour aller au-delà. Le meilleur moyen d'y parvenir consiste à se poser des questions douloureuses – comme on se met à l'épreuve pour s'améliorer physiquement.

J'espère que l'élan sur lequel j'ai longtemps vécu sera un peu retombé avec les années. J'espère avoir mûri pour de bon. Je ne veux pas user de faux-fuyants, je veux rester clair et sans appréhension, mais je veux aussi être capable de faire une pause, de réfléchir, de regarder les choses en perspective.

Ainsi, le fait qu'il y ait dans ma vie des questions

sans réponse ne me gêne pas. J'ignore de quoi demain sera fait, et je n'ai pas besoin de le savoir, puisque je préfère la recherche et l'exploration. Pour moi, il n'y a pas d'explication simple et définitive. Il ne peut pas y en avoir, il n'y en aura jamais. Quand je regarde mes enfants grandir, je me dis que tandis que la charpente osseuse se forme, d'autres éléments laissent leur trace en nous. Je le vois à mes propres cicatrices : on ne peut pas traverser cette vie sans être marqué par l'inattendu.

En avançant, on laisse des traces, qu'on le veuille ou non. Traces d'action, traces de bruit, traces de couleurs, traces de lumière. Qui peut dire combien de temps elles dureront ?

Quand je ressors de l'eau, au Trou du Mort, je marche sur la roche, et je vois en me retournant mes propres empreintes qui s'estompent. Elles disparaissent sous mes yeux. Si je regarde devant moi, que vois-je ? Je vois des pages de livre que l'on continue à tourner, et sur ces pages il y aura des choses intimes, de petites choses, des ratages, des commémorations, des drames, des bouderies, des mariages, des remises de diplômes, des accidents et des catastrophes évitées de justesse.

Je veux sentir cette vie telle qu'elle se passe. Pas comme elle *aurait pu* se passer. Ou telle qu'elle aurait pu être « si seulement ». Je veux la sentir telle qu'elle est : nue ou habillée, pieds nus ou chaussée, froide, chaude, compliquée, simple, craintive, heureuse, insatisfaite, grisante, fructueuse, égoïste, dévouée et sensible.

Tout ce que je sais, c'est que je ne devrais pas être en vie, et que je me sens aujourd'hui plus vivant que n'importe qui. Chaque fois que je reviens au Trou du

Mort, je saute à nouveau. Je continue à croire qu'une petite frousse ne fait pas de mal. J'y crois tant qu'au bout d'un moment, quand les sauts tournent à la routine, je cherche un point plus élevé pour me jeter dans le vide.

Il y a un surplomb rocheux d'où l'on peut se laisser tomber d'une hauteur terrifiante de presque vingt mètres. Je le contemplais depuis plusieurs jours avec mes amis, en lançant des paris et des plaisanteries sur celui qui serait assez gonflé pour sauter le premier. Finalement, un après-midi, Morris Denton l'a fait. Il a plongé du grand rocher dans l'eau verte et glacée, puis a refait surface, salué par des cris et des applaudissements. Puis Ryan Street a plongé à son tour, dans une gerbe d'éclaboussures.

Je me suis approché du bord et j'ai regardé en bas. Debout là-haut, j'ai senti mon sang refluer, et j'ai craqué. « Impossible ! » ai-je crié, ma voix répercutée par l'écho. « Je ne peux pas ! » J'ai rebroussé chemin, prudemment, pour m'éloigner du bord.

Morris, toujours dans l'eau, m'a entendu.

– Qu'y a-t-il ?

– Je ne peux pas !

– Tu as la trouille, Mellow *Janey* ?

Je me suis figé sur place. Les hautes parois rocheuses se renvoyaient les rires haut perchés de Ryan et de Morris.

– Mellow Janey ! Mellow Janey !

– Très drôle ! leur ai-je lancé.

Je suis resté un instant immobile, riant avec eux. Puis je me suis retourné... et j'ai couru jusqu'à la pointe du rocher.

J'étais dans le vide. La roche s'est éloignée et je suis

resté une courte seconde au-dessus de l'eau verte, faisant des moulinets avec mes bras et lançant des coups de pied involontaires. J'avais le souffle coupé. Mes amis, le nez en l'air, riaient à gorge déployée au spectacle de ce type si heureux de planer dans l'espace...

# 8

# ... Une autre fin...

On croit que c'est fini, et puis non. Je pensais en avoir terminé avec ce livre, qui est censé traiter de la façon dont on peut maîtriser les situations, sans se limiter à une période de la vie, mais pour la vie entière. Que s'est-il passé depuis ? Je me suis mis en devoir de remporter un cinquième Tour de France, et j'en ai pris plein la gueule, ce qui m'a rappelé combien il peut être dur de régresser. Car c'est bien de ça qu'il s'agit ; on maîtrise la situation, une fois, et puis voilà. Mais, voyez-vous, il continue à se passer des choses.

Lors du Tour 2003, il n'a cessé de se passer des choses. Trop de choses. Il y a eu des accidents, une vague de chaleur, des virus, des vélos fracassés, une telle succession de malheurs qu'on en venait à croire qu'un mauvais sort avait été jeté sur le Tour. Je me suis retrouvé un jour à flanc de montagne dans les Pyrénées, blessé, meurtri et hurlant parce que j'avais la certitude que la course était perdue. Il y a eu des moments où je n'avais plus pour me maintenir en selle que ce que Phil Liggett appelle « le magnétisme d'une ligne d'arrivée ».

Faut-il croire au poids de l'histoire ? J'en ai été tenté. Tout au long de cette centième édition du Tour de France, j'ai eu l'étrange impression de courir contre un adversaire invisible. Comme si les grands anciens, réunis dans une volonté collective, avaient décidé que le vainqueur de cette année ne devait pas seulement prouver sa valeur de sportif, mais sa capacité à affronter l'adversité aux limites de l'absurde et du tolérable.

J'aurais dû me douter que la course serait dure quand, deux jours avant le départ, un oiseau a souillé l'épaule de Johan. On était en réunion devant le car de l'équipe au moment où la chose s'est écrasée sur sa chemise. Mauvais présage ? Dans certain pays, c'est considéré comme un bon. Il devait y avoir, par la suite, force débats sur la chance et la malchance. Mais pour moi, c'est une façon de se chercher des excuses. Le fait est que les années précédentes m'avaient vu remporter cette course sans avoir à surmonter de réels déboires ; pas d'accidents, pas de crevaisons, pas de problèmes. Cette fois, tout s'est mis à aller de travers en même temps – ou plutôt successivement.

Ça a commencé pendant l'hiver, quand Kik et moi nous sommes séparés. Tous ceux qui sont passés par là savent qu'une séparation est un cataclysme émotionnel tel qu'il prend le pas sur tout le reste. J'ai voulu me convaincre que je maîtrisais la situation et que mes problèmes personnels n'avaient aucun rapport avec le vélo, mais je n'en ai pas moins été atteint. Je n'ai jamais craqué physiquement, ne me suis pas senti un seul jour incapable de me lever pour aller enfourcher mon vélo. Mais c'était un bouleversement. Je ne crains pas les bouleversements à l'entraînement, mais là c'était un bouleversement dans ma tête et dans mon cœur.

Le Tour approchant, d'autres problèmes, moins graves, ont surgi. J'ai fait une chute dans le Challenge du *Dauphiné Libéré*, qui constitue une importante course de mise en jambes avant le Tour. C'était, ironie du sort, le vendredi 13 juillet, et j'ai été long à me rétablir. J'en suis ressorti avec une tendinite à la hanche. J'ai contracté une infection gastrique auprès de mes enfants avant mon départ pour Paris et j'ai failli ne pas y aller. A vingt-quatre heures de la course, j'étais encore plié en deux.

En me préparant pour le Prologue, je me disais que je retrouverais peut-être la forme sur la route quand la course serait lancée. Mais tout le monde attendait de moi un nouvel exploit, une victoire encore plus écrasante que celles des années précédentes. Quand on entend ça à longueur de journée, on en est affecté, et on finit par se dire qu'il n'y a pas grand-chose à gagner. On ne peut qu'y perdre.

J'ai vite perdu. J'ai fini septième dans le Prologue, et attaqué le Tour en pleine crise. Tout le monde savait désormais ce que j'avais espéré cacher et la rumeur n'a pas tardé à se propager dans le peloton : je n'étais plus ce que j'avais été. Mon résultat, ce soir-là, a ravivé les espoirs de tous les coureurs, à commencer par ceux de Jan Ullrich, qui était arrivé à Paris plus mince et fringant que jamais, et courait avec une nouvelle équipe – Bianchi.

A partir de là, tout est allé de mal en pis. La première étape, vers Meaux, a été marquée par un carambolage épique. Alors que le peloton fonçait vers l'arrivée en formation serrée, un petit incident a déclenché une violente réaction en chaîne. Un coureur a glissé sur sa pédale. Rien de plus. Dans les secondes qui ont suivi, cent soixante-seize coureurs ont culbuté les uns sur les autres. Un carnage. Le plus sérieusement blessé a été mon ami et voisin Tyler Hamilton, qui est tout de même parvenu à se remettre en selle et à continuer avec une clavicule fracturée. J'ai eu plus de chance : quelques ecchymoses et une belle éraflure. Mais cet accident annonçait bien la course qui nous attendait.

Tout comme la chaleur. Il faisait chaud sur la France, toute la France. Pendant les premières étapes, alors qu'il fallait rouler vite, la température, montée à trente-huit degrés, pesait sur nos crânes et sur nos épaules. J'avais l'impression d'avancer courbé sous un lourd fardeau qui usait mes forces. Les jours passaient et, au lieu de me sentir mieux, je me sentais pour le moins affaibli. Mais mes coéquipiers m'ont tiré pendant cette première semaine. L'U.S. Postal a remporté une victoire magnifique dans le contre-la-montre par équipes Joinville-Saint-Dizier. C'était, sur cent trente et un kilomètres, une course très technique qui demandait aux neuf coureurs de rouler ensemble, comme un seul homme. Il nous tardait de montrer que l'U.S. Postal était devenue la meilleure équipe dans un sport dominé par les Européens, et nous avons fait une course parfaite, unis dans une aile bleue lancée à pleine vitesse.

L'équipe a remporté l'étape en 1 heure, 18 minutes et 27 secondes, soit une demi-minute de moins que nos principaux concurrents, ce qui m'a propulsé de la douzième à la deuxième place. Avec comme motif supplémentaire de satisfaction le fait que huit coureurs de l'U.S. Postal figuraient en tête du classement général. J'ai d'ailleurs poussé mon coéquipier, Victor Hugo Peña, qui voulait le maillot jaune. Comme on approchait de l'arrivée, on était tous fatigués, mais je l'ai interpellé. « Quelle couleur veux-tu porter ce soir ? Quelle couleur ? »

Après une semaine de course, on atteignait les Alpes et je ne me sentais toujours pas très bien. Je me répétais sans cesse que le Tour était long et que j'allais retrouver mes forces, mais ceux qui me connaissaient voyaient que je luttais – en particulier à l'arrivée de la huitième étape, celle de L'Alpe-d'Huez. Dans le passé, j'avais pris le contrôle du Tour en franchissant les Alpes, et on s'attendait à ce que je lance une grande attaque. Mais l'étape de L'Alpe-d'Huez a été le théâtre d'un nouveau pépin.

Cette étape comprenait une montée impressionnante de trente kilomètres jusqu'au col du Galibier, l'un des plus hauts des Alpes. J'éprouvais dans la montée une faiblesse anormale des jambes, et ne pouvais me l'expliquer. Puis, à la descente, j'ai baissé les yeux et me suis rendu compte que mon frein arrière frottait contre la jante.

J'ai appelé Johan par radio.

– Johan, j'ai du bon et du moins bon à t'annoncer.

– Commence par le bon !

– Non. Le mauvais d'abord. Je suis vanné. Le bon, je sais pourquoi. Je viens de regarder, et j'ai un frein qui frotte depuis le départ.

J'avais parcouru environ cent vingt kilomètres en freinant. Autant nager avec des bottes. Il y avait presque de quoi avoir honte ; j'aurais dû m'en apercevoir plus tôt.

J'ai réglé le problème de vélo, mais je n'ai pas pu régler le problème physiologique. J'étais fatigué. Il faisait à nouveau une température de trente-huit degrés, on atteignait l'ascension finale de L'Alpe-d'Huez, et les autres coureurs ont commencé à attaquer. Joseba Beloki est passé. Puis un jeune Espagnol plein de talent du nom d'Iban Mayo. Puis l'étoile montante du cyclisme russe, Alexandre Vinokourov. Puis mon ami Tyler Hamilton, toujours en course malgré sa clavicule fracturée.

Impossible de les poursuivre. J'ai peiné jusqu'au sommet et terminé quatrième. Ce résultat m'amenait à la première place du classement général, mais il était loin de la performance qu'on avait attendue de moi. Les chiffres ne mentaient pas : mon temps à l'arrivée de L'Alpe-d'Huez était inférieur de quatre minutes à celui de 2001. J'avais le maillot jaune, mais c'était une amère satisfaction : je savais que je n'avais pas été le meilleur ce jour-là, et il me fallait faire face à l'évidence : je ne courais pas bien et nous risquions de perdre le Tour de France.

Le lendemain, dans l'étape qui nous emmenait de Bourg-d'Oisans à Gap, les attaques se sont succédé. Vinokourov, Mayo et Beloki ne me laissaient aucun répit. La chaleur était désormais si intense que le bitume fondait, ce qui rendait ces duels plus durs et, surtout, dangereux. Il s'est produit ensuite l'un de ces événements dans lesquels la chance et la malchance jouent à parts égales. On avait fini par atteindre la dernière grande descente de l'étape. Dans un virage, le goudron fondu avait rendu le sol glissant. Beloki fonçait pour rattraper une échappée de Vinokourov, et je suivais à une douzaine de mètres. On a dû arriver dans ce virage à cinquante kilomètres-heure.

La roue de Beloki a glissé.

Il a tenté de freiner, et sa roue s'est bloquée. Le vélo est parti sur le côté.

Beloki a été désarçonné. Il a violemment heurté le sol, juste devant moi. L'homme et le vélo ont glissé sur la route, entremêlés.

J'ai voulu freiner, mais ma roue arrière s'est bloquée. Je risquais de la perdre. J'avais deux options : ou bien je me jetais sur Beloki, ou bien je donnais un coup de guidon pour sortir de la route. Je suis sorti de la route.

Je me suis retrouvé dans un champ, emporté par la vitesse. Je ne savais rien de ce qui était arrivé à Beloki derrière moi. Je savais seulement que j'avais de la chance d'être encore sur mon vélo. Il aurait pu y avoir un fossé au bord de la route, ou un mur de remblai. Il n'y avait qu'un champ. Et, par chance encore, on l'avait fauché récemment et l'herbe y était rase.

Le vélo a bondi sur de la paille et les ornières creusées par un tracteur. J'ai songé un instant à rebrousser chemin, mais j'y aurais perdu un temps précieux. En jetant un coup d'œil devant moi j'ai vu que la route tournait en épingle à cheveux dans ma direction. Je me suis dit que je pouvais peut-être la rattraper en coupant à travers champ. J'ai viré très sec, instinctivement, et j'ai continué sur l'herbe sèche qui crissait sous mes roues, prêt à m'envoler par-dessus le guidon d'une seconde à l'autre, ou à crever un pneu. Pourtant j'ai réussi ma traversée. La route était là.

Mais il y avait un fossé, pour l'écoulement des eaux. J'ai freiné brutalement, au risque de plonger la tête la première. Comme on ne pouvait pas contourner ce fossé, j'ai pris mon vélo sur l'épaule, comme un sac de patates, et j'ai sauté par-dessus. Mon pied droit a glissé d'une soixantaine de centimètres, soulevant derrière moi un nuage de poussière.

J'ai atterri sur l'autre bord, et j'ai traversé la route en courant pour sauter sur ma selle. A cet instant précis, Tyler m'a dépassé en m'adressant un signe de la main, une sorte de salut. J'ai pédalé pour rattraper le groupe de tête. Et j'ai repris le train, heureux d'être encore dans la course.

J'ai terminé l'étape dans une forme acceptable, et toujours en jaune. Mais j'étais malheureux pour Beloki. Ce soir-là, j'ai appelé le médecin de son équipe, un gentleman du nom de Pedro Celaya, pour prendre de ses nouvelles, et j'ai appris qu'il s'était fracturé l'épaule, la cuisse et le poignet. Celaya était à l'hôpital auprès de Beloki quand il a reçu l'appel, et il lui a transmis mon message de sympathie. « Je suis vraiment désolé de ce qui s'est passé. Dites-lui que je l'ai trouvé formidable. » Je le pensais. On ne se réjouit jamais de voir un grand champion victime d'une chute. De tels accidents ne sont pas bons pour la compétition.

Par la suite, Beloki et moi sommes devenus pour ainsi dire des camarades. Il appelait Johan de temps à autre, pendant le Tour, pour nous souhaiter bonne chance.

J'espérais que cette excursion champêtre marquerait la fin de mes ennuis – je ne voyais pas ce qui pouvait encore se passer. Erreur. Deux jours plus tard, j'étais en très mauvais état en prenant le départ des quarante-sept kilomètres d'étape contre la montre entre Gaillac et Cap-Découverte. Le soleil, cette fois encore, tapait fort, et en m'échauffant je transpirais dans mes vêtements. Pendant l'attente derrière la ligne de départ, j'étais déjà assoiffé et je sentais la fatigue. Je savais que Jan Ullrich, parti avant moi, réalisait un bon temps.

Je me suis élancé, courbé sur le guidon. D'abord, tout s'est bien passé, mais il faisait si chaud que je buvais sans cesse de l'eau à mon bidon. Au tiers de la course, Ullrich et moi étions au coude à coude.

Il faisait de plus en plus chaud sous mon casque et sous ma tenue de coureur, et je ne parvenais pas à me rafraîchir. Je buvais, je buvais. La déshydratation commence plusieurs jours avant de se manifester pour de bon. Elle m'avait rattrapé : j'étais soudain desséché, et impuissant.

Puis je n'ai plus eu d'eau.

Au deuxième chronométrage, j'avais perdu trente-neuf secondes sur Ullrich, et je ralentissais. Impossible d'avoir de l'eau ; le règlement des étapes contre la montre interdit d'aider un coureur pendant la course. Je me moquais bien désormais de connaître mes temps de passage. Je n'avais plus qu'une envie : boire.

A l'arrivée, j'avais 1 minute et 36 secondes de retard sur Ullrich, et un grand cercle blanc et salé autour de la bouche. J'étais affalé sur mon vélo. J'avais perdu plus de sept kilos de fluides d'un seul coup. J'avais réussi à prendre la deuxième place, et je conservais le maillot jaune, mais j'étais un leader mal en point et chancelant. Je ne savais comment affronter mes coéquipiers. Johan m'a gentiment tapé sur l'épaule en disant : « Ecoute, on se rattrapera demain. » Mais ce soir-là, on a dîné en silence. Je les entendais presque se demander ce qui allait se passer et si j'étais encore capable de gagner. Je me sentais coupable et au-dessous de tout. Ces garçons travaillaient pour moi, sans relâche, et je n'étais pas en mesure de faire aboutir leurs efforts. Chaque jour me réservait une nouvelle mésaventure, et pour couronner le tout j'avais perdu une étape faute de ressources physiques suffisantes. J'osais tout juste les regarder. Mais il n'y a eu ni plaintes ni murmures, pas même une question. Ils ont expédié leur repas, sans un mot, et sont sortis pour vaquer à leurs occupations.

Le lendemain matin, alors qu'on roulait vers les Pyrénées, George est venu à côté de moi. J'étais toujours aussi vaseux, et il le voyait.

– Je veux simplement te dire une chose, Lance.

– Quoi ? Que je suis nul ?

– Non. Tu m'as épaté hier, comme tu ne l'avais peut-être jamais fait.

– Pourquoi ?

– Parce que j'ai vu que tu souffrais, et que tu n'as pas lâché prise.

Les paroles de George m'ont aidé tout au long de cette journée épouvantable. On attaquait les étapes de montagne les plus dures du Tour, et je n'étais pas en état de défendre ma place de leader. Après une grave déshydratation on ne récupère pas en un jour, ni même en deux. Pour cette étape, j'avais devant moi une ascension difficile jusqu'au village de Bonascre, et j'allais souffrir terriblement. Je le savais – et tout le monde le savait.

A la fin de la journée j'avais encore perdu du temps sur Ullrich. Il n'était plus, désormais, qu'à quinze secondes derrière moi.

A l'arrivée, on a pu voir une fois de plus que j'étais épuisé. J'avais les yeux enfoncés dans leurs orbites, l'air d'un vieillard. On disait dans le peloton que je n'en avais plus pour longtemps ; que j'allais perdre le Tour d'un jour à l'autre, derrière Ullrich.

Du début à la fin, mes coéquipiers m'ont permis de tenir le coup, avec l'aide de Johan. Aucun ne s'est affolé. Johan, au contraire, a continué à me dire que je ne tarderais pas à me sentir mieux, et que Jan Ullrich ne pouvait que s'affaiblir à partir d'un certain moment. Johan cherchait aussi un moyen pratique d'aider l'équipe à maintenir sa position. Il a imaginé une tactique astucieuse pour m'aider contre les attaques incessantes des autres coureurs : il s'agissait de renverser la situation. Il a chargé nos meilleurs grimpeurs : Chechu et Manuel Beltrán (qu'on appelait « Trick », ce qui signifie « monstre » en espagnol), de partir eux-mêmes à l'attaque. Et ça a marché : nos adversaires, occupés à poursuivre Triki et Chechu, ne s'occupaient plus de moi. J'ai pu courir à une allure plus confortable.

Puis un jour, comme Johan l'avait annoncé, j'ai commencé à me sentir mieux. Johan a juré ses grands dieux qu'il me voyait pédaler avec plus de vigueur. « Tu as travaillé dur et tu es préparé, m'a-t-il dit. Les choses se sont mal passées jusqu'ici, mais dans la dernière semaine du Tour, c'est l'expérience, le mental et la détermination qui font la différence, et je ne vois pas qui pourrait t'en remontrer là-dessus. » Il croyait toujours en moi – ça m'a aidé à y croire aussi.

Les petits déjeuners et les dîners étaient toujours silencieux et moroses. Chacun était déterminé à préserver notre maigre avance. Il me suffirait d'un bon jour, pensais-je.

Mais j'en avais besoin très vite – pour le lendemain, en fait. Il ne nous restait qu'une étape de montagne, celle qui nous conduirait au col de Luz-Ardiden. Si je devais gagner ce Tour, il fallait que ce soit là.

L'inquiétude me rongeait : et si j'allais perdre, après tout ce qu'on avait enduré depuis le début ? Quand on porte les attentes et les espoirs de toute une équipe, on se sent une lourde responsabilité. Et je portais d'autres choses. Au milieu des étapes pyrénéennes, Kik m'a adressé un message. Elle m'avais vu en rêve en train de grimper. Mais il y avait une remorque à mon vélo, et des gens dans cette remorque : rescapés du cancer, sponsors, admirateurs... J'essayais de les hisser en haut de la pente. Dans son rêve, écrivait-elle, je détachais la remorque et je filais. « Débarrasse-toi de tous les fardeaux qui te retiennent », ajoutait-elle.

Kik avait raison. J'emmenais trop de choses avec moi, et je sentais leur poids. C'était un message riche de signification, et je l'ai conservé.

Le soir, avant l'étape de Luz-Ardiden, Bill Stapleton est venu me trouver et m'a dit autre chose, qui m'a bien encouragé. On a parlé de la compétition désormais très serrée, et de la pression que je ressentais. Bill m'a regardé et a dit, calmement :

– Mon vieux, tu es du genre à marquer à la huitième boule.

Je ne comprenais pas.

– La huitième boule ?

– D'abord, on fait le ménage sur le billard. Il reste une boule, la huitième. Alors on tire un coup par la bande, et on marque*. »

---

* Selon des règles du billard américain.

Cette nuit-là, j'ai bien dormi et, en me réveillant, je me sentais mieux, dans une forme que je n'avais pas connue depuis le début du Tour. Je suis allé boire un café dans le car de l'équipe. « Je crois que je suis de retour », ai-je annoncé à Johan.

J'ai bu mon café en pensant à la côte de Luz-Ardiden. Ullrich et Rudy Pevenage, le directeur de l'équipe Bianchi, disaient à qui voulait l'entendre qu'il aurait pris la tête de la course avant qu'on atteigne le sommet. Que j'allais perdre le Tour, grâce à eux, et que ce serait ce jour-là.

Tandis que j'étais en train de boire mon café en réfléchissant, Geert Duffy, l'un de nos chargés d'opérations, s'est approché pour me raconter une anecdote. L'année précédente, Pevenage lui avait demandé un maillot jaune en souvenir. Duffy avait promis de lui en donner un, puis n'y avait plus pensé. Cette année, voyant que Jan Ullrich n'était plus qu'à quinze secondes, Pevenage était revenu trouver Duffy.

– Eh, Duffy, ne t'en fais pas pour ce maillot. On aura bientôt le nôtre.

Après avoir écouté l'histoire, j'ai posé ma tasse.

– Le Tour est fini, ai-je dit.

Et je suis sorti du car.

Il était utile de connaître leurs projets. J'avais maintenant mon propre plan. Sur la ligne de départ, j'ai vu Tyler Hamilton. « Sois prêt, lui ai-je dit. Parce que je vais foncer. »

C'était ma dernière chance. Après Luz-Ardiden il ne resterait plus qu'une étape cruciale, un contre-la-montre jusqu'à Nantes, et Ullrich m'avait déjà battu une fois dans un contre-la-montre. Je ne voulais pas arriver à Nantes avec quinze petites secondes d'avance. Il me fallait engranger du temps dans cette dernière étape de montagne.

Cette journée a peut-être été la plus dure du Tour. Après le col du Tourmalet, Ullrich a lancé une attaque surprise et s'est échappé. J'ai décidé de ne pas gaspiller mon énergie à le poursuivre et de le laisser faire le travail. Et je l'ai remonté petit à petit au fur et à mesure qu'il ralentissait. On s'est retrouvés en groupe avec Mayo et Vinokourov pour se lancer dans une autre descente.

Finalement, après cinq heures, on est arrivés au pied du col de Luz-Ardiden. L'allure s'est accélérée, et une sorte de match à quatre s'est engagé.

Iban Mayo a attaqué. J'ai bondi pour le rattraper et je l'ai dépassé.

Je roulais maintenant en tête. Je fonçais vers le sommet. Où est Ullrich ? me demandais-je. En espérant qu'il payait pour le Tourmalet.

J'ai entendu, à mon oreille, la voix de Johan. « Ullrich est lâché. »

Derrière moi, Ullrich peinait, les traits crispés. Il montait à grands efforts, mais ne pouvait pas soutenir l'accélération. « Dix secondes », a dit Johan. J'ai senti une petite bouffée d'excitation.

J'ai poussé sur les pédales pour grimper, pour mettre de la distance entre Ullrich et moi. Je coupais tous les virages en frôlant le bas-côté. J'évitais les spectateurs que je voyais à peine...

Un éclair jaune a attiré mon regard. Un gamin agitait devant moi un sac-souvenir du Tour.

Aïe, je vais accrocher ce truc-là, ai-je pensé.

Le sac, soudain, s'est pris dans ma poignée de frein. J'ai senti une violente secousse.

Le vélo a basculé sur le côté.

Comme si on m'avait pris au lasso. Je suis tombé et me suis reçu durement sur la hanche droite. *J'ai fait une chute ? Maintenant ?* ai-je pensé, incrédule. *Comment ai-je pu faire une chute ?*

Et, tout de suite après : *Eh voilà, le Tour est fini ! Cette fois, c'est trop. Trop de choses sont allées de travers.*

Mais une autre pensée, déjà, se faisait jour.

*Lève-toi !*

C'était cette même pensée qui m'avait aiguillonné pendant les longs mois passés dans mon lit d'hôpital. Après l'opération. *Lève-toi !* Après la chimio. *Lève-toi !* Elle me chuchotait à l'oreille, me poussait du coude, me tirait par la manche... Et c'était elle, à nouveau. *Lève-toi !*

Je me suis relevé. Johan a dit plus tard qu'il lui avait semblé me voir rebondir instantanément, comme un culbuto. Saisissant mon vélo, je me suis escrimé sur la chaîne, qui avait sauté. Je l'ai secouée, tirée pour la replacer sur la roue dentée. Et je me suis mis à crier, avec une sorte de rugissement guttural, primal. Je hurlais de colère, face au désastre. Je lâchais tous les jurons de mon répertoire. Je hurlais parce que je pensais avoir perdu la course.

J'ai remis la chaîne en place, j'ai enfourché mon vélo d'un bond et j'ai démarré. Un mécanicien de l'U.S. Postal était maintenant derrière moi et je l'ai entendu hurler lui aussi tandis qu'il me poussait, avec effort, avec rage.

Chechu m'avait attendu. Il est reparti à toute vitesse en faisant de grands gestes pour m'inviter à le suivre. J'ai appuyé de toutes mes forces sur les pédales. Mais la vitesse a sauté, et mon pied a glissé. Le vélo a bondi et je suis tombé en avant, la poitrine contre le cadre. Je m'apercevrai ensuite que la butée de la chaîne avait disparu. J'ai réussi à rester sur le vélo et à recaler mon pied.

Devant moi, Tyler Hamilton était furieux lui aussi. L'usage en vigueur dans le Tour aurait voulu que les premiers m'attendent, comme j'avais moi-même attendu Ullrich après sa mauvaise chute deux ans plus tôt. Le vainqueur du Tour devait être le meilleur coureur et non le plus chanceux, et il était entendu qu'on ne tirait jamais avantage d'un accident survenu à un autre.

On devait, ensuite, féliciter Ullrich pour son esprit sportif parce qu'il m'avait attendu. Mais avec le recul, je ne suis pas certain qu'il l'ait fait. Sur les films, il semble rouler à bonne allure. Il ne s'est pas échappé, mais il n'a pas attendu non plus – jusqu'à ce que Tyler, après être passé devant le groupe, ait fait signe de ralentir en criant : « Attendez ! »

Le groupe de tête a ralenti. Johan s'est approché pour voir si je n'avais rien. J'avais une plaie à l'épaule. Johan a abaissé la vitre de sa portière pour me dire quelque chose. J'ai tourné la tête vers lui et lui ai lancé un regard furieux. Il a refermé la bouche et remonté la vitre sans prononcer un mot. Ce qu'il avait vu lui suffisait. J'ai compris à cet instant que c'était dans la poche, devait-il me dire par la suite.

Le vélo fonçait sous moi. Après quelques minutes d'un effort violent, j'ai rattrapé le groupe de tête.

A peine y étais-je que Mayo, après s'être retourné, attaquait de nouveau. Dressé au-dessus de la selle, j'ai collé à sa roue, et l'ai dépassé.

J'étais livide. J'enfonçais les pédales, poussé par la peur, la rage et l'adrénaline.

Très vite, je me suis retrouvé seul. Je m'étais détaché du groupe si brusquement que personne n'avait pu suivre. Ullrich était à nouveau derrière moi et perdait du terrain.

– Il est lâché, m'a annoncé Johan. Tu as dix secondes d'avance.

J'ai accéléré, en rugissant presque, avec pour carburant ma colère et un reste de frayeur. Et le ressentiment accumulé pendant des semaines de chutes, de galères et de doutes.

– Vingt secondes ! a lancé Johan, de plus en plus excité.

J'ai trouvé un rythme et je suis monté en danseuse, comme on gravit un escalier. « Trente secondes... »

J'avais soif à nouveau. J'avais laissé tomber mon bidon dans la chute et je commençais à fatiguer. Mais Johan s'est rapproché en voiture et s'est mis à crier, dans un tel état d'excitation que j'avais du mal à le comprendre.

– Vas-y, vas-y ! Ça y est ! Tu es en train de gagner le Tour ! Tu tiens ta chance !

J'avais tout donné, j'étais à bout de forces. Les derniers kilomètres ont été une interminable grimace de douleur. Mais on approchait de l'arrivée, et il me restait assez de rage et d'adrénaline pour me porter. Je pensais aux doutes dans le peloton, à toutes ces rumeurs disant que j'étais trop vieux, ou trop riche, ou trop occupé par ailleurs, ou trop américain pour remporter une cinquième fois le Tour de France. Je pensais : *Je suis ici comme chez moi, et personne d'autre que moi ne remportera cette course.*

En franchissant la ligne, je me suis effondré sur mon vélo, les épaules affaissées, trop épuisé pour seulement lever les bras. Je saignais, je boitais et j'étais en eau, mais j'avais gagné l'étape avec quarante secondes d'avance sur Jan Ullrich.

J'étais maintenant en tête du classement avec 1 minute et 7 secondes d'avance. Cette minute-là, après deux semaines de souffrance et de doute, comptait comme une heure. C'était plus que nous n'en pouvions espérer compte tenu des circonstances. Je suis monté sur le podium avec le maillot jaune et, tandis que je me tenais là, les bras levés, j'ai aperçu George qui passait la ligne d'arrivée. Ma fatigue s'est envolée, j'ai souri et je l'ai montré du doigt, en fouettant l'air de coups de poing triomphants.

Puis je suis redescendu du podium. Je suis allé me soumettre au contrôle antidopage et à la conférence de presse. Si bien que j'ai mis un certain temps à retrouver Johan. Je me suis jeté sur lui et le gros ours m'a serré dans ses bras et m'a secoué de haut en bas en bredouillant :

– Oui, oui, oui, oui !

– Je suis ici comme chez moi ! ai-je dit.

On a pris la voiture pour descendre vers notre hôtel. Le reste de l'U.S. Postal nous précédait avec le car. J'ai eu un besoin soudain de voir mes coéquipiers. Je ne serais jamais monté sur ce podium avec le maillot jaune sans eux qui m'avaient entouré et protégé, et je ne voulais pas faire ce trajet sans eux, mais avec eux. « Rattrapons-les ! » ai-je dit à Johan.

Il a foncé jusqu'à ce qu'on aperçoive l'arrière du car devant nous. On a appelé le chauffeur par radio et il s'est arrêté pour nous attendre. J'ai sauté de la voiture de Johan pour courir au car et grimper à la portière. Une fois à bord, je me suis planté dans l'allée centrale en hurlant, au comble de l'exultation.

– Alors, vous me trouvez comment, maintenant ? Vous me trouvez comment, bon sang ? !

Une explosion. Ils ont bondi de leurs sièges en poussant des cris et il y a eu dix minutes de délire dans l'allée centrale, tout le monde s'étreignant, criant, se donnant des claques dans le dos.

Le Tour n'était pas achevé, mais je croyais fermement, désormais, que j'allais le gagner. Pour la première fois, je ne me sentais ni faible ni honteux. Je me sentais le véritable leader du Tour de France.

Pendant les trois jours qui ont suivi, Ullrich et moi avons roulé dans une sorte d'ailleurs, en nous surveillant l'un l'autre du coin de l'œil. Comme ces étapes n'offraient pas l'occasion de réaliser des gains de temps significatifs, on s'est contentés de maintenir une bonne allure jusqu'à Nantes, et l'étape contre la montre dont nous savions l'un comme l'autre qu'elle serait décisive. Nous n'avions rien à faire qu'à pédaler et réfléchir, et la tension montait. Chaque seconde allait compter, littéralement.

A notre réveil, Nantes était sous une pluie battante. Nous nous sommes tout de même levés à six heures trente, Johan et moi, pour aller reconnaître le parcours. J'ai pris mon vélo et j'ai fait l'aller-retour sous la pluie, lentement, en examinant les virages, les rails de tramway et jusqu'aux plaques d'égout. Une simple marque à la peinture pouvait se révéler glissante et dangereuse sur la route mouillée. Les dix derniers kilomètres étaient particulièrement traîtres, comme je m'en suis rendu compte – ils comportaient une série de ronds-points et de tournants susceptibles de provoquer des catastrophes. De retour à l'hôtel, nous avons appris que Ullrich avait choisi de dormir, et de visionner le trajet en vidéo plutôt que de se mouiller.

Le plus grand calme régnait ce matin-là dans le car de l'équipe, tandis que la pluie ruisselait sur les vitres. Seul mon ami Robin Williams rompait de temps à autre le silence avec son humour habituel, et j'essayais de rire moi aussi, malgré mes mâchoires serrées.

Les coureurs sont partis les uns après les autres. Et les nouvelles rapportées par mes coéquipiers ont commencé à arriver : les chutes se multipliaient de minute en minute. Trois des coéquipiers d'Ullrich étaient déjà tombés. Je ne devais prendre aucun risque.

Johan m'a donné ses dernières instructions tactiques, qui se résumaient à un conseil de prudence : si quelqu'un avait besoin de prendre des risques, ce n'était pas moi. C'était Ullrich qui me poursuivait et non l'inverse.

J'ai pris le départ avec cette idée en tête – et j'ai démarré lentement. J'ai perdu six secondes sur Ullrich dans les premiers mille cinq cents mètres. Je sentais mes roues glisser sur l'eau.

J'ai gardé mon calme. Je soupçonnais Ullrich d'être parti très fort pour me pousser, voire me démoraliser, d'entrée de jeu. Je me suis concentré sur ma propre course et j'ai trouvé un rythme.

Au contrôle suivant, je n'étais plus qu'à deux secondes.

Ullrich continuait à foncer malgré la pluie qui formait des flaques tout au long du trajet. Nos roues soulevaient des gerbes d'eau à chaque tournant. La plupart de mes coéquipiers étaient arrivés sans encombre et se trouvaient maintenant dans le car, d'où ils suivaient, anxieux, la course sur l'écran de télévision. Ils se couvraient le visage de leurs mains tandis que je filais sur le pavé glissant et regardaient entre leurs doigts.

J'ai pris dix secondes d'avance.

Devant, Ullrich forçait sur les pédales. Il venait d'entrer dans la partie la plus périlleuse de la course, les derniers dix kilomètres. Il a dérapé dans un rond-point.

Un instant plus tard, la voix de Johan annonçait à mon oreille, impavide : « Ullrich est tombé. »

Arrivé à fond sur le rond-point, il s'était penché pour tourner et son vélo avait ripé. Comme si la route s'était soudain dérobée sous lui. Il avait glissé pendant d'interminables secondes sur le bitume saturé d'eau avant de heurter violemment les balles de foin.

Ullrich est parvenu à se relever et à se remettre en selle, mais la course était finie. Je serais le vainqueur du Tour si je pouvais éviter de tomber. « Lance, du calme. S'il te plaît, pas de risques ! m'a dit Johan. Tu pourrais presque marcher, maintenant, et gagner le Tour. »

A partir de là, ma course s'est résumée à une magnifique promenade vers Nantes. Je n'avais plus, pratiquement, qu'à rester assis en admirant les paysages. Mais je continuais à me méfier des tournants. A trois kilomètres de l'arrivée, Johan s'est approché et m'a fait un signe éloquent, le pouce dressé. J'ai levé la main à mon tour pour lui adresser le salut texan.

A la fin de l'étape, la tension des trois semaines qui venaient de s'écouler avait disparu. Il me semblait presque sentir le soleil sur mon visage, et je me suis rendu compte que je souriais. J'ai franchi la ligne en battant l'air de mon poing et me suis efforcé de saisir l'instant : j'étais un quintuple vainqueur du Tour de France.

Mais les records sont quelque chose qu'on ne sent pas facilement. Ce sont des mesures, des marqueurs avec lesquels nous posons des limites. Dire de quelqu'un qu'il a remporté cinq Tours de France est une abstraction, car le nombre ne rend pas compte des événements et des émotions qui ont été la réalité de ces courses, des échecs et des victoires d'étape, ni de l'angoisse et de l'euphorie. Les seuls, peut-être, qui pouvaient comprendre ce que signifiaient les mots « cinq victoires dans le Tour de France » étaient mes coéquipiers et les quatre hommes qui l'avaient réussi avant moi, et tous avaient leurs associations personnelles avec le chiffre « 5 ». Je savais seulement ce qu'il signifiait pour moi : c'était la cinquième fois que je revenais pour gagner.

En redescendant du podium, je suis tombé sur Bernard Hinault. Il m'a pris la main en disant simplement : « Bienvenue au club. »

Le lendemain, le trajet jusqu'à Paris a pris des allures de déplacement officiel. J'ai roulé sans heurts, bu quelques gorgées de champagne, et réfléchi à la signification de la course : comment se relever, trouver une autre façon de régler ses problèmes, avec sa tête ou avec sa volonté ? J'ai senti ma poitrine se gonfler quand on est entrés dans Paris. Et comme on passait devant l'hôtel Crillon, j'ai vu que le drapeau texan y flottait en mon honneur, comme les quatre années précédentes.

Mais l'heure de la victoire n'a vraiment sonné que ce soir-là, dans la salle à manger privée où l'équipe était réunie pour un banquet. Je me suis levé pour porter un toast. « Cette année a été très dure pour moi, sur le plan personnel comme sur le plan professionnel, ai-je dit. Je n'ai pas toujours été le meilleur, je le sais. Je vous ai fait peur à tous, et je promets que ça ne se reproduira pas. Mais vous m'avez porté. J'étais malade chaque fois qu'il me fallait descendre pour dîner et affronter vos regards après vous avoir laissé tomber comme je l'avais fait. Il m'a fallu attendre Luz-Ardiden pour pouvoir vous regarder dans les yeux avec fierté. J'avais vraiment besoin de vous et vous étiez présents. Si je suis ici ce soir c'est grâce à vous, merci de ne pas m'avoir lâché. Ce maillot, je vous le dois. Cette fête, ce soir, est en votre honneur. Merci. »

Ainsi s'est achevé pour moi ce Tour de France du Centenaire. Mais, comme je le disais, il s'est encore passé des choses.

Nous sommes retournés à Gérone tous ensemble, Kik, les enfants et moi. On a mis les enfants au lit, puis on a branché le système de surveillance et on est descendus au café qui se trouve juste sous notre fenêtre. On a commandé des bières, du jambon espagnol et du pain, et on est restés un long moment silencieux. Nous étions décidés à faire ce qu'il faudrait d'efforts, à apporter ce qu'il faudrait de soins pour approfondir notre relation.

Pendant quelques jours, j'ai décliné toutes les invitations, refusé toutes les interviews et toutes les propositions de sortie. Cette fois, à l'inverse des autres, je suis simplement resté chez moi après ma victoire dans le Tour. J'ai joué avec mes enfants, les ai emmenés à la plage. On a acheté un nouveau barbecue et on a pris des repas dans le jardin en écoutant des disques de Bob Marley. J'ai cultivé mon talent pour la confection des margaritas glacés. J'ai fait le projet d'aller en Italie, sur la côte, vers Amalfi, pour le plaisir. Pour une fois, je n'ai plus pensé à la course.

Il y a quelque part une autre ligne d'arrivée. Mais je ne tiens pas vraiment à l'atteindre – pas encore.

LANCE ARMSTRONG
FOUNDATION

www.laf.org

# Postface

Je l'ai maintes fois répété : si j'avais à choisir entre remporter le Tour de France et avoir un cancer, je choisirais le cancer. J'estime que cette expérience a été pour moi une chance, et je suis extrêmement conscient de mes obligations en tant que patient aujourd'hui guéri. C'est pourquoi j'ai créé la Fondation Lance Armstrong (LAF) pour venir en aide aux *neuf millions** de personnes atteintes du cancer et face aux problèmes que j'ai dû affronter moi-même.

Aujourd'hui, sept ans après le diagnostic de mon cancer, la fondation reste aussi importante pour moi que le jour où j'ai signé son acte de naissance. Le cancer a transformé mon existence. Dès que j'ai eu connaissance du diagnostic, mes priorités ont changé. J'ai eu toutes sortes de nouveaux défis à relever, physiquement, psychologiquement et socialement. Après un cancer, il faut vivre, et la fondation veut faire en sorte que les anciens patients et leurs proches bénéficient de la meilleure qualité de vie possible.

Grâce aux progrès de la science et de la médecine,

* Aux Etats-Unis.

les chances de vivre longtemps après un diagnostic de cancer ne cessent de s'accroître. Mais la plupart des actions qui sont menées méconnaissent les besoins particuliers des rescapés du cancer au-delà du diagnostic et du traitement. L'expérience m'a montré l'acuité et l'importance de ces besoins, et je m'estime heureux d'avoir eu accès à un si grand nombre de spécialistes et de sources d'information pour m'aider à prendre des décisions cruciales après le diagnostic. La fondation travaille dur à ce que tous ceux qui vivent avec ou après un cancer aient accès aux mêmes facilités, et s'efforce de pallier l'insuffisance des services d'information et d'aide à la réinsertion.

En ce qui me concerne, je résumerai en quatre mots ce qui m'a réellement aidé dans mon combat contre le cancer : connaissance, soutien, motivation et espoir. Je veux que ces quatre dons bénéficient à tous les patients et anciens patients du cancer, pour qu'ils puissent faire face aux bouleversements que la maladie amène dans leur existence. La fondation les aide à relever les défis que comporte à court terme comme à long terme la confrontation avec le cancer.

La fondation œuvre également à la promotion de l'assistance médicale et psychologique et de l'aide à la réinsertion sociale des rescapés du cancer, et de leurs proches. Nous concentrons nos efforts sur quatre grands axes : survie (éducation et ressources), programmes communautaires, actions de sensibilisation de l'opinion au niveau national, et aide à la recherche clinique. Nous offrons des formations aux rescapés du cancer, aux professionnels de santé, et au public en général sur les questions liées à la survie ; nous intervenons dans l'élaboration de la politique de santé pour le renforcement des services d'assistance aux anciens patients ; et nous soutenons la recherche pour une meilleure compréhension du cancer et de la survie au cancer.

Je me réjouis de la réussite de cette fondation. Depuis sa création en 1997, elle a recueilli plus de vingt-trois millions de dollars au profit de la lutte contre le cancer. Nos recettes sont passées de moins de deux cent cinquante mille dollars en 1997 à plus de sept millions en 2002. Dans l'intervalle, nous avons investi les fonds recueillis dans de nombreux projets innovants en faveur des anciens malades, aides à la recherche et activités connexes, et apporté notre soutien à d'innombrables patients et à leurs proches.

Je vous invite à vous joindre à nous dans cette croisade pour une meilleure qualité de vie de ceux qui vivent avec et après le cancer. Avec vous, nous continuerons à les aider et à faire vivre l'espoir pour nous tous. Il y a beaucoup de choses que vous pouvez faire : vous inscrire comme bénévole, participer à notre Projet Peloton, adresser des dons ou participer aux campagnes de sensibilisation. Pour plus d'information, prenez contact par téléphone : Lance Armstrong Fondation, 001 (512) 236-8820, ou retrouvez-nous sur notre site www.laf.org. Merci de votre soutien.

# Remerciements

Les auteurs remercient du fond du cœur les personnes dont les noms suivent, sans lesquelles ce livre n'aurait peut-être pas été commencé, et certainement pas achevé :

Bill Stapleton, Bart Knaggs et Lee Walker nous ont aidés de leurs simples conseils et de leur indéfectible amitié. Tout comme Jim Ochowicz, le Dr Craig Nichols, Johan Bruyneel, George Hincapie, Jeff Garvey et Doug Ullman, en plus de leur dévouement à diverses causes. Sally Reed et tous ceux qui travaillent pour la fondation en sont l'exemple. D'innombrables amis, parmi lesquels Scott MacEachren, Dave Mingey et Ryan Street, nous ont offert leurs souvenirs et leurs espérances. Stacy Creamer, de Broadway Books, s'est montrée comme toujours une éditrice généreuse et formidablement patiente, et Stuart Calderwood a apporté au manuscrit un soin inestimable.

Mais tous me comprendront si je dis que mes meilleurs remerciements vont à ma famille et à mon équipe, Big Blue.

# Table

*Du même auteur*
*chez le même éditeur*

IL N'Y A PAS QUE LE VÉLO DANS LA VIE
2000

*Composition Nord Compo*
*et impression Bussière Camedan Imprimeries*
*en octobre 2003.*

*N° d'édition : 21988. – N° d'impression : 034920/4.*
*Dépôt légal : novembre 2003.*
*Imprimé en France*